创意与创新

张耀辉 洪莹 李舟 编著

清华大学出版社
北京

本书封面贴有清华大学出版社防伪标签，无标签者不得销售。
版权所有，侵权必究。举报：010-62782989，beiqinquan@tup.tsinghua.edu.cn。

图书在版编目（CIP）数据

创意与创新 / 张耀辉，洪莹，李舟编著 . -- 北京：清华大学出版社，2025.8.
ISBN 978-7-302-69231-7

Ⅰ. F273.1

中国国家版本馆 CIP 数据核字第 20254D1Y56 号

责任编辑：王如月
封面设计：李　维
责任校对：王荣静
责任印制：沈　露

出版发行：清华大学出版社
　　网　　址：https://www.tup.com.cn，https://www.wqxuetang.com
　　地　　址：北京清华大学学研大厦 A 座　　邮　编：100084
　　社 总 机：010-83470000　　邮　购：010-62786544
　　投稿与读者服务：010-62776969，c-service@tup.tsinghua.edu.cn
　　质量反馈：010-62772015，zhiliang@tup.tsinghua.edu.cn
印 装 者：大厂回族自治县彩虹印刷有限公司
经　　销：全国新华书店
开　　本：185mm×260mm　　印　张：19.25　　字　数：345 千字
版　　次：2025 年 8 月第 1 版　　印　次：2025 年 8 月第 1 次印刷
定　　价：69.00 元

产品编号：099291-01

序　　言

　　在暨南大学,"创意与创新"课程已走过近二十载春秋。尽管课程名称几经更迭,但其核心宗旨始终如———聚焦于提升学生的创新思维能力,从本质而言,亦可称之为"创新思维"课程。这门课程意义深远。它不仅能够增强学生工作中的创新意识,培养其解决问题的能力,还能提升他们突破困境的韧性,深化对世界的感知与理解。同时,该课程也助力学生提升生活品质,明晰个人与世界的内在联系。尤为关键的是,课程着力培育学生的商业创意,赋予其商业智慧,助力学生捕捉新商机、挖掘潜在资源。在创业实验室里,曾涌现诸多生动鲜活的案例。2004年,来自云南、贵州和青海的三位学生,在澳门与珠海交界处的地下商场,成功实践了一种创新商业模式。他们别出心裁地以移动货架作为展示柜台,巧妙利用门店间的空地,展示各自家乡特色的民族服饰。通过从家乡直接进货、假期返乡带货的经营方式,精准把握商机。这些学生敏锐洞察到,珠海与澳门作为旅游城市,地下商场又是通往澳门的必经之地,民族服饰对热衷新奇饰物的游客具有独特吸引力。他们充分发挥地理位置与城市旅游属性的优势,实现了商业利益的最大化。此案例生动展现了创业者凭借对商业环境的敏锐洞察力与创新思维,成功开拓全新销售渠道,发掘商业机遇与发展空间的过程。

　　接下来为大家讲述的是创业实验室中另一位学员的经历。这位学生具备敏锐的观察力,春节返乡时,他敏锐地捕捉到了一个商机。他留意到那些即将返回城市的人,纷纷购置当地的土特产作为手信礼物,以此向朋友、上司、同事以及曾给予自己帮助的人表达感激之情。他意识到,这是一种极具性价比的送礼方式,既能以相对较低的价格购得富有地方特色的礼物,又能充分传达心意。于是,他决定凭借自己的力量,将老家的土特产带到学校,助力他人更好地表达真挚情感与用心。不过,他也深知,若土特产的包装过于简陋,势必会影响礼物所承载的心意。基于此,他果断决定申请商标,并对商品包装进行重新设计,期望以此提升产品的价格与市场竞争力。经过一番比较,他选定了柿饼作为老家土特产的代表。为启动这一创业项目,他动用了自己通过做小生意和从事家教积攒下来的收入,共计2万元,用于申请商标以及在珠海印刷新的包装盒。然而,春节前回到老家后,他却发现自己资金不足,

创意与创新

无力购买足够的土特产。无奈之下,他只能与姑父协商,由姑父出资,自己则负责其他相关工作。在妈妈和妹妹的协助下,他整个春节都忙碌不已。功夫不负有心人,最终在扣除本金后,他成功赚取了 8 万元。按照事先的约定,他分给姑父 2.5 万元,自己则净赚 5.5 万元。而这 5.5 万元也成为了他注册公司的初始资本。这个故事充分彰显了创意和知识产权的重要性。该学员不仅注意到柿饼作为清代朝廷贡品具有止咳的功效,更发现通过精心包装,能够极大地提升其商业价值。他的创意精准地契合了众多人既想节约成本又想充分表达心意的需求。在利润分配方面,尽管单纯按照出资比例分配可能存在一定的不合理性,但实际上,他投入的时间成本、展现出的商业判断与智慧,以及包装设计和商标所蕴含的知识产权价值,都在分配中起到了重要作用。这个故事有力地强调了创意和知识产权对于创业的关键意义,同时也进一步体现了"创意与创新"这门课程的重要价值。本门课程的核心目标在于培养学生的创新思维能力。在如今这个创新的社会,创新思维不可或缺。将创新思维培养成为大学生的基本思维模式,不仅有助于提升中国的教育水平,更能有力地促进中国经济实现高质量发展。以创新思维为导向的大学教育,致力于通过系统的思维训练,让创新思维成为学生的本能,使学生以创新为使命,熟悉创新、习惯创新,并通过创业和商业实践,切实体现创新思维的深刻意义。

1. 提升创意素质

创意素质会影响人们的行为,也会影响社会文化的发展方向。提升创意能力是破解创新之源不足的根本方法,也是提升人们生活质量、促进社会高质量发展的重要途径。

创意素质是求变的素质,也是想象和创造未来的素质。创意素质追求新颖、不落俗套,是不拘一格、出其不意的素质;是组合与整合的素质,是打破常规、积极向上、争取主动的素质;是发挥人的主观能动性、借助自然的力量改变自然的素质。

创意素质既是天生的,但也不完全是天生的,通过后天教育和训练,可以得到培养和强化。人们会在成功中增强自己的某些能力,进而可以培育出商业素质,创意素质亦不例外。如果学习创意并取得了成就和认同,个人的创意素质就会得到加强,即使是一个天生创意素质不强的人,也逐渐会变成创意强人。

创意素质在很大程度上体现了一个社会的整体素质,后天所形成的创意素质主要来自习惯的培养,特别是来自社会环境的影响。在那些等级森严、清规戒律纷繁复杂、权势泛滥的地方,不能说错话、不能动小心思等都会让创意素质枯竭。培养个性的交友氛围,与有创意者交朋友,在刻意培养自己创意素质的同时,也接受周围人的影响,或

序言

去影响周围的人。只有在共同提升的环境中，才能够有效地提升创意素质。

我们的创业实验室在很大程度上是为了培养一批具有创意素质的学生，通过营造一个大家敢设想、敢表达、会表达的氛围来推动学生创意素质的提升。同时，大家相互约束、监督，共同提高创意素质，以促进灵感与创想的不断形成，从而推动各种新的想法不断涌现。

2. 掌握创意方法

创意需要方法，个人创意需要方法，组织创意也需要方法，即头脑风暴，让大家同步思考。

创意方法可以让人们感觉创意是人人都可以做到的，随时都可能出现的。创意方法的基本核心是约翰·霍金斯（John Howkins）的那句话："人人都有创意，只是不会表达而已。"创意方法从根本上是为了让人们学会创意表达。

由于创意并不是全部都能够转化为创新行动，因此，有效创意变成了创意方法的重要追求。也就是说，创意方法不是解决有无新想法的问题，而是解决如何把真正能够转化的想法提出来的问题，我们应该尽可能地避免那些不能转化的创意。

3. 学会运用知识产权策略

创意变成经济利益的重要一环是将创意知识产权化。许多创意具有商业意义，它们离可以转化为商业行动很近，我们既可以将创意以知识产权的方式继续持有，也可以将创意公开出售，让自己的创意得到资源的支持。

知识产权制度是保障智力劳动成果及其利益的重要前提。学习知识产权制度，将其运用于创意与创新活动之中，并借助知识产权保护创意者的权益，以促进创意的形成和创意社会的建立。了解知识产权，理解知识产权在商业活动中的价值和意义，以强化知识产权意识。学习运用知识产权策略，学会知识产权化十分重要。

4. 学会管理创新活动

创新思维最终要应用于企业的管理活动中。创意与创新活动可以进行管理。在现代社会中，企业管理的重心正在快速转向对创新的管理。企业发展的核心活动是创新活动。能够管理好创新活动也是企业适应经济社会发展必须具备的能力。

因此，学习创新的概念，了解企业创新活动特点，初步掌握创新规律，提高创新管理效率，通过创新管理提升事业发展能力，已成为当下人们最迫切的需要之一。

张耀辉

2024 年 12 月 11 日

目 录

第一章 创意与创新的价值 1

第一节 社会经济发展靠什么 1
一、创意与创新优化经济结构 1
二、创意与创新给经济和社会带来转机 3
三、创意与创新可推动经济社会转型 4
四、创意与创新可促进人类进步 4

第二节 创意创新素质对人的影响 6
一、创意创新素质会影响个人魅力 6
二、创意可提升生活品质 9
三、家庭生活品质的提升需要创意 11

第三节 创新思维决定创业能力 13
一、自我激发与责任感的提升 13
二、事业与创新创业的关系 14
三、事业建立过程中创新思维的作用 16

第四节 创新思维提升企业价值与商业道德 17
一、企业价值的影响因素 17
二、企业获得利润的三种方法 18
三、创新能够创造价值 20

第二章 创意、创新、创业的概念及三者的关系 25

第一节 创意及其意义 26
一、什么是创意 26
二、创意就是构建新符号 28
三、辨析创意 29
四、创意的视角 30

　　　　五、创意的应用场景和好创意的标准 32
　第二节　创新及其意义 33
　　　　一、创新的概念 33
　　　　二、创新的类别 35
　　　　三、创新的性质 39
　　　　四、创新政策及其目的 41
　第三节　创意、创新、创业的关系 42
　　　　一、从无到有 42
　　　　二、创意、创新、创业的区别 43
　　　　三、对"大众创业、万众创新"的理解 44

第三章　创新思维阻碍的破除与创新思维能力的提升 47

　第一节　大脑结构与思维模式 47
　　　　一、大脑结构 47
　　　　二、直觉思维 49
　第二节　消极思维与积极思维 51
　　　　一、消极思维及其表现 52
　　　　二、消极思维的产生原因 53
　　　　三、积极思维及其判断 56
　　　　四、积极思维的训练 58
　第三节　收敛性思维与发散性思维 60
　　　　一、收敛性思维与发散性思维原理 61
　　　　二、收敛性思维 63
　　　　三、发散性思维 65
　第四节　问题式思维 71
　　　　一、"问题"的作用 71
　　　　二、对问题的态度 72
　　　　三、积极的问题与消极的问题 74
　　　　四、问题的形成 77
　　　　五、问题假设 78
　　　　六、问题分解 79

　　　　七、设定有意义的问题 80
　第五节　**交流与创新思维能力** **81**
　　　　一、为何要交流 81
　　　　二、带着问题交流 82
　　　　三、通过交流学习 82
　　　　四、创造一个创新思维的"场" 83
　第六节　**提升思维层次** **85**
　　　　一、善于总结可以促进进步 85
　　　　二、思维层次理论 86
　　　　三、不能提升思维层次的原因 87
　　　　四、提升思维层次的训练 87

第四章　创意理念与创意方法 **90**
　第一节　**有效的创意原理** **90**
　　　　一、创意原理 90
　　　　二、有效的创意 93
　第二节　**创意能力** **94**
　　　　一、创意能力 94
　　　　二、创意能力的构成要素 95
　　　　三、有效创意能力 98
　　　　四、创意能力的培养 100
　　　　五、效果导向的创意行为 102
　第三节　**概念方法** **105**
　　　　一、洞察方法与概念精化 105
　　　　二、概念分解与概念创造 108
　　　　三、概念的利用 110
　第四节　**基于商业的创意方法** **111**
　　　　一、5W2H法 111
　　　　二、3W思维 112
　　　　三、五步改进法 115

创意与创新

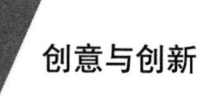

第五节	创意的思维工具	116
	一、六项思考帽法	117
	二、思维导图	118
	三、属性列举法	118
	四、形态分析法	119
	五、逆向思维法	119
	六、检核表法	120
	七、信息交合法	121

第五章 个人创意的工具 …… 123

第一节	个人创意的方法论	123
	一、个人创意的基本理论	123
	二、基础的创意方法	125
	三、"变"的方法论	130
第二节	常用的个人创意方法	131
	一、创意线索	132
	二、和田创新十二法	133
	三、5W1H法	136
	四、行-停法	138
第三节	创意能力的自我训练	138
	一、自我训练原理	139
	二、提升创意能力自我训练的案例	140
第四节	思维导图及应用	142
	一、思维导图的原理	142
	二、思维导图的应用	144

第六章 组织的创新思维工具——头脑风暴法 …… 149

第一节	头脑风暴法的原理	150
	一、头脑风暴法	150
	二、头脑风暴法的原则	152
	三、头脑风暴法与其他方法的区别	153

　　　　四、头脑风暴的会议主持人 154
第二节　**会议型头脑风暴法** **155**
　　　　一、会议型头脑风暴的组织形式 155
　　　　二、会议型头脑风暴的组织形式与工作流程 156
　　　　三、主持的重点与技巧 157
第三节　**头脑风暴法变形** **158**
　　　　一、635 法 159
　　　　二、改进的头脑风暴会议法 160
　　　　三、小型脑力激荡的方法 162
　　　　四、多人参与的头脑风暴 165
第四节　**综摄法** **166**
　　　　一、综摄法的原理 166
　　　　二、综摄法的两大思考原则 167
　　　　三、综摄法的具体实施 167
　　　　四、综摄法的技巧 169

第七章　知识产权化 171

第一节　**知识产权制度** **172**
　　　　一、知识产权制度的产生背景 172
　　　　二、知识产权的概念 173
　　　　三、知识产权的主体与客体 174
　　　　四、知识产权制度的作用 175
第二节　**专利权与技术知识管理** **179**
　　　　一、专利与技术秘密 179
　　　　二、专利申请 182
　　　　三、专利申请文件 183
　　　　四、专利策略 184
第三节　**商标权及管理** **187**
　　　　一、商标权 187
　　　　二、商标及商标权特征 187
　　　　三、商标的作用 189

　　　　四、商标名称的创制原则 190
　　　　五、商标创意的主要方法 191
　　第四节　企业知识产权的管理 191
　　　　一、知识产权化的管理思维 192
　　　　二、知识产权管理的职责 193

第八章　企业创新的管理 197
　　第一节　企业创新的战略 198
　　　　一、创新是企业生存的一种方式 198
　　　　二、企业创新战略选择 199
　　第二节　企业组织创新 204
　　　　一、组织创新的含义 204
　　　　二、组织创新的原则 205
　　　　三、以创新为导向的组织创新 205
　　　　四、构造组织的创新流程 207
　　　　五、新型组织的结构 208
　　第三节　企业研发的管理 211
　　　　一、研发的含义 211
　　　　二、企业技术的创新模式 212
　　　　三、开发流程的管理 214
　　　　四、研发团队的管理 218
　　第四节　企业创新文化与生态 220
　　　　一、以创新文化为导向的组织特征 220
　　　　二、打造内部竞合的组织架构和文化 221
　　　　三、外部创新生态的建设与利用 223

第九章　产品设计与服务策划创意 226
　　第一节　产品设计创意 226
　　　　一、产品创新源于设计创意 227
　　　　二、产品设计创意的原则 229
　　　　三、产品设计创意的要求 230

　　　　四、如何培养创新型的设计思维 233

第二节　服务策划创意 235
　　　　一、理解服务策划创意 235
　　　　二、服务策划创意的要素 238
　　　　三、服务策划创意的原则 239
　　　　四、服务策划创意的价值 240
　　　　五、服务策划创意的工作程序 244

第三节　服务策划创意案例 247
　　　　一、星巴克服务策划创意 247
　　　　二、新冠感染疫情催生无接触式服务创新 249
　　　　三、旅游策划案例 252

第十章　文化创意与商业创意 255

第一节　文化属性及作用 255
　　　　一、文化属性 255
　　　　二、文化是创意的涵养池 259

第二节　商业设计的创意技巧 261
　　　　一、常用的商业创意技巧 262
　　　　二、勾勒用户画像 264
　　　　三、数据挖掘与创意设计 266
　　　　四、关联资源 268

第三节　文化创意与商业创意案例 269
　　　　一、爱彼迎：民宿经济的推动者 269
　　　　二、《上新了·故宫》——持续的故宫热 273
　　　　三、"木屋烧烤"：年轻人的文化消费 274
　　　　四、"Pay Per Lux"的创新服务 275
　　　　五、单项投资的最高纪录：创新企业联邦快递 276

附录 A　创意大赛及其组织 278
　　　　一、课程创意大赛 278

二、标准创意大赛通知——以某高校校区举办的大学生
中国传统节日创意设计大赛为例 279

附录 B　教师手册（课程营销与教学法）.......................... 283
一、课程营销 283
二、教学法 285
三、学生分组 290
四、通识教育 MOOC "创意与创新"使用指南（教师版）.......... 290
五、创新创业信息资源 290

参考文献 292

后记 294

第一章　创意与创新的价值

章首语：创造改变世界，也改变自己。

关键词：创意，创新，价值

经久不衰的迪士尼公司为人们带来了欢乐，也为世界灌输了美式文化，在电影、电视制作等领域成为巨大的受益者，也成为全世界家喻户晓的商业品牌。人们在享受轻松愉快时光的同时，也在接受着其中传达的文化与观念，以及美国人的生活方式。当然，迪士尼公司的成功也成就了两位创业者——华特·迪士尼（Walt Disney）和比尔·加斯提斯（Bill Justice）。在他们的带动下，观众知道了动漫可以靠科技和想象创造人物形象。在动漫的世界里，观众可以不受现实的约束，把想到的东西都表现出来。

引导案例

100多年前的日本，60多年前的以色列、韩国都曾经是经济较为落后的国家，资源匮乏，国土面积狭小。即使是200多年前的美国，也缺少与欧洲国家抗衡的经济实力。用传统的经济理论难以解释这些国家为何会在短时间内取得巨大的经济成就。改革开放40多年来，中国取得的成就令世界瞩目。谈到中国经济发展时，人们往往以人口和改革红利加以解释。事实上，中国和上述几个国家快速发展的真正缘由是技术被广泛而有效地运用，进而推动了经济发展。技术被运用于经济的过程需要通过创意、创新来实现，而这就是创意与创新的价值所在。

思考题

国家实现经济振兴与持续发展的核心驱动力是什么？国家将经济振兴的成果主要投入到哪些领域？这些资源分配对社会发展、民生改善和国际竞争力提升有何深远意义？

第一节　社会经济发展靠什么

一、创意与创新优化经济结构

经济与社会的发展是经济结构持续升级的结果。在过去，人们并没有意识到经

创意与创新

济结构对社会经济发展具有重要影响。在那个时候，人们的生活方式相对稳定，人们使用相同的工具和生活用品，并重复上一代的生活方式。为了满足更多人的基本需求，社会需要大量生产产品，以确保人们的生活质量。因此，人们想尽办法提高生产效率，生产更多的产品。为了实现这个目标，人们会寻找资源，甚至争夺其他国家的资源。人们认为资源是决定产品产量的关键因素，拥有资源就等于拥有了创造财富的能力。人们的自私、贪婪、争夺和战争也源于此。

然而，这种观念只适用于生产力较低的阶段。随着生产效率的提高和收入水平的不断提升，人们的需求逐渐从数量满足转向质量和品类满足，从物质需求转向精神需求。随着收入和可支配资源的增加，人们有了追求改变的经济支撑。

在没有重视经济结构的影响之前，社会存在着产能过剩的经济周期问题。人们注意到当一个产能过剩的行业向产能短缺的行业转移时，虽然会出现失业问题，但经过学习和培训，失业人口很快能够再次找到工作。随着社会的进步，产能过剩被产业升级所取代，失业被再就业所取代，经济结构会不断发生变化。

形成以新的产业结构为核心的社会经济结构需要两个条件：一是全面满足数量需求；二是人们自觉进行创意活动。

如果人们现有的数量需求得不到满足，他们会更倾向于加大产量，而不会积极寻找新的产业和挖掘新的需求。当人们的需求逐渐得到满足后，现有需求增长放缓，新需求又被现有产业结构所抑制，社会就不得不采取各种方式推动产业结构升级，包括关闭老企业、开设新企业和改革现有企业。

所谓自觉的创意活动是指人们愿意并能够不断提出新想法，并提炼新想法，使之成为完善的商业方案，组织起新的经营活动；探索新的需求，发现并确认未来可能的新需求，扩大人们需求的空间，提升需求层次，同时也调动资源为满足这些可能的需求进行产业重组、更新和优化。创意是人类的思想活动，起源于人类的本能，是为了探求和有趣。这里所说的自觉创意则是将创意用于能创造生产力的方面，让创意影响人类的生产活动。在商业社会，创意也是个人或企业创造财富的行动源头。

"自觉"不只是人们的个体行为，更是社会的群体行为。如果人们的创意经常得到周围人的赞扬，提出创意的人就会有成就感；反之，如果提出创意的人经常得到的是周围人的指责，创意就会被视为"离经叛道"，创意就会越来越"稀缺"。当赞扬创意成为社会主流文化时，人们将借此风气学会赏识创意、评价创意。社会中不仅创意到处可见，创意的质量也会不断提升，创意社会由此形成。自觉创意是创意社会的重要标志。在创意社会中，人们的日常生活中充满了创意，灵活而不古板、多变而不循规蹈矩。人们普遍会变得幽默，行事不走极端，社会主导意识倾向于"办法总比问题多"。更为重要的是，这样的社会将为产业创新提供丰富的思路与办法，新产业的概念经常涌现。如果商业社会发达，通过商业活动将创意转化为社会福祉，那么人们会因为不断涌现的新产品而赞叹社会的繁荣，进而强化了公众对创意的认可和依赖。这样的社会轻松、豁达、办法多、想法层出不穷，产业创新的动力也不断增强。

二、创意与创新给经济和社会带来转机

韩国在亚洲金融危机爆发时，文化创意产业异军突起。此后在长达20年里，韩国一直是亚洲创意产业的主力军之一，为摆脱韩国面临的亚洲金融危机做出了重要贡献。韩国原有的优势产业是制造业，但是受亚洲金融危机的冲击，韩国大量制造业企业面临倒闭。此时，以前积累的创意产业人才开始发挥作用，一批传播韩国文化的影视作品，如《大长今》等电视剧以励志片形式进入市场，撬动了人们的需求，并外销到亚洲其他国家。与被亚洲金融危机冲击的一些东南亚国家比，韩国是第一个走出危机并快速进入新兴工业化国家行列的国家。

创意与创新为何能使国家经济转危为安？一方面是创意往往不需要消耗太多的费用，不依赖经济基础，甚至会产生增量市场，开拓一片蓝海；另一方面是创意使经济有质变的可能，实现轨道转换。当产业发展到一定规模以后，就会出现产业规模的增速递减，直到增速降为零甚至出现增速为负，此时，经济陷入低迷。但涌现的新想法可通过产业让经济实现突破，并摆脱成熟产业的束缚。

经济学认为经济危机是纯粹的经济现象。其实，缺乏新的想法，没有创造新产业的思想源头，才是经济危机产生的真正根源。它在经济危机爆发之前就存在了，甚至成为社会的主流。那些骄傲、封闭、保守的文化意识即使不去主动扼杀新的想法，也会因为不赞成和不主动投入新的想法而造成新思想枯竭。在经济危机爆发以后，社会对未来的预期乐观情绪下降，悲观情绪上升。人与人之间的信任受到经济低迷的影响而下降，社会信用收缩，从而演变成社会危机，因此人们会把危机怪罪于经济。然而，危机的本质是社会新的想法形成的动力不足。

因此，如果有创意型人才去推动具有创意性的产业，不仅能改变产业发展的轨道，也能为人们带来精神上的解脱。

三、创意与创新可推动经济社会转型

经济转型往往会与社会转型同步，因为经济转型需要社会转型的配合。如果只有经济转型，而没有社会转型，人们的观念、行为、判断没有随之发生改变，那么经济转型便缺乏人们行动上的支持。

经济转型是指传统经济形态转向现代经济形态，并保持产业发展态势。传统经济主要是指以传统产业为主体，或者为主导的产业体系，它们影响着整体产业乃至经济的走势。因为面临破产的企业从原先产业退出会损失财产，每个企业都是产业链条上的一环，先前签订的商业合同约束着企业业务的转型，进入新的行业也存在各种研发、推广等费用问题。这些都制约着企业摆脱传统产业、进入新产业的进程。

经济低迷推动了传统产业解体或其要素重组，为经济转型创造了条件。同时，经济低迷让消费结构出现了变化，人们渴望摆脱压力、寻找新的工作，鼓励克服困难的精神消费会成为人们的重要需求；闲暇后也让人们有时间去思考和学习，有了通过新想法来摆脱危机的动力。

创意活动是精神产品的生产。在正常的经济运行中，它是物质需求达到一定程度以后消费升级的必然结果，也是当产业升级转型出现阻碍、有发展潜力的产业出现空档期时，一个社会运行的产物。其关键是社会存在着鼓励创意的文化，只要有了社会允许和鼓励创意的氛围，不论何时经济转型都是有可能的。

总之，建立创意社会是社会转型的基本方向，其原因是：第一，创意提供新想法、新思路，是超前于经济的活动，其耗费少，却对社会贡献大；第二，创意本身提供的产品是精神上的，当物质生活越发达，对创意的需求越大；第三，创意可以减少社会治理成本，创意可以让人们精神轻松，并减轻人们的精神压力，也会减少人与人之间的矛盾冲突。

四、创意与创新可促进人类进步

许多人认为，创意与创新是经济活动，其目的是获取利益。其实，经济利益是创新的动力，通过创新可为个人和企业创造收益，人类能借助个人私利推动创意和创新为人类服务。人类需要用新方法来解决所面临的问题，比如，日常生活中的吃、穿、用、住、行，都要想办法解决。靠天吃饭会受到大自然的影响，人类需要找到解决这些问题的可靠办法。人类不断探索新办法，不停地积累生活经验和知识，尽可能快速摆脱大自然的束缚，借助自然规律为自身服务。人们不断总结生产生活经验，是为了寻找可以节约人力、物力，提高资源利用效率的办法，以充实到生产生活之中，使其最后变成人们的生活内容。最初，人们没有想到把这些好东西变成商品。直到有一天，某人发现自己砍柴的本领强于他人，他靠近山林，很会爬山，也有一把比较锋利的砍刀，他砍下的柴可以卖钱，钱可以用来购买衣服等，于是他变成了樵夫；后来，人们发现煤炭可以代替木柴；再后来，人们发现石油可以代替煤炭，而且能够使设备产生更大的动力。之后能源产业成为专门的经济部门，不再生产其他产品，而是专门生产这些能源产品。所有经济部门都是根据这些专门的经验建立起来的，而人类在这些专业化生产方式的推动之下，分工越来越明确，生产能力越来越强大。

把技术运用于商业，是基于允许和鼓励个人的利益。一项技术出现后会使行业产生突变，这是创新的本质。然而，这样的突破因为没有榜样可以参考和学习，存在很多不确定因素，所以形成的风险需要由创新者承担。创新可以让社会进步，但风险却要个人承担，因此，市场应该让创新者获得足够的利益以平衡高风险。这样创新成功以后，会在一定时间内形成技术垄断。尽管垄断是经济社会的大敌，但技术垄断目前还是被人类社会所接受，其原因是创新将新想法变成行动并成功地经受社会检验后，让经济获得了发展，推动了社会进步。

这些新办法源于创意，最后指向人类需要解决的问题。从创意到创新，再到社会实践，中间的一个重要环节是科学研究。科学研究是一个消除不确定性的活动，它让人们对世界的理解更加透彻、准确，从而形成对世界的解释。当科学被进一步原理化变成技术时，便可以直接为人类服务。科学的意义在于发现，其工作过程是科学研究，当一个新想法能够自圆其说、解释世界的时候，这个新的想法便成为科学原理。

由此可知，没有新想法，便没有科学的新进展，人们对世界的理解就会处于迷惑之中；没有科学，人类便只能依靠技能和经验积累，大量的技术处于不确切的状态，人们在使用经验过程中就会存在随意和因人而异的情况。新想法让人类的知识更丰富，让人类抵御困难的办法更有力。思想的进步和物质的丰富都会推进人类的进步，而起点则是创意。

从国家角度来看，创意与创新是国家兴盛之源，是思想的源头，也是社会活跃的根本，是实现国家富强和民族复兴的重要动力。推动社会进步是每一个公民的责任。因此，提升创意创新能力应该成为每一位公民的义务。从培养有利于创意与创新的社会价值观入手，引导社会肯定创意与创新行为，鼓励新想法不断涌现。

创意与创新

第二节　创意创新素质对人的影响

有的人每天活得很开心，有的人每天活得很痛苦，之所以有这个区别，是因为人们面对问题的态度。如果一个人秉承的态度是"办法总比困难多"，并且能不断积累解决问题的办法，经常会提出创意，也能够想出新点子，找到解决问题的新途径，那么他不仅可以让自己头脑更灵活，也能真正地解决问题，还能享受其中乐趣。只有树立新的观念，养成用创意解决问题的习惯，人的生活质量才可以大幅度提升。

思考题

新观念会带来什么影响？

一、创意创新素质会影响个人魅力

（一）影响个人的是素质

素质表现为人的本能、品质，并形成某种不自觉的举动。它已经融入人们的日常生活之中，成为生活的方式，人们以此来判断对错，也以此来评价自己的思维与行动。它不需要强制，也不需要学习，而是自然而然的表露和行动。

素质需要通过行动加以表现。素质不是空洞的，其存在要通过行动来展现；自己是否拥有某种素质，也需要通过行动来展现。

素质可以转化为能力。能力是做成事业的基础条件，能力直接针对结果，没有结果就无法称其为能力，因此，通常用结果来评价能力。结果有好坏之分，好的结果对应高的能力。素质表象化变成行动，行动都会形成结果，当结果被人们判断为有意义时，素质就会变成能力。不过两者是有一定区别的，素质是本能，是自然流露的能力，而能力则是刻意形成的，是为了产生好的结果。培养素质是为了提升能力，但只有素质，也未必会有能力，需要将素质集中、专业化，否则只是潜能。

素质变成能力，既需要结构，也需要数量。素质存在着结构，某种素质对应着某种行动，这种行动体现了人们的潜能。潜能被引导和利用，就变成了人们所希望的行动，这种特殊的素质或素质的组合才会变成能力。从社会分工角度来看，素质可以转化为对社会有用的行动。把每个人的能力汇集起来，为社会所利用，以形成有效的结构和有足够规模的力量，达到个人所不能完成的目标。如果人们的素质相同，对应的能力也相同，社会的整体能力也不会太高，原因是社会需要不同能力的组合。素质全面是为了形成某方面的能力，可以在不同条件下体现素质。但在真实

的社会中，素质只能强化在某些方面。

素质建设是基础，没有素质，难以培养能力。素质建设涉及个人建设，也涉及社会建设，是全社会的基础工程。创意创新素质建设尤其如此。

（二）创意创新素质

之前，在个人素质中，道德素质一直居于首位，探求新事物的素质在整体之中并不重要。但是，随着社会进步，社会越来越需要人们的创意创新素质。

即使在创新社会，道德素质仍然重要，它起着约束和激励人们的行为、明确价值判断、明辨是非曲直的作用。然而，回答用什么实现人类社会价值越来越考验人们的素质。比起抢机会、争利益的素质，创意创新的素质越来越重要。并非创意创新不会给个人带来利益，而是创意创新素质不但能给自己带来利益，更能够给社会带来利益。一方面，创新能够为个人带来名声，也带来利益，可以为社会提供成果、贡献思想；创新也可以带来商业变革，为自己也为组织带来利益。这种利益为社会所鼓励和承认，同时个人生活的改善、社会地位的提高也都源于此。另一方面，创意可以丰富社会，形成表达方式、内容上的突破，让社会活跃，以形成不拘一格的生活方式。在这样的背景下，创意创新素质不仅成为社会的需要，也成为个人精神与物质满足的条件。能够创意创新的人会在社会中容易获得好评，其财富的自由程度会更高，他的话语权也会更多。他的生活经历与经验会变成常识和公共知识，从而使创意创新素质变成社会公众的普遍素质。

（三）创意创新素质与个人魅力

一个有魅力的人必须具有正能量。魅力不是由技巧决定的，而是由素质决定的。素质关乎价值观，一个对社会整体利益有破坏作用的人，人们对其地位的认可不可能发自内心。而那些现在没有地位，却能通过自己的思考、语言、行动来促进社会利益的人，其一言一行在不经意间所产生的正向影响力，也一样会打动周围的人。因为人们可以判断，这些言行是自发的，起源于素质，而不是借助金钱、名誉、权势和地位等外部力量。这种拥有正能量的素质，唤醒了社会，推动了社会的进步。不论是伟大的政治家，还是著名的企业家都会遵循这样的规律。

社会进步需要创意创新，它们是人类社会长期进步的重要因素。然而，创意创新并不是都对社会发展有利，一些新的办法可能会给社会造成伤害。创意创新能够用法律加以制约，但其界限较为模糊，过于严格的规则可能会限制人们创意创新素质的提升。道德也起到类似的约束作用，会否定创意创新，并认为创新是雕虫小技或离经叛道等，也会制约创新创意活动。

创意与创新

我们需要有利于创意创新的法律与道德环境，建设求新的文化，树立社会追求进步的道德，以正面评价并激励创意创新。但在相同的法律与道德环境下，为何会有不同的创意创新表现呢？人们号召向榜样袁隆平、屠呦呦等学习，因为他们用新思路解决大问题。

尽管社会文化在评价这些创意创新的英雄时存在波动，但从人类长期发展趋势看，这些人物最终会被社会所认可，鲁班、李冰、李春等能工巧匠就是如此。这样的历史观会激发人们对创意创新者的崇敬，并转化为人们追求创意创新素质提升的动力。

人们在生活细节中的创意与创新，有助于形成个人魅力。

第一是气量：心胸、视野。一个有宽广胸怀的人，可以在更大范围内思考，可以树立更远大的目标，不会计较眼前的、直接的利益得失。利益来自智慧，而不是智谋。财富是从各种浪费之中得到的，而不是从别人土地上抢夺来的。他们会把目光放得更远，会辩证地处理远与近、得与失的关系。这种眼光还表现在对资源的认识，在他们更大的视野中，形成了更宽广的资源范围，从而可以在更大范围内调动资源、组合资源，获得更高的成功机会。

第二是态度：道德、立场。一个有着正义感的人，他的生活态度多为积极的，这来自他的道德观和立场。一个态度消极的人，会把所面对的问题过分强化，严重时会把它看成是不可逾越的障碍，只想困难、只讲困难，注意力都集中于困难。这样的态度会让人没有作为、思想保守、回避困难。试想，人们总是要面对困难的，而惧怕困难、不去解决困难，会对周围产生吸引力吗？相反，一个有着积极态度的人，他会认真面对困难，积极分析困难，并想办法解决困难。能够想出办法突围的人才会令人敬佩，因为持这种态度意味着他有负责的精神。

第三是表露：表达、表现。每个人的言行都会影响周围的人。一个语言优雅、幽默的人，会让人们感到容易沟通，理解起来简单、方便，不需要猜测，不会带来额外的负担和误解。他们乐于表达，能够表达，虽然有时会有迂回，为的是不至于让周围的人产生抵触，但根本上是为了表达。

第四是知识：方法、灵活。创意创新是知识的组合运用，其主要目的是增大知识量、扩大创意创新的资源、丰富创意创新的解决思路。知识不是死的，重在运用，重在为人们解决问题。同时，更在于运用中的灵活应变，也就是人们在解决问题过程中，能够灵活机动、出其不意，超出常规和想象。

二、创意可提升生活品质

生活与创意似乎无关，是两个完全不同的活动，然而，观察人们的生活，如果能够让生活变得有趣、生动、别具一格，就必须让生活充满创意。显然，不只是创意对生活有贡献，生活也会为创意提供应用的场所、机会和思考方向，生活是创意的原产地。当一些人的生活充满创意、妙趣横生时，他们会成为人们生活的榜样，他们的生活方式会传播到社会之中，甚至可能有一些生活的创意会产品化或服务化，并形成新的商业模式。

（一）要过有创意的生活

生活方式可以有许多方面的表现，在精神生活上，可以有运动型、读书型、旅游型、娱乐型、爱宠型、收藏型、美食型及创意型等生活方式。这些方式还可以进一步细分，比如运动型可分为健康运动型、赛事运动型、冒险运动型等；读书型可分为兴趣读书型、群体读书型、证书读书型等；旅游型可分为自驾旅游型、自助旅游型和跟团旅游型等；娱乐型可分为广场娱乐型、歌舞厅娱乐型、棋牌娱乐型等；爱宠型可分为爱猫型、爱犬型、爱鸟型等。创意型与这些方式有所不同，其具有高度的渗透性。它不是一种活动，而是多种活动的组合，如与日常生活结合，体现在物质生活的细节上，包括用品、工具的小发明创造以及其灵活使用。在一些有趣活动的组织上，人们越来越多地借助大众传媒工具，把个人有创意的生活片段进行视频化。如果用心积累，就可将其变成教学资源。

过有创意的生活，就是在生活中增加新的内容，以改变传统的方式。以更新的方式去生活，则使生活变得更有效、更有趣，也更有内容。

过有创意的生活，本质是摆脱现有商业倡导的生活方式。其原因是其倡导的方式多是大众化、标准化的。即使是个性化的服务也会因为沟通障碍而出现一定的实现难度，何况更高的服务会让家庭多付出生活成本。这里并不是要否定商业的作用，因为人们的基本生活还是要依赖于商业，不然就又回到了原始生活，会有大量的不便。有创意的生活应该有一定程度的田园精神，以体现个人的创造力，但又是在商业社会的背景下，用创意去丰富生活内容与方式，并以差别、有效作为生活的目标。它可以是更科学的生活，也可以是更具新颖性的生活、更精细的生活。有创意的生活需要钻研，但更多的是需要有突破的精神。

过有创意的生活，就要观察生活细节，以发现生活中有趣的现象。如果有还没

创意与创新

解决的问题，可与周围的人讨教、商量，创意不仅可以改变现状和解决问题，更可以回归人类的探索性与知识共享，以此形成个人对人类社会的贡献。

（二）想象力永远是生活中最重要的能力

俄罗斯幅员辽阔，在中国高铁快速发展的刺激下，也想修建高铁，但光是高昂的土地成本就让他们十分惧怕。于是他们想到了一个可以节约成本的方案，就是建造能在天空中飞行的"高铁"，简单地说就是建造加电飞机。这种飞机的形状与无人驾驶飞机相似，但有一条接到飞机上的电缆，飞机可以直接升降和前后飞行。这个飞行的"高铁"可以装载1 000人，地面只要建设一条供电缆滑行的轨道就可以了。它既可以用电力代替石油，又不需要大量的基础设施建设，还可以避免地面交通中的一些安全、气候等问题。当然，这个方案还处于想象阶段，没有付诸实施，但就创意而言，还是很令人向往的。

好日子经常是想象出来的，钱只是过上好日子的前提。没有创意，就不存在好日子的内容，因此，想象力才是人们获得好日子的根本。在日常生活中人们会形成种种创意，家庭制作是创意，对现有商品或服务进行拓展使用也是创意。比如，一张泡沫纸板，可以让电视机背板墙上的白灰不再脱落，还有隔音、防潮的作用。它有弹性、耐冲击，更为重要的是它极为便宜。如果家庭装修一间音乐室，不论是歌厅还是录音室，都可以用它作为顶板和壁板，既节约，音效也不错。因为这种纸板凹凸不平，可以对声音进行散射。把现有商品或服务进行组合，把一些活动进行搭配，也是创意。花盆上墙，既可以美化环境，还可以降尘、减噪；躺在床上做倒蹬自行车的动作，可以锻炼身体，算是最省钱的健身运动之一；夏季晴天时，开车不开空调，把车子当汗蒸房也是创意。

（三）创新是把想象变成现实生活，再与别人分享

人们在生活中遇到任何问题并想出了解决的好办法，就应该设法奉献给社会，而最有效的奉献办法就是借助于商业。当一个人自己面对问题并提出了有效的解决办法时，就应该想到，别人也会面临类似的问题。他的解决办法，也是别人需要的办法。只不过他先提出创意并方案化了，如果使用商业方法提供到市场上，不仅可以让他获利，也可以让社会得到这种创意。这种做法在本质上是创新。

想象力可以让自己的生活变得有趣。有人喜欢模仿唱歌，就想能否保留音乐背景，而由自己代替歌手演唱。后来发现，这样的需求不只是自己有，许多人也有。一个深刻影响社会的新商业模式——卡拉OK诞生了。自己觉得自家做的辣酱好吃，设想到别人也会喜欢吃，在商业上一试，竟然成功了，这就是"老干妈"辣酱。大

部分企业的产品设计都是员工在生活中发现问题并且找到了解决思路，借助企业的实验室和生产车间将其变成了产品，再将产品推向市场。市场上丰富多彩的产品几乎都是这样产生的。没有想象力，就没有这些办法出现。没有把创意变成商业行动，也就没有人类社会日益丰富的生活。

三、家庭生活品质的提升需要创意

没有不存在矛盾的家庭，也没有不存在生活困难和障碍的家庭，这些都要用智慧和创新来改善。

（一）用创意化解家庭矛盾

家庭的矛盾多源于习惯、做法的不同。虽然家庭经常是释放情绪之所，存在着态度的影响，如果处理不当，也会上升为情感和信任危机。但这种情绪的背后仍然是家庭成员原先各自环境造成的个人行为差异。人们说，时间是医治家庭纠纷的良药。的确如此，许多矛盾并不是必须马上处理的，而是需要时间的冷处理。其中相对好的做法是积极地冷处理，就是使用不激化矛盾的语言和行为来控制矛盾，不使矛盾达到无法收拾的地步。这需要使用创意性的语言和有助于增进信任和感情的方法。

不要以为只有夫妻之间需要这种能力，在父母与孩子之间、长辈与晚辈之间都需要创意。甚至在同学、朋友、同事之间，也需要这样的能力。笔者在课堂上经常会留一个作业，让学生在母亲节期间做一个有创意的活动，并把创意献给母亲，以此来培养学生的孝心，以及对母亲的感恩。同时也让学生们知道，创意不需要多花钱，以此培养学生就学期间的节约意识。

陪同孩子一起玩游戏让大家有共同语言，有相同的体会。真实地、恰如其分地、充满创意地参与其中，这将培养家庭的合作精神与创意能力。

许多年纪略大的人都在讲陪伴自家老人的问题，方式单一、枯燥正式。其实，到父亲、母亲的床上躺一会儿，听听他们说什么，或者指导他们如何使用手机之类的东西，就可以一举两得，既实现了情感亲近，又不经意地教会了他们现代的生活方式。坐着说话太正式，躺下来会让他们感觉到你在安心陪伴，你既可以得到休息，他们也可以得到安慰。

（二）用创意化解家庭压力

家庭有各种压力，尤其是在快速变化的生活节奏中，许多个人压力都会转化为

创意与创新

家庭压力。当家庭成员都具有这种压力时，家庭就会鸡犬不宁，幸福感就会丧失。化解家庭压力，除需要瞻前顾后做好家庭战略安排、量力而行外，还需要用智慧来解决，而不能意气用事，图一时之快。

创意主要来自智慧。一位在深圳打工的河南小伙子，他媳妇听说珠海有航展，她想去。小伙子说："我们不去，要看就看我们家的飞机。"他媳妇没去，也没有当回事儿。但小伙子却开始了准备，从深圳辞职回到老家开了一家五金店，开始积累资金。直到他觉得差不多了，就去航空公司买了一架即将退役的旧飞机，把自家的土地平整以后，做成飞行跑道，把飞机放在了自家的跑道上。后来，他觉得这样做固然很浪漫，但仅作为一次性消费太过浪费，于是他找一些人出主意，开办了一家婚庆公司，就是可以到天上举行婚礼。飞行员当然是雇来的，维护飞机的地勤人员也是雇来的。这是发生在20世纪90年代河南林州的一个真实故事。

家庭压力多来自收入。如果没有好点子，只凭力气挣钱，那么家庭财务压力的缓解很难实现。如果家庭成员学会了一项技能，而且比较精湛，那么就可以有另外的收入来源。在20世纪80年代，美国有一位家庭主妇叫斯图尔特，后来被称为家政女王。她的本领是把家务活做到了极致，后来电视台专门为她开设专栏节目，并且该专栏节目变成收视率最高的节目之一。她把自己的名字注册了商标，许多家政用品用其冠名，使她获得经济收入。这是一个用创意来缓解家庭财务压力的成功案例。

（三）用创意增进家庭和谐

家庭由多位成员组成，只有成员共同活动才能体现家庭的意义。这时需要有创意的想法让大家能够接受。这些创意经常是具有根本性的道德意义，更具有家庭意义。

家庭成员一起出行并不算稀奇，但如果出行穿的是结婚纪念日服装，并且是去一些一般人很难想象的地方，如历史博物馆，毕竟这种行为并不常见。笔者（张耀辉）在60岁生日时拍了一段视频，称为《生日文告》，里面讲道："没有人用生日文告的方式过生日，我不仅写了文告，还拍摄了视频，告诉大家还有人这样过生日，并通过这个文告做了一个宣誓，把未来的打算公之于众，让大家监督。"

轻松幽默的语言表达，可以让家庭成员更多地接受一些新颖的想法。有一些想法其实是商业开始之前的试验。一些家庭往往因为缺乏交流而面临解体，这是孩子不想看到的。如果孩子可以借主持父母的银婚纪念而向父母强调家庭的意义，否定他们离婚的想法，则可能会建立起家庭成员的对话，唤起家长的责任心，鼓励大家共同面对困境。

无论是个人，还是家庭，都需要勇敢使用新的方法生活，这样的勇气可以让生

活生动起来。

第三节　创新思维决定创业能力

陈生毕业于北京大学，在听闻另外一位北京大学的毕业生陆步轩回到西安，为生活所迫卖起了猪肉并因此成为媒体焦点后，毅然决定放下手里的房地产生意，也来做猪肉的生意。他先是学习如何分割猪肉，然后在菜市场承包了一个摊位，把摊位做得看上去很卫生、很整洁，员工戴着卫生帽，灯光打得很白、很亮堂，后面的墙壁涂成明黄色。这样在菜市场卖肉当然是独一份儿，但他不满足，觉得那时的猪肉不好吃，于是开发了"壹号土猪"，一家大型的土猪生产企业随之成立。为了公司的进一步发展，他把陆步轩请来做副总。

思考题：
1. 一个成功的企业老总为何会来到一个陌生的领域？这是什么样的情怀？
2. 你有没有觉得自己吃到的猪肉不好吃，甚至也找不到让自己满意的好吃的东西呢？为什么陈生可以发现？
3. 陈生为什么要请陆步轩做副总？

一、自我激发与责任感的提升

训练创新思维的目的是培养用创新思维思考的习惯。培养习惯意味着改变已习得养成的习惯，培养习惯需要个人的自觉，需要自我激励、自我约束，并不断要求自己在运用中反复提高，以有意识地自觉运用创新思维思考和采取行动。

人的思维方式主要是受遗传因素的影响或家庭"习得"，人们不能指望自己一出生就有很好的思维天分，即使有这样的天分，也需要呵护培养，如果长期受到保守思维的约束会丧失创造力。不能指望天分，而需要通过后天习惯的培养，以形成创新思维。

教育是形成后天思维的重要途径。但是如果一个人不能利用教育的机会培养自己的创新思维，不能不断克服自己的保守思想和保留新颖独特的创意，也不能通过反复的思维练习养成创新思维习惯，那么教育的作用很快会变成"考试成绩"，考完以后便被遗忘。教育不只是让学生们掌握某些知识点，讲讲道理，介绍原理，而是要求他们反复进行思维活动训练。它既需要教师的努力，更需要学生的自我主动训练。教师需要坚持在课堂上对学生持续训练，不断重复具体的要求；而学生们不

创意与创新

仅要完成这些重复的内容，还要尽可能，甚至像有强迫症一样地反复练习。

创新不是一般的重复，它本身就需要面对不同的问题，使用不同的方法。对于学生训练，可以反复使用相同的创新思维方法，让学生熟悉这些方法。但是，真实的创新只有在人们不断面对真实的问题时，才能够体会到具体的问题内容，才需要解决问题的思维能力。因此，激发学生自我训练的目的是让学生自主发现问题，回到生活之中，而不是在课堂上模拟。课堂只能完成已经拟定的问题，而使用新的视角，采用新的方法，训练学生进入创新思维习惯培养的轨道，走进真实的生活才是创新思维能力培养的主要方法。

由于人类进步主要依靠创新、创意活动，养成创新思维是实现人类进步的重要支撑。创新、创意活动既改变了世界，也成就了自己，世界各国的现代化变革也都是如此。但是，习惯了传统教育的学生仍然固守专业思维，即使选修了"创意与创新""创新思维"这样的课程，也只是为了获得分数，对真正走进生活训练自己的创新思维有抵触、畏惧、漠视等情绪。大家不愿意把生活作为创新思维的起点与终点，不从生活中发现问题，也不回到生活中验证自己的方案是否合理。他们都喜欢纸上谈兵，对真实实践和从实践中获取的经验仍然采取课堂或书本学习的方法，即使形成了课堂上的"创新思维"，也不容易在创意与创新的实践中落地。

创新思维教育就是要激发学生推动人类社会进步的责任感，以"新"作为思维的衡量标准，把增强创新思维作为使命，使学生强制地改变自己封闭、保守的思维习惯，发扬已经培养起来的创新思维习惯。学习通过创新、创业获得商业成功的案例，鼓励能够运用创新思维进行不同层次创新、创业实践的学生，交流他们的体会与做法，推广身边敢于创新实践的案例，运用各种教育手段让学生自主训练。

二、事业与创新创业的关系

一个人具有创新思维，会不断形成新想法，让思维更加活跃。但创新思维不仅要新颖，还要有效果指向，也就是我们通常说的创意要有用。有明显效果指向的创意才具有潜在的商业价值。如果一个人经常有新颖的想法，却总是不能被人们采用，就说明创新思维还存在着问题。创新不只是鼓励人们思想可以天马行空，也需要有针对性。创意是否有足够明确的指向性，是衡量一个人是否具有创新思维的重要尺度。

一个能够为社会带来好影响的创意，除了创意内容、形式新颖外，提出者还应该明确创意的意义，能够讲出创意能给社会带来什么好处，或者能够让受众直接感受到好处，这样才能够得到人们的支持，让创意转化为创新行动并成就事业，否则只能给社会造成浪费。在电影《非诚勿扰》中，一开始就有一个人发明了称为"可以解决世界难题"的装置。电影中的台词表明，它获得了专利权，买断以后发现它完全是一个无法应用的创意。类似的还有电视剧《一手托两家》中也有一个点子，是让习惯使用筷子的中国人能够把具有较多营养成分的汤喝掉，创意就是把筷子做成吸管。有人问："如果管子里面脏了怎么办？"答曰："再买一个专用的刷子。"这些创意虽然新颖却不一定代表进步，只求新颖还不足以让创意促进社会进步，能够有效解决问题的创意才是创新思维所追求的。

用什么来判断创新思维呢？虽然创意可以让个人和家庭生活更加丰富多彩，更加新颖、有趣，但这毕竟只是个人的生活享受。如果一个创意要变成创新，就必须接受市场的检验。历史发展告诉我们，市场才能检验创意是否有效，有效的创意是判断创新思维的根本标准。个人创新解决的问题，并没有成本概念，很多时候是兴趣使然，或者是向个人能力挑战，也经常不会把个人时间以及所使用的资源作为成本加以计算，但商业则不同。如果你的恋爱对象让你把自行车修理一下，在此之前还讲了一些恭维的话，那么你没有理由不修。尽管市场上可能有修理工，费点事儿也可以找到，但是，你还是会好强地表现自己的。此时，你做出的创意会全然不顾及个人成本，因为你只有做出足够的"牺牲"才能够显出诚意。但市场则不同，某一家的产品成本高，可能就无法销售。创意不顾及成本就无法真正在市场上实现商业化。

创意之人追求的并不只是个人物质生活，还包括展现个人精神生活。完全由市场来检验创意，这有可能会限制个性化。人们可以借助商业实现基本生活，再以此为基础，用自己的创意实现个性化。从这个意义上说，个人的创意既是商业创新的思想来源，也是个性化生活的探索方法。当个人的创意经过生活实践显现出价值时，有可能会推而广之，把创意进行交流，变成普遍公开的社会知识，也有可能变成商品，用商业的方法为他人服务。

商业可以更广泛地传播有效的创意。商业是企业让顾客检验自己的产品或服务，为顾客提供的服务由顾客来检验，本身就是有效的检验标准。同时，产品或服务的成本以及由此所决定的价格也必须使顾客满意，顾客认为物有所值才会有购买行为。一旦为市场所接受，有效的创意可以通过商业方式得到传播，再通过消费改变人们的生活。

有了新的想法，需要借助市场，常见的做法就是创建一家新企业，或者在企业内部创建一个新事业项目小组。不论哪种方式，其本质都是创新创业。

三、事业建立过程中创新思维的作用

创新思维在事业策划与构思过程中起着重要作用，在事业建设过程中也同样起着重要作用。人们经常把一个新点子看得非常重要，但真正在生活中做成一件事情往往取决于组织过程的创造性，即根据情况灵活多变、因势利导，利用各种可能的条件组织实施。

"老干妈"辣酱能够成为享誉海内外的大品牌，部分原因是陶华碧在创建品牌的过程中采用了一些独特的策略。为了验证她的辣酱是否受市场欢迎，她向一些饭馆提供辣酱进行试吃，并根据反馈数据来决定是否进行生产。这种方法展现了科学精神在商业过程中的灵活运用。在建立辣酱厂时，她面临没有厂房和工人的问题。在尝试租用厂房时，街道管理人员建议她利用下岗工人。她以与众不同的眼光认识到，办厂不仅需要厂房，还需要工人。她想在能够解决自己的厂房问题的同时，帮助社会缓解就业压力，并利用这些下岗工人的潜力来调动他们的工作热情。她以自己的头像为主要元素，设计了"老干妈"商标，旨在用自己的形象传递人格保证，为市场提供信誉保证。在她之后，出现了一批以个人头像为核心元素的商标。在中国商场上，企业维权并不被广泛认同，尤其是涉及知识产权的官司往往是企业败诉，认为胜诉的可能性较小。因此，一些企业宁愿随意侵权他人，也不愿主动开发新产品，这种思维成为当时社会的主流。然而后来，当"芙蓉老干妈"和"四川老干妈"出现时，陶华碧毫不犹豫地坚决打击商标侵权。"老干妈"品牌能够站稳脚跟，这与她对商标维护的态度有关，也与她敏锐的反应和果断的维权行动有关。她运用独特的思维和行动打响了自己的品牌。

一项事业的成功，多是创造性执行的结果，"与众不同"的做法，出乎意料的市场影响力，才可能让自己的事业得到推进。爱迪生发明灯泡时，世界上有200多家企业都在进行相关的发明，但这位曾经十分潦倒的发明人把一位记者请到他的实验室，开灯后房间里灯火通明。他告诉记者，他的灯泡永远也不会熄灭。记者在报纸上大肆宣传。爱迪生据此说服当地政府允许他在街道上进行试验。他改进了供电系统，又在全球寻找到了一种寿命长的材料制作灯丝。他成功了，成为电灯大王，而其他发明人却销声匿迹了。

创新思维体现在事业建立的过程中，而不只是在开始的创意和策划中。或者说创新思维的本质是灵活利用各种可能的资源，包括知识、物质、人力、制度、政策以及环境等，综合市场上可以获得的各种条件，将机会与资源整合起来，使事业得以建立。这将成为一种精神。

第一，形成一种随时创意、处处创意的态度，才算具有创新思维。

第二，建立一种随机应变的机制，从与众不同的角度看待周围变化，才算具有创新思维。

第三，培养一种优势，相信白手起家创业是真的，但同时，更应该相信自己不是一无所有，在创新思维方面并不是空白，这是唯一的优势，也是重要的优势。借助这种优势，从各处获得几乎零成本的资源，帮助自己创建事业，才算有了创新思维。

第四，不论环境如何变化，仍能够把握方向，并以人格作为争取机会和资源的前提。创新思维不仅仅是基于做成事业，更在于其能否更好地为社会服务，而不只是为了自己挣钱，这才算有了创新思维。

第四节 创新思维提升企业价值与商业道德

在现代企业制度下，企业普遍追求的目标是企业价值。对于上市公司，企业价值就是股票价值，企业为股东带来红利，也可以通过股票市场对企业价值的评价获得投资收益，股票价格高，意味着股东认可企业的价值高。人们往往认为企业追求价值最大化是为投资人服务。其实现代企业制度下的分配制度，已经将企业价值与企业创始人、企业高管等的利益联系起来，不仅是投资人，那些投入智慧的管理者也是企业价值提升的受益者。

思考题：

利润都是有道德的吗？

一、企业价值的影响因素

如果用股票价格来代表企业价值，它可以看作投资回报带来的价值，其数值通常等于预期利润除以基准利率，也就是如果把手里的钱用于购买债券所获得的未来利润，除以用于购买其他可参考的有价证券带来的股息。最保险的有价证券是国债。预期利润可以分解为现时利润和预期利润，预期利润应该等于现时利润乘以（1+预期利润增长率），从而企业价值的公式为：

创意与创新

$$企业价值 = 预期利润 / 基准利率$$
$$= 现时利润 \times (1 + 预期利润增长率) / 基准利率$$

这是企业价值的基本公式，由此可以分析出：影响企业价值的主要因素是预期利润和基准利率。但基准利率不由企业决定，因此，影响企业价值的因素是预期利润，而预期利润主要受利润增长率的影响。利润增长率代表着企业的成长性，能够影响企业成长性的重要因素是企业的创新创业能力，企业价值的高低在很大程度上体现着人们对企业创新创业能力的判断。

尽管企业价值的计算方法很多，但都没有离开这个基本公式。其含义是：第一，利润决定着企业价值。股票市场上的供求关系影响着企业股票的短期价格，但是它仍然会围绕企业价值波动。一旦预期不能被证实，泡沫就会不攻自破，再次回归到企业价值，甚至可能会更低。第二，预期利润增长率决定了预期利润，进而决定了企业价值。这里，股票购买者以什么样的时间长度进行预期，就按什么样的时间长度进行预测，不存在统一的时间长度。例如，多数以3年为时间长度，就是预期3年的利润增长率。时间越长，影响利润增长率的因素会越复杂，但总体上都离不开企业的战略能力与责任担当，而战略能力的核心由企业在未来市场的地位决定，创新行为则是影响这个地位的基本内容。

二、企业获得利润的三种方法

企业价值由利润决定，但利润本身是有道德的。以下三种不同获得利润的方法，在道德上有着本质的不同，甚至有的获利方法经常游走在违法边界。

（一）垄断获利

垄断可以获得超额利润，除非垄断企业有善良之心，或者有特殊的策略考虑，将价格定在低于垄断价格水平。从行业上看，这样的企业不算是垄断企业，不会受到反垄断法的限制。垄断并非仅指市场上只有一家企业，而是指市场上是否存在着价格被刻意操控的情况，他们经常使价格处于垄断价格水平之上，合谋、行政垄断都涉嫌垄断。

有一些垄断行为是受到《中华人民共和国反垄断法》限制的，但大量的垄断行为存在于市场之中，是钻法律空子的企业行为。因为企业通过垄断这种行为会获得利润，却损害了社会利益。垄断主要体现在垄断企业可以左右市场价格，并转化为企业的利润。这种巨额利润是以阻碍市场竞争、控制市场价格为前提的，在很大程度上抑制了更多的创业者参与竞争，也因为价格过高限制了消费者购买，从而降低了社会总产能，抑制了就业，由此造成了社会福利损失。所以，一个成熟的国家一定要有反垄断法。在道德上，社会也要经常对垄断现象给予监督和批评，并建立多种识别垄断行为的防范机制，防止各种显性和隐性的垄断行为。

（二）投机获利

市场具有明显的不确定性，那些敢于冒风险的人往往可以获得利润，这种利润的本质就是投机利润。不确定性产生于信息不充分，如天气变化、国际政治经济形势改变、战争、流行性需求变化、制度与政策的变化、出现灾害，以及重大技术突破、基础设施改变等，只要是人们没有来得及反应的变化都会影响到市场的不确定性，由此可能带来市场机会。但是，这种机会并不是确定的，它不因人们的意志而改变，只能加以利用。因此，那些惧怕风险，不敢利用机会的人被排除在外，如果这样的人是大多数，在市场上就经常会出现供给不足，由此带来了供求关系的不均衡，给冒险参与者带来了利润。当他们的行动被证明是正确的，市场机会变得确定以后，人们会纷纷跟随，市场恢复了均衡，利润消失。当然，如果真实的市场需求并非像大胆之人所预测的那样，冒险之人也可能会面临巨额亏损。

在许多时候，投机利润是对这些勇敢者的奖励，因为如果没有他们的敢于冒险，市场就不会有人探索真实的需求，需求就会处于潜在的状态，这会造成社会福利损失。正是因为他们敢于冒险，才让市场需求得以暴露。有一些投机行为纯粹为了获利，损害社会福利，如利用物资短缺，囤积货物、抬高价格后再出手套利，给自己带来利润的同时，还造成了价格混乱，扰乱了社会秩序。所以，投机行为具有两面性，即有的投机行为有道德，有的投机行为会损害社会福利。

（三）创新赢利

创新可以获利，原因是在创新成功以后的市场上会出现需求大于供给的情况，因此，创新获利的本质也是垄断。然而，创新所产生的垄断并非取决于外部的强制力，而是由创新的价值带来的，它既不是由行政权力限制竞争造成的，也不是由人为地排挤竞争对手，使竞争者无法进入市场造成的，而是由创新企业开拓了一个全新的市场，并且在这个市场中占据了重要地位，其他企业还没有来得及反应进入这个市场造成的。这样的企业不仅提供了新的产品或服务，也决定了这款产品或服务的价格。

往往这种垄断为人们所接受，重要原因是其本质是有新的价值创造。这种创造可以给人们带来福祉，一旦创造出来，其中的思想便会成为社会共识。即使是创新

创意与创新

者最初会伴随着垄断行为和垄断利润，但是随着时间的推移，创新中所包含的内容会逐渐为社会所掌握，会有更多的竞争者参与，垄断则会消失，也会通过改变人们的消费行为，形成新的消费习惯和文化，从而影响人类社会。

价值创造或者是更节约生产、销售成本的方法，以更少的资源消耗创造相同的价值；或者是创造更新产品功能或服务的方法，让人们更加方便、舒适、快乐，以相同的资源消耗，获得更大的满足，这些都需要通过市场检验。市场是检验价值创造能否为社会所接受的重要渠道和工具，只有到市场上去，才能够衡量价值创造是否合理，是否能够推动社会进步。

创新赢利并非社会所希望的，却是社会不得不接受的。因为创新者在很大程度上是要追求创新的成功，不仅需要社会对其创新行为给予合理的评价，还需要有制度对创新活动的花费给予补偿，更需要对创新行为给予鼓励。创新活动具有不确定性，因此，创新活动有着或高或低的冒险性。一次创新成功的利润与多次创新失败的亏损同在，创新的利润要能够补偿那些亏损。更为重要的是创新活动不仅会直接改变社会，还会间接地提高人类生存与发展的能力，因为创新活动为人类留下了新的知识。所以，创新赢利不仅是社会允许的，创新行为也是经常受到赞扬的。由此出现了一系列的制度支持，如科创板等融资制度是在为创新活动提供融资环境，创业板是在为创新创业提供融资方便，本身就具有鼓励人们创新创业的意义。

我们所说的允许创新赢利是人类发明的制度，并非仅仅支持创新者，还会保护与创新有关的群体。专利制度可以有效地保护创造者的利益，世界上绝大多数国家的制度都采取了有限度的保护措施，最重要的体现是设置了专利保护期，如果超过期限，成为过期专利，专利内所包含的知识便是人类社会可以随意使用的知识，与公开出版物上的知识一样，成为人类共有知识。

创新行为之所以经常受到社会赞扬，是因为创新行为可以促进社会进步，改变社会结构与生活方式，为社会提供新的知识。从这个意义上说，创新是企业社会责任的重要内容。因为创新创业承担了社会责任，受到社会赞扬比为自己创造盈利的意义还要大，特别是当企业有比较强烈的精神追求时，创新企业将成为社会的榜样。创新创业者不只为了追求利润而活，他们还会为追求更高的梦想而活，即活得更有价值。

三、创新能够创造价值

创新能够为企业，也为社会创造价值，它在很大程度上决定了人类生存与发展。

（一）创新能够创造新的消费、探索新的生活方式

在商业社会中，人们的生活方式是通过消费完成的活动，有什么样的消费就有什么样的生活。新的产品或服务为人们提供了更多的消费选择，也在引导着人们改变原有生活方式和适应新的生活方式。如果市场只提供相同的商品，使人们的生活方式无法改变，就会因为需求的边际递减规律作用，造成对人们消费的约束和需求不振，从而导致企业没有利润甚至出现大量亏损。只有创新产品或服务，才能够释放消费，进而改变人们的消费结构和生活方式。

企业应该有比消费者更强大的想象能力、科学技术的应用能力和生产组织能力。因此，改变人们的消费方式以及社会生存方式要依靠企业，政府的政策只是为释放人们的消费创造条件。人们能够自觉购买的主要原因在于企业提供了人们希望的产品或服务，企业的想象能力、创意能力在其中起着重要作用。提升企业的创意能力，需要让企业员工广泛参与企业的创意、创新活动，创意思路来源才会更加丰富，因为员工可以把自己的观察与体验转化为企业的新产品或新服务的构思与设计。

（二）创新能够使企业摆脱对资源的依赖

世界上有许多自然资源条件很差的国家，如瑞士，这个国家以生产精密产品著称于世，不论是手表，还是仪器，都不需要过多的物质资源；瑞士发展金融，更不需要物质资源；瑞士发展垃圾处理业，不仅可以为其他国家提供服务，也可以为自己提供能源；瑞士还把他们自己的发展障碍（山脉）变成了旅游资源。阿尔卑斯山是世界上重要的旅游胜地，旅游业已成为瑞士重要的支柱产业。这些代表着瑞士的产业，几乎全部与资源无关，却都与创意有关。发展经济，避免受到物质资源的束缚，就要摆脱对物质资源的依赖，根本的办法就是借助创意能力和创新能力。

一个企业能够获得高利润，其前提是要获得高附加值，这需要从摆脱对物质资源的投入入手，尤其是在国家采取限制物质资源消耗的政策背景下，企业增加资源消耗就会减少自己的附加值，限制自身价值和利润的创造。

以不同的视角认识物质资源，需要有创意能力。人们以为，资源就是客观世界真实存在的物质，这没有错，但是人类需要的不是资源，而是资源的用途。相同的资源以不同用途视角去认识，资源价值会出现巨大的差异。冷空气会伤害人体，人们需要御寒，但是为了保存食物，必须掌握制冷技术，冷空气变成了资源。在没有冰箱技术之前，人们从寒冷地带拖来极地的冰，用于夏天降温；一旦发明了空调技术，赤道的炎热也就没有那么可怕了，地球人口分布也出现了很大的变化；山中许多野果有的会让人中毒身亡，但经过辨识，有的可能会成为一种中药材；没有发明

创意与创新

汽车之前，石油并没有被人们重视，但汽车出现以后，石油这种资源的价值才被深刻认识；人们的嘴上表达是一种功夫，但它既不能用于吃饭、穿衣，也不能用来出行，所以在人们达不到温饱时，认为这是耍嘴皮子，然而，它借助朗诵、相声、小品等形式，让人们放松，成为精神生活的重要资源。这些例子，有的是依靠创意，有的则是通过科技形成产品为人类服务，但最初都是通过创意实现的。

从根本上说，企业面临困境时的出路只有提升创意能力，以新的视角提出新想法，盘活自己拥有的资源，并放大资源价值。

（三）创新能够增强企业发展的自信

一个国家、一个民族，乃至一家企业，如果能够保持创新，处于某一领域的领先地位，就会形成自信。海尔当年处处领先，员工穿着海尔的工装上街，挺起胸脯，其自豪感发自内心。企业员工的自信会让企业的创新资源得到加强，成为克服困难的重要动力。

一个不参与创新的企业，会惧怕创新的风险，既没有化解创新风险的经验和管理体系，也不能培养出孕育新想法的队伍，于是一些员工辞职，其原因是学不到东西，得不到锻炼。每当国家号召创新时，企业领导总觉得与自己企业无关，因为企业没有创新贡献。这样的企业，忽然想创新，经常会面临失败。但不仅如此，许多偶然创新的企业，遇到创新失败时不去总结教训，而是把自己的体验到处散布，认为创新是在"找死"。他们看不到世界上有那么多企业在谋求创新发展并且取得成功，却只相信求稳和胆量才是创富的根本。

企业是社会的重要组织，如果企业从创新中获得经验，就可以积累起创新资源，一旦获得创新成功，就可以找到自信，就能够动员更多的资源参与创新。参与创新的企业利润高，经验传播广，就可以给社会带来先进的信念和文化追求，成为追求创新、进取文化的来源。这是企业的重要收益，也是企业对民族的贡献。

（四）创意与创新能够让企业起死回生

一些企业面临亏损甚至倒闭，但在加入创意以后，企业竟然奇迹般复苏，甚至成为世界知名企业，苹果公司无疑是这类企业的代表。在乔布斯回到苹果公司之前，苹果公司虽然已经在计算机制造业深耕多年，但股票市值大幅下降，退市为期不远。乔布斯回来后，他把苹果公司从电脑制造商变成了通信设备制造商，以公司所拥有的科技资源为基础，重新定义了3G时代的手机，不再把手机仅看作通信工具，而是看成人们丰富生活内容的"玩具"，因此苹果公司获得了巨大的成功。乔布斯不仅让苹果公司起死回生，重新成为一家伟大的公司，他也改变了世界，重构了人们的生活方式。

丰田在成为著名公司之前，只是一个小作坊。大野耐一在参观了美国福特公司以后，不仅看到了汽车生产前置时间过长、在制品库存过多、浪费十分严重的现象，还看到在商店里，如果货物没有卖完，就不可能补货，商店没有库存。后来，他将商业的规则移植到制造企业，坚信制造业也一定能够使用这种"拉式"管理，即由后端提出的订单决定产量，而不是由生产前端决定产量。这个听起来简单的创意，让丰田代表日本企业打入了美国市场，成为世界汽车产业最著名的企业之一。

往往一款新的产品就可以让一家企业变得十分盈利，有时甚至不用新产品，只是调整商业模式，就能让企业扭亏为盈，这都需要创意。脑白金就是一个典型的例子，当脑黄金在商业上无法展开，继续生产将面临巨大财务压力时，创始人史玉柱突发奇想，以在电视台做高频率广告的方式，反复讲一句广告词，广告的内容是暗示脑白金是礼品，这等于重新定义了产品的客户对象，获得了商业的巨大成功。

本章小结

1. 创意与创新的价值是全方位的，不论对个人、对企业，还是对社会，都有重要意义。

2. 创新思维是英雄思维，英雄不问出处，创意产生的新想法是责任逼出来的。

3. 商业才可以兑现创意与创新的利益，但创意与创新并不一定要追求利益，利益只是增加了创意与创新的动力。

4. 创意与创新是企业实现的社会责任，企业的第一社会责任就是推进社会进步，通过市场检验自己的创意是否具有经济合理性。

本章自我训练

（以下各章自我训练又名"本能化训练"。自我训练旨在形成参与训练者本能性反应。以创新思维为导向的教育，目的是通过思维训练将创新思维变成学生的本能。）

1. 训练自己能够在道德层面讲明白自己事业的意义，经常从意义角度介绍自己的想法。

2. 训练自己在获得事业的同时，还能够有其他诸多方面的收获。

3. 训练自己在人生低谷时，包括企业亏损、生死存亡时，用新想法摆脱困境。

创意与创新

本章思考题

1. 既然创新具有垄断性,为什么还要鼓励创新?
2. 对企业而言,创意与创新何者优先?为什么?
3. 在中国,什么是最有意义的创新?

第二章　创意、创新、创业的概念及三者的关系

章首语：创意、创新、创业三者缺一不可；提升创意能力，鸟瞰天下。

关键词：创意，创新，创业

乔布斯50多岁就去世了，他的一生是向自己挑战的一生，也是为人类贡献的一生。他是一个被父母遗弃的孩子，被一对好心的夫妻领养。乔布斯生活在硅谷附近，邻居都是惠普公司的职员，在这些人的影响下，乔布斯从小就迷恋上了电子学。1977年，他决定成立一家电脑公司，同年4月，乔布斯的苹果公司在美国第一届计算机展览会上展示了苹果Ⅱ号样机，外壳的透明设计令人赞不绝口，1998年推出的iMac更是让苹果走上了独立系统之路。多年以后，乔布斯回归苹果并提出了一项改变世界的产品计划，推动了3G时代的到来。

引导案例

在广东梅州提起"客天下"，无人不知，它是远近闻名的旅游景点。"客天下"是我国首个旅游产业园。2006年，这里还是原生态的自然山峦，在梅州有关的各方面利益群体共同创意下，产生了"客天下"。他们包括当地政府、东江支队的老干部、房地产商、旅游企业以及其他海内外人士，这些人形成了一个共识，即挖掘当地旅游资源，把旅游作为突破口，拉动经济、社会、文化的综合提升。"客天下"旅游产业园包括客天下广场、客家小镇、千亩杜鹃园、郊野森林公园和圣山湖五个景区。白天茶园层叠，一派田园山色，一到夜晚，从山脚往上看，客家灯火宛如一条蜿蜒的火蛇，曲折向上，延伸到深山之处。园区之外，一批批地产项目拔地而起，引来了一批批购房者，由此，梅州也有了环境优雅的住宅区；园区内外，以红色文化、客家文化为核心的项目相互映衬，昔日的荒山野岭为这座老城带来了全新的印象。

思考题

把一座荒山变成一座金山靠什么？

创意与创新

第一节　创意及其意义

一、什么是创意

（一）创意的定义

创意一词来自英语"create new meanings"，中文解释是创造新的意识或创新意识，字面上可以直接理解为创造新想法。比如，头脑中忽然涌现一种可以飞翔的汽车。

什么是想法？或者说如何理解创意中的"意"呢？"意"可以是意念，可以是念头，也可以是因果关系。总之，它应该是一个可以表达的东西。

"意"是思想，是可以表达的思想。说它是思想，它却不是一个完整的思想，也不一定有逻辑，但它已经有了初步的形态，是一个思想的框架、轮廓，或者说是思想活动的结果，"意"只是这个初步思想的表达。从这个意义上说，"意"是思想活动的结果，也是意表。

"意"具有符号特性，几笔可以勾画出一个大体的印象，几个字可以描绘出基本的内涵，一句话或几句话可以说明主要的含义。意象就是将自己所思所想符号化。当被符号化时，"意"就可以表达，也可以传达，能够被人们理解和接受。人与人之间的沟通都是通过这样的符号进行的，符号是表达的工具，这就是人们称创意就是创造符号的原因。

"创"即是"无中生有"。把没有的东西创造出来，这就是"创"的本意。这里并非所有元素都是原创，而是指结合成整体以后是以前没有过的，或者原先也有，但它的一些用途没有被发现。也就是说，"创"的重点是内容，而不是载体。

创出来的结果必须是新的，但它并非一定要全新，也可以部分是新的。它不是生产的意思，过去人们经常问："世界是谁创造的？是劳动人民创造的。"这句话中的"创"，讲的是物质世界的从无到有，是所有生产活动。但创意的"创"，不包括已经有的，而是指新创的。比如，一种新式雪糕，虽然雪糕制作配方一样，但样子不同，不再是方块，而是设计成树形、花形等；毛巾不再只是用来擦汗，还被用来作为一种吉祥物，当作礼品赠送给来宾。

新是相对的，所以存在主观认识上的偏差。由于认识上的局限，可能会产生对比的空间错位，以为是新的，却发现外面早已经有了相同的东西，或者自己发现了新用途，其实人们早已经发现了这样的用途。

（二）创意的特征

创意的"创"根本特征是它发生在大脑中，是思想活动，而不是现实的物质活动，在大脑中涌现出新的想法是创意的本质。没有思想的活动，就不是创意活动。人们的思想活动是其他人无法观察到的，其特点有以下四点。

一是涌现性。突发奇想是大脑突然迸发出的。在此想法形成之前，人们可能会冥思苦想，不断地做各种积累，进展却是缓慢的，也可能会停滞不前。然而，有可能突然发生了思想的跃迁，有了新的思考路径。这些想法往往是突然到来的，它意味着，即使积累的时间再长，也不一定会出现思想的跃迁并形成新的思考方向，这与积累没有确定的关系。这个思想跃迁过程是新想法的涌现过程，是新想法从朦胧到清晰的过程。一个人的创意能力就是能够抓住稍纵即逝的朦胧灵感，并且能够快速将其清晰化的能力。

二是不可检验性。创意并不是一个完整的方案，如果在此基础上变成可执行的方案，还需要进一步细化。一个创意是否可行，需要在执行以后才可以得到检验，在创意阶段根本无法检验。人们经常评价"这是一个好创意"，是讲这个想法的新颖性，同时也包含了主观上对未来方案实施的预测，但评价的重点是新颖性。只要新，就是好创意。

三是源头性。所有新的话题都需要借助创意起步，创意是形成新理论、新方法、新观念、新方案的唯一源头。

四是无投入性。创意只是想法，不需要研发，因此几乎没有投入。这意味着创意具有低风险的特征。利用这一特征，将创意直接用于企业商业活动，可以推动经济和社会发展，可以在低投入的情况下让经济社会获得发展，从这个意义上说，创意是经济社会发展的首要原因。乔布斯领导苹果公司重新回到伟大公司的行列，依靠的不是 iPhone 1 的研发，而是创意，因为这款突破性产品里面没有苹果公司自己的独立技术，有的只是创意和设计。

（三）创意的目的

创意的最终目的在于创造。创意是创造的前奏，创造是创意的结果，通过创意可以获得创造。从这个意义上讲，创意是创造的方法，也是创造的环节之一。在这里，还要区别创造和创新，创新是纯粹的市场活动，而创造是通过市场实现的活动，更加广义。另外，不仅市场机制可以推动，其他的机制如社会机制，也可以推动创造。

创意的直接目的是表达，只有表达出来的新想法才是创意，因此，学习创意在很大程度上是学习表达，它成为创意的基本原理。

创意与创新

霍金斯说："人人都有创意，只是没有表达。"这说明在头脑中的创意是大量存在的，但被表达出来的创意却少之又少。出现这样的结果主要是因为人们并不清楚创意的直接目的，以为大脑中存在的想法就可以算作创意了，但多数情况下，没有表达的创意只是自己头脑中的一个闪念。那些新颖的所思所想都不曾以某种形式表达给周围，而是任其自生自灭，甚至人们自己也没有在意，有的也无法回忆起来。

表达作为创意的目的，有如下三个方面的含义。

第一，表象并记录，避免遗忘。用语言或符号将想要表达的内容表示出来并记录下来，避免忘记。人们很容易遗忘，如果不借助外部的记忆手段，只凭借人的大脑记忆会出现很大的不可靠性，一时的灵光一现，大多会被遗忘。有的想法会被其他话题冲击，以后无论如何也回忆不起来了。

第二，明确。用语言或符号将想法明确，避免不清晰，并用强化想法的精确性保证创意的完整、准确。人们的想法在大脑中形成时，经常只是一个模糊的轮廓，通过语言或符号将这个轮廓性的意念清晰化、准确化，使表达出来的内容恰如其分地代表创意本身。这一概念化过程，将在本书第四章进行介绍。事实上，经过清晰化过程之后，有可能会肯定自己的创意，也有可能会否定自己的想法，这时就需要丰富创意或对创意的意义加以确认。

第三，交流。通常创意并不是由一个人完成的，经常是靠相互启发，由多人共同完成的。因此需要有能够传达自己创意的交流工具，创意的意义也在于使用工具进行表达，能够让别人理解的表达，才算是有意义的表达。人们经常以为自己表达清楚了，但实际上，如果不借助一定的语言符号，人们的交流会失去方向，更无法开展创意活动。

二、创意就是构建新符号

创意就是创造符号，即把创意用一种形式表达出来，这种形式就是符号。形成创意就是形成新符号，符号既表现了创意的本质，也提供了创意的方法。

"1355"是音乐符号。当年小约翰·施特劳斯（Johann Strauss Jr.）在路上突发灵感，把这段音乐记录在衣服的袖子上，还差一点儿让洗衣工送到洗衣房。衣服被抢救回来以后，小约翰·施特劳斯将它谱成了《蓝色多瑙河》，成为传世之作。电灯的发明也经历了一次创意过程，爱迪生把通常看到的灯丝以符号"I"的形式表现出来，效果不好，后来改成"W"形的灯丝，亮度大幅增加。苹果公司用被咬掉一口的苹果来表达自己尝试与社会共同分享的理念。这些都是在构建符号。

第二章
创意、创新、创业的概念及三者的关系

为什么要用符号表达呢？因为符号是想法的简化形态。烦琐的表达不仅不容易让核心内容清晰，还有可能让重点与突破被淹没掉，也经常没有传达效率，使人们不容易抓住核心和重点。而符号既形象又便于说明，既可以借助大脑的全部能力，使创意形象化，又可以借助符号，启发自己和别人，进一步发展创意。

创意的本质是创造新的符号，是把这一领域的东西变成符号以后，转移到另外一个领域。也就是说符号具有一般性和抽象性。而创意则有具体性，是把这个领域的具体东西符号化以后，转移到另外一个领域，再变成具体的东西就会是新的。雨伞符号化以后，你可以用在沙滩上，也可以用在商铺前，如果继续扩大使用范围，也可能变成给房子遮蔽阳光的工具。改变符号后仍然用在这个领域，也是常见的创意活动。当然，如果你使用从来没有用过的符号，那么可能会形成全新的创意。

符号的简洁性、抽象性、可拓展性，可让符号成为创意表达的基本要素。将自己周围的东西符号化，并试图做一些改变，就可以培养自己的创意能力。

许多创意在成为实际可行方案之前，需要在符号创造的基础上进一步细化、精化、验证。这不仅需要理论上的论证，也需要实验室验证，还需要进一步设计和方案化。在执行过程中，还要进行调适。也就是说，从创意到行动效果，中间需要许多环节，会不断淘汰创意，也会不断发展、修改和完善创意。尽管大量的创意并不能真正实施，但这些创意恰好又是能够实施创意的前提。没有这些创意做基础，最后那些具有新颖性的方案及其执行也未必能实现。

创意是不需要研究的想法。这是创意的一个重要性质，也因此让创意更加重要。但同时也导致了人们对创意的轻视，认为这种灵机一动的想法不可能具有重大意义。实际上，创意的重要意义在于它是新举措的源头，没有创意一切都将陷于落后的观念、想法之中。有时候，有的创意不需要改变硬件，只是重组了硬件、机构、部门，就能引起思维的变化，并产生重要的功能性影响。

三、辨析创意

创意就是产生新的想法，形成一个点子（idea），新是它的本质，朦胧是它的基本特征。因此，苛刻的人会经常否定创意，会把许多创意丢掉。

创意不是抄袭，不是模仿，但同时，创意也不是创造，不是发明。创意是新颖的，是没有经过验证和推敲的新构思，最多是一个刚刚形成的方案的雏形，而不是一个思维缜密的方案。把创意当作成熟的构思和方案，会导致行动受挫和失败。创意不求具体的可行性，只求想法上的突破，其他是后续的工作。

创意与创新

创意可以是胡编乱造、随意瞎扯，也可以是受到别人启发以后的新创见，但就是不能是重复别人的内容。创意可以是荒诞的、无法理解的、可笑的，但就是不能是常规的、循规蹈矩的，不能与别人想法完全一样。如果说创意的本质就是离经叛道，就是不怕错误，那么用"唯新"作为判断标准也不为过。

正因为创意具有极大的"不正经性"，所以，创意多不可能直接用于决策。人们以为，新的就有行动意义，就要把它作为决策，这实在过于冒险。能够把创意转变成行动，还需要走相当长的路。创意的唯一作用是新颖和开启思路，而不具备需要慎重论证的意义，这一点一定要重视，否则会影响大局。

四、创意的视角

如何改变一个司空见惯的物品、生活方式或活动呢？或者说，人们通常使用什么样的视角找到自己的新想法呢？

如果以唯新作为标准，那么似乎任何视角都可以作为创意的视角。但是如果以有效的创意作为标准，那么等于是让创意尽可能地变成人们的行动甚至是为社会进步做出重要贡献，其视角一定要与"有效"进行结合，这些视角包括以下四个方面。

（一）资源的视角

把现有的商品、技术、方式作为资源，通过调整和改变使其能够解决新的问题。产品是技术组合的功能化结果，意思是把技术原理组合起来，只要能够形成某种功能，它就是产品。把产品中的技术原理进行调整，就可以产生新的用途。例如，把白炽灯后面加上罩子，正对着人，就可以把电灯这种照明用具变成加热空气的取暖设备，冬天洗澡时就可以使用。其不仅可以用于洗澡，还可以用于其他地方，只要需要加热、烘干、保温都可以采用。把现有的技术用在不同场合，将技术与应用专门联系起来的活动就是创意活动。

几乎没有一种技术可以单独使用，都需要进行组合，在不同场景运用时，需要加入不同的技术。如果把现有的成熟技术作为资源，对不同的技术进行组合，那么几乎不需要研发，只需要开动脑筋，将其联系到使用的场景上即可。生产大瓶爆米花能取得不错的经营业绩，无非就是把影院的场景转移到家庭，再把人们普遍用来装液体的瓶子放大，不仅可以多装，出口也变大，容易倒出来。在此基础上，市场上又出现了其他形状的装爆米花的容器。

越是直观的技术越容易形成创意，因为人们对它们熟悉并且理解得更加透彻。这说明，人们对技术的反复理解非常重要，如果理解得不够透彻，也很难形成创意。

把技术作为资源，是因为大量的创意需要技术的支持。但更为重要的是把现有技术利用起来，挖掘其潜能，使其对社会产生更大的作用，这也是创意的重要作用。

如此，人们开展研究，发现新的科学技术原理是在开发人类共同拥有的资源，时刻准备着为创意提供内容资源。只要被科学验证存在着确定的因果关系，总能够通过创意将其利用起来。

创意经过精化、提炼、丰富以后，可以具有理论性、原理性、功能性，也可以有针对性地解决问题。这不是创意的责任，也不是创意者的任务，而是后续的活动。

（二）成本的视角

创意的重要方向是挖掘成本潜力。降低成本是企业永恒的话题，是企业的基本责任。低成本可以为降低价格进而为促进顾客购买创造条件，也为企业赢得竞争创造条件，最终会变成社会福利和可能的企业盈利。即使企业因为价格竞争不能盈利，也会由于人们的普遍使用，扩大了市场需求，增进了社会福利。

发现成本潜力需要创意。人们可以从制造过程挖掘降低成本的可能，例如，使用更便宜的材料，减少工资不断上涨的员工数量，减少高耗能的动力消耗，减少库存积压与占用等；也可以从财务角度降低成本，如加速资产周转、减少资金成本等；还可以从提高销售效率角度降低成本。无绳电话是步步高的第一款产品，段永平请来了一位名不见经传的、后来被称为丑星的人做广告。因为广告要打动人，要做对比，先在家里安装的是有线电话，在如厕时听到来电话声音，旁边没有有线电话，表情焦急、无奈；换个场景，丑星手里拿着子母机的子机，随意移动，如厕时也可以接听电话，这让人变得很惬意。这样的情景显然不适于明星，同时，也可以节约一大笔代言费用。

（三）需求的视角

人们的需求在不断升级，已从物质层面上升到精神层面，这是随着人们收入提高而形成的消费动力。通常情况下，人们存在着需求压抑，无法明确自己的需求，这时需要创意者的想象，代替需求者发现需求。这些需求由人们收入提高决定，但并非完全取决于人们的收入，而是由潜在需要决定，需要由创意者去发现和揭示。

人们总是需要那些更方便携带、更容易使用、更加舒适、更有效果的用品，这些都是产品创意的重要方向，是人类需求的基本方向。折叠雨伞让人们更加方便携带；更轻薄的电脑让人们便于携带；可以打开盖子再容易盖上的红酒瓶，或者不需要瓶塞的红酒瓶，或者不需要专门开启工具的红酒瓶等都是这类创意的结果。以这样的基本需求作为想象的方向，可以形成新产品创意的视角。

创意与创新

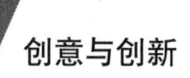

　　大量的服务需求也需要创意，特别是和技术结合起来的新服务需求，更需要创意的支持。现代物流、金融、通信以及传媒都是现代服务，它们都需要用新的视角理解技术并且把技术引导到服务之中，并建立新的商业模式以促进需求的形成。

　　精神需求更需要创意，特别是那些具有娱乐性、休闲性、欣赏性的精神产品几乎都是创意的结果，它们集中在影视、艺术、旅游、游戏、展会等领域，最大限度地发挥了人们的创意，以满足人们轻松、愉快的精神需求。

　　随着社会分工的深入，出现了大量的中间需求，这些本应属于企业内部的管理业务、专业生产以及零星的内部服务都会成为外部的需求。而越来越多的社会服务、政府需求也需要商业创意，也需要用商业模型将其明确并固化为产业。

（四）个人喜爱视角

　　想象力是创意的重要源头，它来自人们的喜爱、兴趣和特殊的爱好。喜欢彩绘可以在街头墙壁上绘制立体画；喜欢汉服可以将古代的服装款式挖掘出来供现代人选择；喜欢古代乐器可以制造仿古乐器；喜欢美食可以自己制作，再将其工艺固化；喜欢酿酒可以自己制作。多数人都有一些特殊的偏爱，都可以表达出来作为自己的创意，也可以再将其精化，变成别人也可以喜爱的物品，可以作为礼品送人，也可以作为商品出售。

五、创意的应用场景和好创意的标准

（一）应用方向

　　远方没有创意，创意只存在于生活中。不论是过日子，还是从事商业，或者是科学研究、日常管理、文化娱乐、传播宣传，每一种都有自己创意的应用场景。比如，工作环境的创意，可以让环境美化；工作流程的创意，可以让自己的管理工作具有独特的风格等，还可以分得更细。人们不一定能够认识到科学也需要创意，其实科学原理确立之初必然会有一个创意过程。麦克斯韦方程组（Maxwell's equations）就是一个创意，相对论的思想实验最初也是一个创意。科学研究需要突发奇想，只有通过创意才具有突破性。除此之外，每个行业也可以有自己的创意特征，如教育的创意、医疗的创意等。只要认真挖掘都可以找到自己的创意方向。

　　针对市场，创意可以分为产品创意、活动创意、组织创意、概念创意和表达创意。产品创意多是功能创意；通过活动完成的服务创意也具有功能属性；组织创意多是灵机一动想出的点子；概念创意是冥思苦想，特别是产品概念创意是企业与顾客之间的第一交流工具；企业的各种表达，包括广告、销售词、软文等，都围绕着打动顾客、启动需求，都需要不落俗套的创意。

（二）好创意的标准

创意本身只有一个特征，就是新。是否越新就越好呢？除了新以外，还有一个标准就是可应用性。也就是说，好的创意有两个标准：一是要新；二是要有用。第二个标准不是说创意一定要能够马上使用，而是说要能够有所启发，要能够变成人们的行动。

第二节 创新及其意义

人们使用的洗发水多是化工产品，其生产过程存在比较严重的水污染，也会伤害人们的皮肤和器官。一位民间发明人研发了一系列基于生物技术的去污剂，但他没有办法将技术转让出去，因为发明和申请专利都需要花钱，搞得他家徒四壁。有一位从事汽车维修的老板听说以后，决计给这位发明人投资，让发明人以技术入股的方式与自己合作成立一家新公司，成立公司后的研发费用和申请专利费用都由公司承担。他们不断申请新的专利，一共申请了100多项。老板见到朋友就兴奋地摆出这些专利证书，也做了一些样品，让人们试用。但是销售仍然无法正常开展，公司运行了两年以后，面临着倒闭危险。于是他们请来教授，咨询教授的意见，教授建议他们先从儿童用品开始，把需求点从社会责任转向皮肤保护。后来，他们以这个商业模型为定位重新设计了发展战略，获得了融资，公司逐渐走上正轨。

思考题

什么是创新？创新是技术发明吗？是专利申请吗？

一、创新的概念

创新这一概念是由约瑟夫·熊彼特（Joseph Alois Schumpeter）提出的，他把它作为企业中的一种特殊活动，并把改变要素组合与组织要素进行产品的重复生产加以区别，使用了一个经济学的术语进行定义：创新是重新构造生产函数的活动。如果说企业的活动可以用生产函数进行描述，那么其中自变量就是要素，而因变量就是产出，企业平常的任务就是根据稳定的生产函数运行。然而，有一天企业忽然改变了生产函数，少用了某种要素，或多用了其他的要素，例如少用了一般员工，或多用了研发人员，企业变成了以研发为主，企业价值呈现增长；也可能少用了人员，或多用了自动化生产线，生产要素不同，却生产出了相同价值的产品。这些都

创意与创新

是改变生产函数的结果。

一旦市场上的某个企业有了这样的改变，其附加值和利润都会增加，社会也会因此而进步，企业也会因为创造了新产品而吸引更多的顾客。如果企业以其高的附加值为基础，对要素给予更高的回报，吸引了要素进入，那么其他企业不得不跟随和学习，学习的结果是全部产业都采用了这一生产函数，市场再次恢复平衡，一种新的生产方式得到普及。

我们也可以将创新概念通俗化定义为"将技术首次引入生产并被市场承认的过程"，也可以简化为"技术的首次商业化应用"。

这个定义有五个关键词：一是首次引入，表示将技术应用起来，而且是第一次把技术运用到生产之中，引入不是研发，而是把成熟的技术原理运用于产品设计之中；二是市场承认，是指创新的衡量标准是市场接受，创新是一个商业过程，其本质是商业活动；三是过程，创新不是一个一次性完成的活动，需要反复试错，直至成熟；四是技术，它是应用的对象，技术是技术原理和技艺的总称；五是生产，创新是从技术变成产品的活动，许多技术原理首次运用于某种产品设计时并没有可以参考的经验，需要使用许多方案组织试验，才能够让产品功能稳定。在产品功能稳定以后，还需要对生产工艺进行试验，直到能够得到上下游保障，稳定生产为止，这个过程也是消除生产不确定性的过程。

把技术看作首次商业化应用，强调商业化活动，创新的重点不是产品生产，而是技术的商业化，并且是首次的商业化。

在创新概念中，首次引入是这一概念的核心。这是因为这种活动与其他活动的根本区别在于第一次应用，没有可以借鉴和学习的经验，也没有可以模仿的对象，一切都需要自己摸索，因而，它具有极大的不确定性。如果有可以借鉴的经验，可以根据由此总结的规律控制和减少不确定性。而没有这些经验，无法确知技术是否能够达到预期的效果，因而首次引入技术的风险比其他日常经营活动的风险要大得多。

既然有如此高的风险，为什么企业还要去做呢？这是因为率先进入市场的企业有可能会获得领先地位，并因此获得超额创新收益。当然，那些有社会责任的企业也会将创新看作自己为推进社会进步所做出的贡献，这是它们的追求。

创新到底是以技术开发作为主要性质，还是以商业化作为主要性质呢？对此，许多人因为大量的创新都与技术有关，所以把技术的突破看作创新的本质。其实，创新的本质是商业化，只不过它是特殊的商业化。

创新必须借助市场由顾客检验，而不是借助企业由内部的技术标准或质检员检

验。能够商业化，即顾客对以某项技术为基础的产品功能、价格以及服务都予以接受，企业才算是完成了一次创新。如果技术功能不足以让顾客动心，或者这项技术所需要的成本过高，创新给顾客带来的好处抵偿不了顾客所付出的价格，便无法实现商业化。创新是要通过市场检验，而不是通过技术专家或政府部门的检验。交给顾客检验，一切从顾客需求出发，才是创新的本质。

创新是不是发明呢？不同的创新概念范围并不相同。熊彼特的创新概念是以技术引入的活动为主，技术是一个可以直接应用的对象，技术来自技术市场，在技术市场之内，存在着大量的自由发明人和高校的科研人员，企业拿到的技术是在实验室中功能得到验证的技术。因此，熊彼特概念下的创新并不包括技术发明，其活动的主体内容是引入。

随着社会发展，技术创新的概念在逐渐拓宽，因为创新的活动过程既是一个人们对技术理解的活动，也是一个对技术重新选择、改造的活动。当技术存在缺陷时，需要创新者将市场信息传递到技术市场之内，技术发明者需要进行技术的调整。由于存在着市场上的交易和协调，创新者经常无暇顾及这些沟通，这让企业感到成本过高，因此，企业自己建立研发部门。随着企业间的创新竞争越来越激烈，企业希望从源头上控制技术，也成为企业在内部建立研发部门的重要动力。这样，便出现大量企业设置研发部门，由企业招聘人员，自己组织技术研发，企业代替外部技术发明的行为，创新的概念由外生性创新转变为内生性创新，发明人也从个人发明人转变为职务发明人。

创新的活动是创新者把对技术功能和作用的理解应用于市场的活动。创新者可以不懂技术结构，但他们必须有对技术应用以后所形成功能的理解能力，也需要有对市场需求得到满足的想象能力。将技术原理与市场需求联系起来，是一个极大的思想跨越，因此，创新的核心活动是商业创意活动。

二、创新的类别

（一）熊彼特的分类

熊彼特将创新分为五种类型，即新产品、新工艺、新原料、新市场和新制度。

（1）新产品。这里的产品不区分产品和服务，即产品包括了服务，只要是市场上第一次出现的新产品或新服务都属于新产品。不论是在家庭中使用的消费品，还是在企业中使用的生产工具，都可以是新产品；不论是为家庭提供的服务，还是为企业提供的服务，都是新产品。创新的目标是功能。有一些新产品基于科技原理，

创意与创新

有一些新产品基于创意设计，从趋势上来看，产品创新越来越基于科技创新。

（2）新工艺。新工艺指生产过程中使用的新生产方法，专门指生产企业的生产过程，所以它也经常被称为过程创新或流程创新。对服务创新而言，如果使用了新的服务流程，也属于这种情况。对大部分情况而言，新工艺是指以科技手段影响生产的过程，创新的目标是效率、安全和环保，所以它也经常属于科技创新。

（3）新原料。这里是指用新的原料代替旧的原料，新的辅助材料代替旧的辅助材料，新的能源动力代替旧的能源动力，新的配件代替旧的配件。原料创新的目的是寻找功能更强、来源更丰富、价格更便宜的原料代替来源稀少、受控制度较高、供给不稳定、给企业和社会带来伤害的原料。这种创新基本上也属于科技创新，但有时是以更大的资源提供范围代替旧原料供应，是贸易活动的改变。

（4）新市场。这里主要指所生产的产品从满足原来的需求变成满足另外的需求。这有两种情况，一种是对原需求者提供新的需求。也就是客户范围不变，但需求从原来的需求上升到新的需求。与产品创新不同，这里只涉及对需求的深入挖掘，而不是提供新的功能。例如，把脑黄金技术直接用于脑白金，仍然针对着同样的一群可能的消费者，原来针对的是其中的孩子和家长，现在针对的是其中的游子和老人。尽管客户范围没有变化，但是所强调的产品功效重点有所不同，细分市场中的客户对象已经发生改变。另一种是产品从一个市场转换到新的市场，即产品不变，客户范围发生了改变，如从一线城市转移到二线城市，从国外转移到国内等。

（5）新制度。这是指企业采取了不同管理制度，或者借助外部制度的变化进行内部管理制度变革。新制度涉及组织结构、绩效考核、股权关系、服务承诺、劳资关系、客户关系、资产管理等内容。它通常不涉及科技，但一些科技有可能会影响企业运行中的利益关系，如信用、契约、监督等，进而需要调整制度，最大限度利用这些科技带来的好处，如信息化、网络化技术对企业制度的影响。但多数制度创新是企业根据自己的利益分配观念、发展战略重点、内外部利益关系协调，做出的新制度设计，有的还需要向科技提供需求。

有人把上述创新进一步归类，分为科技创新和制度创新。前面三个基本上是科技创新，后面两个是制度创新。

（二）按程度进行创新分类

（1）激进创新。激进创新是指在技术原理和观念上有重大突破的创新，例如，火车从蒸汽机到内燃机、飞机从螺旋桨到喷气式、LED光源的出现都是激进创新的典型例子。激进创新更多地出现在制度创新之中，带有革命性质的制度变化经常使

用这一词汇。在科技创新中,使用全新的科技原理通常会带来产业的巨大变化,导致那些没有做好相关技术准备的企业退出产业,特别是在快速推进过程中,更会带来产业中的企业及企业所需要知识的更新换代。此时,不仅企业生存会受到威胁,连企业中的员工、企业上下游合作者也会受到威胁,大家来不及改变便被新的进入者取代了。

(2)渐进创新。渐进创新是指通过连续的小创新,不断对产品进行更新迭代,以便产品功能更优的创新方式。比如,对现有产品的元件做细微的改变,强化并补充现有产品的设计功能,使产品的架构和元件的连接更流畅。渐进创新的本质是使现有的需求满足更加完善、彻底,使产品使用更安全、更方便,价格更便宜。这类创新多发生在企业内部,是企业的自我迭代。但也有的发生在企业外部,受到现有企业生产经营启发,针对存在的问题进行完善以后再进入市场。尽管渐进创新不会改变产业性质,但是,如果企业停止改进,就可能被其他外部企业替代。

渐进创新对技术积累的要求低,企业也更容易借助现有技术进行组合和创意,创业更容易。

(三)按来源进行创新分类

按来源创新可分为原始创新、引进消化吸收再创新和集成创新,这也是我国推进自主创新战略采用的分类。

(1)原始创新是指从商业概念到商业实施的全部内容都由本企业独立提出并组织实施的创新。在中国,人们把以发明专利为基础的创新活动看作原始创新,但从创新的定义上看,创新是特殊的商业活动,因此,应该从市场需求的新发现、新定义、新概念开始,即使是从实验室开始的科技创新,也要尽早地提出市场应用场景,形成初步的商品概念,再反向明确产品概念、技术方案、工艺方案、采购方案、商业模型和服务方案。

(2)引进消化吸收再创新是指从概念到技术原理都从国外引进,并根据对国内市场需求特征的理解,适时地重新提出新的产品概念,或者进行功能完善、补充和调整,改变场景与需求含义,注入附加值。这种创新活动强调技术来源集中于一个或几个国外企业,借助国外市场成熟运作的经验开拓国内市场。先模仿,再学习,继而根据国情进行创新。它有三个关键点:一是选择哪家企业或哪种技术作为模仿的对象;二是如何破解独立创新难题,在购买技术以后,如何破除知识产权、关键技术等壁垒,形成自己掌握的技术;三是如何认识本国国情,发掘国情和利用国情,形成特殊的目标市场。关于技术来源,可以用购买的方法。在互联网时代,大量的

创意与创新

技术并不需要购买，它们只是受到了先进国家产品或服务创新的启发进行独立的技术开发。

（3）集成创新是指以集成方式推动的创新。即从需求和解决问题的角度出发，将现有科技成果加以运用，通过整合、重构，设计成全新功能的产品，其结果不仅获得了创新上的突破，还有可能形成基于功能的一组新技术原理。也可以这样理解，集成创新就是把已有单项技术有机地组合起来，融会贯通，形成一种市场需要的产品功能或经营管理方式。集成创新的目的是有效集成各种技术要素，在节约研发投入的前提下，创造更大的经济效益。它有着对市场需求的针对性、局部技术的成熟性，因而具高智慧、低技术、低风险、高收益以及高破坏性等特点。它的高破坏性是因为这种创新行动迅速，对市场需求概念的突破性大，对现有产业造成的冲击较强。虽然我国高铁早期是以引进消化吸收为主，但后期已经转变为以集成创新为主。最初的苹果手机也是集成创新的代表。

（四）按影响进行创新分类

（1）颠覆式创新

从字面上看，颠覆式创新是那些彻底改变人们生活、生产方式的创新。

一些传统产业长期保持着固定的技术和商业模式，形成了人们的传统观念，让在位企业有着或多或少的故步自封。它们看不起那些与自己技术和模式不同的企业，也看不懂这样的企业。但是，这些企业以其强大的市场号召力迅速瓦解了传统市场。显然，颠覆式创新是从市场角度进行的定义，企业不仅重新认识了需求，也为需求提供了更有价值的商业模式，还让顾客从传统模式中转移出来。

与颠覆式创新概念接近的是突破式创新。突破式创新是从技术原理角度出发进行的定义。突破式创新会改变产业，让在位企业因为不能适应技术进步而被迫退出产业。那些没有做好技术准备的企业也只能眼看着新的创业者进入，而自己却没有办法改变命运，所以突破式创新更多的是改变企业。

商业模式创新多为颠覆式创新。它们业务相同，但因为商业逻辑不同而形成了不同的价值传递，影响并改变了顾客的价值判断和生活方式。

（2）非颠覆式创新

马桶盖并非一个独立产品，它基于马桶使用，即使马桶盖再先进，也无法取代马桶。但一个智能化的马桶盖却可能会推动马桶的销售。这和显示器技术进步以后有助于电脑销售、物业行业发达有助于房地产销售的道理一样。

这类创新并非发生在一个独立领域，也不是发生在传统产业之中，而是在传

产业的外围，有重要的想法上的改变和技术上的应用。创意也一样。

这类创新树敌较少，初期创新者的市场进入障碍小，还有助于实现多赢。从马桶盖案例看，它所产生的价值更高，企业和社会更容易创富，因为它大幅度提升了马桶的价值，让如厕更舒适。

（五）按过程进行创新分类

创新具有连续性。从一种技术原理转换升级为新技术原理，也经常会出现非连续的情况，技术单元的改变是非连续性创新。即使在相同的市场，创新也并非完全由高技术代替低技术，其中有一种创新是低技术瓦解高技术，它被人们称为破坏式创新。

破坏式创新是指一个持有低端技术的企业，以成本优势积累技术能力瓦解高端技术的过程。市场的不断完善使技术的功能日益强大，人们购买的产品中通常会有相当多的功能浪费。如单反照相机，多数人用不上那些特定功能，但为了时髦，人们只能接受这些功能。这就给将功能简化的傻瓜相机提供了空间，开发者以降低人们使用过程中的技术要求为目标，提升了人们的需求强度，也降低了相机的成本，满足了那些对技术要求不高、需要低价相机的人的需求。它的开发思路是降低用户的要求，并按这样的思路，不断改进产品，逐渐进入高端产品市场。等到传统技术持有者反应过来的时候，新进入企业已经牢牢地占据了市场。最后，传统技术企业所占市场份额越来越小，其技术也成为过时的技术。

为什么破坏式创新会发生呢？许多人认为，一个重要原因是社会存在着收入差别。先进技术为高收入人群服务，落后技术为低收入人群服务，但是随着面向低收入人群服务的产业日臻成熟，高端人群也开始向这一领域转移。拼多多就是典型的例子。

破坏性创新是从技术角度认识的创新过程，而颠覆式创新是从市场角度认识的创新过程，结果几乎相同，都是传统大企业藐视新技术，却被看起来没有多少技术含量的企业取代的活动，只是角度不同。

三、创新的性质

创新有多方面的性质。熊彼特十分强调创新的破坏性，他把社会进步看作去旧换新。旧有的企业退出市场将面临巨大的痛苦，甚至要由社会承担。破坏不是单纯的破坏，其主要是新的企业挤掉旧的企业，与旧企业相关的要素也需要重新构建。在市场经济背景下，这种破坏会形成社会连锁反应，既为新的企业提供机会，又使一批企业重新洗牌。

创意与创新

创新能够推动社会进步，但也会打破已有格局和惯性。求稳怕乱的国家并不希望有过多的创新，而积极进取、希望推动世界的国家可能会参与创新，但直接的创新者是企业。

市场有优胜劣汰的功能。创新理论认为，在市场上，如果企业不创新，就会被创新的企业淘汰。也就是说，创新的动力来自外部，因为害怕其他企业创新淘汰了自己而不得不创新，从而发展成为用创新迫使其他企业也不得不创新。主动创新的企业也可以获得利润，因为创新企业一旦成功，它可以在市场上拥有垄断地位，即使有其他企业跟随，企业也不至于被淘汰。创新是一件既可以获得利润，又可以使自己更加强大的活动。明白了这个道理，企业创新的动力会快速增长。

利润来源于价值创造，即以相同的资源——人、财、物向市场提供更高价值的产品或服务。成功的创新所带来的新价值通常不止高了一点，经常会高得很多。高的价值是顾客端感受到的价值，只有如此，才能够用新产品或新服务代替旧产品或旧服务，只有物有所值，顾客才能够接受新的事物。

创新的重要性质是垄断。创新的垄断并不是企业利用市场势力来控制市场价格，而是企业为顾客创造了真实的效用，在一定范围内保持市场的可控性，或者是因为对新事物的反应不及时，或者是使用了一些法律手段排除或限制了竞争对手，独家或少数几家拥有全部的市场，以此获得大的市场份额和对价格的控制权。

并不是创新企业有意控制市场，而是创新企业必须以此作为前提，否则企业创新的风险就无法分摊。在创业计划书中，人们通常用预期市场占有率来描述自己未来的市场。那些对自己市场保护能力预期较强的企业，会作出长期垄断预测。但大部分企业会因为各种原因无法控制市场，不得不承认竞争企业会挤入市场参与竞争，使企业的垄断程度变低。然而，对创新企业来说，它们宁可相信自己的市场控制能力，它们预计的创新利润一定要能够补偿自己的创新投入，否则再乐观的创新也都会让人望而却步。

创新的收益归属于谁呢？这里的收益是指利润，它到底归属于投资人、员工，还是归属于其他什么人？因为这样的问题，创新理论学者把企业经理的职能加以区分，提炼出了企业家的概念。他们认为，实施创新这种特殊的企业活动必须有充分的行政权力、胆识和商业创意能力。能够进行创新组织，这是一种有别于日常管理的特殊管理职能，而承担这种职能的并非日常管理之人，而是那些能够组织创新的经理们。如果一些人具有创新能力，却无法借助经理的位置创新，他们就会去创业，由自己决策，自己承担风险。创新可以带来垄断利润，但投资人并没有对创新有所

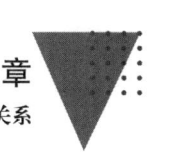

贡献，多数员工也没有，对创新有贡献的是企业家。因此，创新的利润归属于企业家，其他人都是搭便车之人，对成功的贡献者不是他们，但失败的责任则要由他们承担。从全部创新利益角度认识，其他要素的提供者也有资格参与创新收益的分配。但实际上，投资人、员工也在其中承担了风险，通常企业在分配利润时，也不会将利润完全分配给企业家，而是企业家分配比例较大，其他要素参与分配的比例较小。

企业的创新利润随时间的变化如图 2-1 所示。

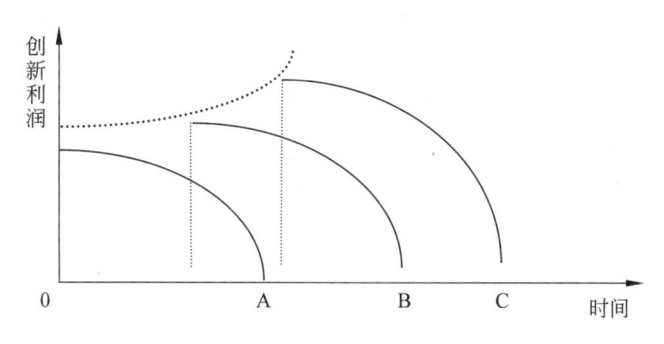

图 2-1 创新利润变化曲线

图 2-1 中表达下列含义：第一，企业是通过创新实现利润的，或者说，企业追求利润中创新的原动力，A、B、C 三条曲线代表了企业不断创新追求利润的过程，曲线的最高点是创新成功起始利润；第二，企业创新成功会引起模仿，模仿会带来竞争，竞争会让利润消失；第三，创新总会有成本，即研发投入，其主要来源于以前创新成功所获得的利润。管理大师德鲁克说，"利润是创新的成本"，讲的就是这个意思。

当把多次创新形成的利润曲线用包络线（虚线）连接起来的时候，包络线表达了一个以创新为主的企业，利润存在着波动，当把弧形面积相加以后，会发现企业利润总体上是上升的，而且是加速上升，但上升速度经常是变化的。如果创新经常遭受失败，创新成本加大，那么这种波动会更加明显。一些企业会以这种方式生存发展，它们是创新型企业。

四、创新政策及其目的

创新产品具有地域性，在某一个市场是旧产品，在另外一个市场可能是新产品，创新的意义在于结合需求场景改善人们的生活。创新必须有明确的市场指向，细化的改进与贴近需求是创新的重要内容。创新也在改变人们的生活方式，完成对顾客的教育和生活方式的重新塑造。创新不只是企业谋求利益的手段，更是社会进步的

▼ **创意与创新**

重要表现，需要社会特别是代表公众利益的政府的积极参与。

参与创新既有促进社会进步的动因，也有摆脱压制、争取主动的国际政治动因，更有通过创新获得经济发展、创造经济社会繁荣的动因。越来越多的国家制定了推进创新的政策，借助国家创新系统推动企业创新。在中国，科教兴国战略、自主创新战略、创新驱动战略等都包含了大量的创新政策，并且通过不同层级的地方政府放大政策。利用财政、金融、税收、就业、创业、用地等政策，再通过国家各职能管理部门以及大学、科研院所等机构多方推动，其目的在于形成创新能力，实现高质量发展。

第三节　创意、创新、创业的关系

引导案例

3M是世界公认的胶带行业第一品牌，其产品以黏胶为主体，在1914年推出了第一个独家产品Three-M-ite™研磨砂布。1968年，其员工Spencer Silver博士在试制黏胶时多次失败，达不到原有的黏性，为此特别灰心丧气。然而，他后来发现这种失败的黏合剂可以重复粘贴还不会留下残胶。这个配方在1977年被其同事Arthur Fry想到可以用来制作一种能重复粘贴的便条纸，作为教会诗班唱诗的书签不会脱落或损坏赞美诗集。他注意到同事的这一黏胶配方，涂在纸条的背面，教堂赞美诗的书签问题完美地解决了。经过不断的改进，神奇的便利贴就这么诞生了。

思考题

有心栽花花不开，无心插柳柳成荫。这个案例说明了产品跨行业应用有成功的可能。试试找找相似案例。

一、从无到有

三创，即创意、创新、创业，简单地理解，就是三个"从无到有"。

（一）创意——想法的从无到有

前面已经分析了创意的这一基本特性，正因为如此，创意是一切创造的源头，会影响产品开发，甚至会影响科学发现，因为即使是科学规律也是客观存在的，也需要人们改变认识，突发灵感，揭示需要创意，由此形成猜测的源头，并进行反复验证，得出明确而简单的因果关系表达。在生活中，一种新的生活方式也是从创意开始的。当一种突发奇想出现以后，可以试一试，有了初步效果可以保留，确认想

法后再进行验证。生活能够丰富多彩，多源自创意。至于企业的经营管理活动，只要想有新的变化，就需要有创意。也许你能从本节的故事中体会到，创意是新的想法，而不是新的技术，不论是否是真的，要先有新想法。

（二）创新——产业的从无到有

创新发生在市场上，是产品功能、顾客需求等内容相同或相近的交易空间。当一个创新发生时，并不只是影响企业自己，还将影响市场上的其他企业，也将影响企业自己及其竞争对手的上下游企业，从而改变整个产业链，并通过这些产业改变经济结构和经济运行方式。一个创新企业总会将创新所包含的技术信息传递到市场上，以启发一些企业跟随。大家的跟随使产业跨越一个新台阶，并更新了产业内涵与运行方式。也可能出现产业迂回和裂变，形成全新产业。

（三）创业——企业的从无到有

创业是将分散的要素组成可控的契约结构，使要素在有序状态下形成合力，放大和发挥功能的活动。简单地说，创业就是创建企业。创业能够将要素的潜力发挥出来，让那些希望创造却无法发挥的创造力得以实现。当一个有想法的人不能获得组织要素的权力时，可能在组织内受到约束、打击，他自己的想法也会消散掉。若他此时想实施这一想法，就应该退出组织，重新组织要素，形成新的企业，并通过企业的力量放大自己的想法。从这个意义上说，企业就是个人实现理想的工具。

二、创意、创新、创业的区别

如果对总体经济进行描述，我们就会看到，创意、创新和创业能够带来新的经济增量，其他活动则是在原有经济基础上进行重复。有人说，创造也是增量经济活动。其实创造不一定是经济活动，因为创造是人类征服自然的活动，是人类的本能。创造的终点是发明，创造也需要想象，要以创意为起点。也有人说，创投（创业投资）是具有增量意义的经济活动，但它并不是实质性的经济活动，它是金融活动，是"三创"活动的外部条件，但不是必要条件。

虽然创意并不会直接变成经济活动，但可以支持一些没有商业意义、只有社会意义的活动，毕竟它很容易被引导到商业创意之中，还会成为文化创意产业的源头。

（一）创意是起点

所有新的事业，无论是科研、产品、工艺还是新的思想，都需要从产生新想法开始。作为起点，其形成能力非常重要。它的去向不确定，但可以成为商业的起点，也

创意与创新

可以成为科学研究的起点。因此，以功利为目标通常不容易指导创意，需要以非功利为目标加强投入。只要一个国家、一个地区、一个企业或组织，甚至一个家庭、一个人的创意能力强，就不会输在起点上，因为"为有源头活水来"，后面有动力，但首先得有想法和思路。不论是大事业，还是小事业，都需要创意，也都需要培养创意能力。

（二）创新是核心和目标

一个民族对世界的贡献，首先是把自己做好。当然，把自己做好并非通过打击别人，让别人过得不好，而是在允许别人过得不差和变好的前提下，自己过得更好。这只能借助创新加以实现，因为创新可以挖掘资源价值，放大经济发展能力。因此，现在人们已经普遍形成共识，创新是民族振兴之路，是为世界做出贡献的基本途径。一个民族能够生存和发展，需要创新能力。创新和培育创新能力是一切工作之根本，是所有工作的主要目标。我们要将创意引导到创新创业上来，培育社会创意能力，引导创意走向创新，为社会培养具有创意、创新、创业能力的人才，构建"三创"的人才基础。从根本上说，创新不只是企业的目标，还是国家和社会的目标，在国家政策与社会文化引导下，企业能够把创新作为己任，形成有效的运行机制。

（三）创业是归宿

创业是通过商业方法实践自己的创意，用以兑现利益，并用利益激励人们坚持做下去的活动。创业借助商业，也可以检验创意的价值。一些创意听起来很有趣，但市场并不一定能够接受，原因在于创意的经济性不足。新的事业需要通过创业实现，即使在现有企业内部建立创新组织，也可以把它看作内部创业。虽然并不一定都会导向创新创业，但是创业给创新提供了获得利益的具体方式。正因为如此，创业才成为今天中国经济社会发展的重要政策对象。

三、对"大众创业、万众创新"的理解

"大众创业、万众创新"是2014年国家明确的一个发展方针，简称"双创"，其含义是动员社会参与创业，逐步从用创业带动就业向用创业推动创新转变，在推进创业大潮中激励创新型企业形成，促进国家创新能力的提升。如果把"双创"看作一场运动，那么这场运动需要各方面政策的强力集合，推动人们的"双创"行动。在"双创"活动进行中，需要重塑"双创"文化，让创新创业文化成为社会文化的主流，用"双创"价值观影响社会，形成新的、可持续的创新创业发展动力。

"双创"经过近十年的完善，已经逐渐演变成五力共推的社会经济发展格局，

第二章
创意、创新、创业的概念及三者的关系

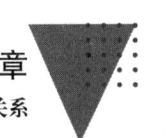

这五力是技术流动力、资本拉动力、环境促动力、政策驱动力以及事业推动力。

第一，技术流动力。今天的世界，大量的创新之源来自免费提供的技术。人们需求越复杂，满足需求的方式也就越多，实现的方式也就越多元。而许多技术需要重新认识其应用价值，特别是在互联网时代的应用端，它主要依靠商业模式创新，不受法律保护，也很难形成技术秘密，企业一旦运行，就会变成公开的知识。因此，技术从一个国家转移到另一个国家的过程就会变得非常简单。如果发展中国家承认与发达国家存在技术差距，许多技术特别是那些过期专利就会流向发展中国家，落后国家就可以借助自己的市场，将这些公开免费的技术整合到本国需要的产品或服务中。

第二，资本拉动力。随着经济的发展，投资人与创业者共担风险的制度正成为社会的需求，形成了对直接融资的需求，而以借贷方式为主的传统融资方式越来越不适合创新创业活动。为推动直接融资市场的发展，国家不断推出股权退出的制度，促使股权融资方便进入企业。股权资本为了顺利兑现创业利润，获得更高的投资价值，就要寻找那些具有高成长性的项目。这种从股票市场传递过来信息，让资本能够有足够的动力参与培育科技企业的方式，促使企业具有成长性。这是一种由资本寻找项目，为项目提供风险投资的机制，是促进企业成长的拉动力，可以激励创业者挖掘自己的科技应用能力，有助于创业者克服困难、勇敢探索，提升企业管理水平。

第三，环境促动力。在"双创"大潮下，大量社会资源涌入"双创"之中，人们借助政府的"双创"政策，创办孵化器、创客空间等，在大学、科技园区以及社区开办专门的创业创新空间，大大方便了公众参与"双创"。通过这些机构为创业者提供各种"双创"支持，如空间、教育培训和商务服务等，所开展的项目打磨、项目路演、项目展示等活动形成了交流和示范，为创业者提供了便利，也激励了创业行为。

第四，政策驱动力。"双创"启动之后，各地不断出台相关政策，旨在通过创业带动就业、创新推动创业、创业拉动创新。这些政策的方向越来越趋向一致，即以创新创业和有效率的创业政策为导向，从而减轻创新创业行为的后顾之忧。

第五，事业推动力。"双创"所引导的创新创业与传统创业所追求的目标差别在于，可以让创新成为创业的核心活动。创新的创造性可以让人们感受作为人类一员的自豪，进而让人们得到精神上的满足。当创新创业成为共识，人们追求创新创业的生活方式成为社会普遍现象时，人们思考创新创业不再稀奇，投身创新创业便成为实现事业的

创意与创新

主要方式，相反，不能思考创新创业则容易落后于他人。与此同时，与"双创"配合的各个机构都在主动以创新创业为标准对学生、员工和机构进行考核，使创新创业活动进一步指标化、业绩化。大学开设"双创"课程，建设"双创"教育体系，参加"双创"相关大赛，以激发教师等青年科学家参与"双创"；企业内部设置了"双创"空间，积极争取成果进入企业进行孵化等，以提升创业热情和创业质量。

"双创"营造了一个全新的社会，不仅会带动经济转型，也会带动社会、文化的转型。

本章小结

1. 创意是想法的从无到有，创新是产业的从无到有，创业是企业的从无到有，起点是创意。

2. 创新是企业的重要职能，国家也有动力参与。

3. 创新可以发生在现有企业内部，也可以发生在初创企业，用创新创业政策可以引导创新行为。

本章自我训练

1. 训练自己成为能够讲道理的人。

2. 训练自己成为可以通过创新提升收入的人。

3. 训练自己成为把三个概念联系起来的人。

本章思考题

1. 既然创意如此重要，那么如何锻炼创意能力？

2. 企业创新有哪些途径？分析每种途径的特点、要求及作用。

3. 为什么说"大众创业、万众创新"是通过创业来推动创新的？

第三章　创新思维阻碍的破除与创新思维能力的提升

章首语：孩提时代的创造力最强，年龄越大，人们的创造力反而越差；提升创新思维能力是创新思维训练的最终目标。

关键词：创新思维，思维障碍，思维能力

骆宾王七岁便能吟出"鹅，鹅，鹅，曲项向天歌。白毛浮绿水，红掌拨清波"这样流传千古的诗句，孩童时期的创作天赋令人惊叹，而放松心境、专注创新或许正是激发创造力的关键要素。又如"李白斗酒诗百篇"的经典描述，人们常将其视为对诗人才华的赞誉，惊叹于他饮酒后文思泉涌的创作力；但若换个角度思考——是否唯有微醺状态，李白才能迸发灵感、妙笔生花？这一现象，或许可从大脑功能分区与思维激活机制中探寻答案。

引导案例

有一句著名的诗句，"李白斗酒诗百篇"。许多人把这句诗看作对李白的夸赞或者描述，喝了一斗酒，还能写诗一百篇，下笔如有神。但是，也可把这句诗理解为李白只有斗酒才能诗百篇，不饮酒则无百篇诗。这样来看，李白的诗词在很大程度上是酒的功劳。我们可以借助大脑分工原理来理解李白斗酒能诗的现象。

思考题

结合上述案例，我们反观自身：在日常生活中，你是否留意过饮酒前后的行为差异？这种状态变化如何影响思维方式、创造力表现与情绪感知？这些体验又为理解人类思维活动和创造力激发提供了哪些启示？

第一节　大脑结构与思维模式

一、大脑结构

（一）大脑结构与分工

大脑由左、右两部分组成，这是解剖学得出的结论。如果左脑受到伤害，不会

创意与创新

影响人们的音乐、美术行为；如果右脑受到伤害，不会影响人们的逻辑思维。这说明左脑负责理性思维，右脑负责感性思维。虽然这一说法受到一定的质疑，但这一理论还是得到了广泛传播。

的确，人与人之间存在着感性思维与理性思维上的差异，有人倾向于感性思维，有人倾向于理性思维，这种差异可以被认为是大脑结构发达程度不同所导致的。但发达本身既与天生素质有关，也与后天训练有关。最初，人的左右脑应该是平衡的，但随着人的成长，一个重要的变化就是会积累经验，这些会转变为理性认识。人们使用左脑将这些经验归纳，使左脑越来越得到锻炼，左脑逐渐发达起来。大量使用左脑的结果是让思维更加习惯于左脑方式，右脑的作用便逐渐受到抑制。当酒醉以后，大脑处于麻木状态，平时比较活跃的左脑受到打压，在一定程度上释放了右脑的作用，形象思维被自然地暴露出来。

左脑发达的人，通常以理性思维为主，他们使用抽象的思维方法，以定义、概念、定理、有层次的语言来表达，形成具有逻辑性、关系性的语句。他们擅长文字表达，有较强的概括性和层次性，观点明确，遇事冷静，借助推理等工具进行判断，强调数据，重视实证，多会给出明确和精准的结论。

右脑发达的人，通常以感性思维为主，主要表现为思维跳跃、直觉判断、形象化、图像化。他们经常使用比喻、夸张的语言，从现象、行为、外在特点入手，着眼于个人感观，语言表现形式多样化，形体语言丰富，重视细节，强调感受和影响。他们提出的问题是开放的、随意的，答案是奔放的、出乎意料的。他们在乎整体的和外部的效果，而比较忽视内部的和局部的效果。

人需要这两种思维能力。但相对而言，从事组织工程、计算和实际执行工作的人，更需要理性思维，因为他们重视局部分析，重视优化的结果；而从事创作、创意以及各种开拓性工作的人，更需要感性思维，主要是利用他们重视整体效果的能力。

（二）右脑的创造力

创造的本质是要构建全新的想法，有意义的创造是构建可以形成效果的想法，对意义的判断经常需要理性思维，而最初提供理性分析的对象则是一些并不知道是否有用的想法。把想法进一步细化、论证的过程，是将感性思维勾画出来的想法变成一个可以执行的行动方案的过程，也就是最后的结果要通过理性思维体现成果。因此，人们经常会以为最后一步才是重要的，把最初提出想法的人给忽视了，好像理性思维对创造更有意义。很显然，这是不正确的。如果没有感性思维提供全新的想法，只冷静地分析和批判，那么世界不可能形成变化，也不可能更新换代，更不可能超越。从这

个意义上理解,具有概略性的感性思维对追求创新思维而言更加重要。

创造就是构建符号,再将符号中的概念清晰化,从而形成概念和方案。前期是构造,需要跨越,由具有感性的右脑思维主导;后期是精化和论证,需要条理分明地呈现,由具有理性思维的左脑主导,两者缺一不可。

右脑负责形象思维,提供的是整体的、概略的、新颖的想法,是借助现有的条件、资料和其他人的想法形成全新的符号或概念,其思维的结果多具有创造性,包括以下四点。

(1)改变。以现有事物为对象,用结构化思维将其解剖,形成局部的替代、优化、增减、改善,或者以整体的思维,对事物总体进行重新认识,颠覆人们的传统、习惯性认知。这种创造是从现实事物出发,以"可以变得更好"的信念进行创造,难度不大,只要左脑的理性思维把握住这样的原则,就可以让右脑习惯于将现实加以改变,从而得到一些新的思考结果。

(2)联想。把一种事物看成另外一种事物,把事物的某种意义扩展成另外一种意义,找到某些资源的新用途。它是一种拓宽的思维活动,最重要的应用场景是寻找现有技术的新应用。虽然它依靠想象,但又从现实出发,有一定的根据,其创造难度不算高。

(3)联系。将一种事物与另外一种事物联系起来,组合成一种新的事物。这些事物可以是相关的,也可以是不相关的。但是把不相关事物联系起来往往太过出乎意料,对人们的联系能力是一个考验,多数人难以做到。从这个意义上说,联系的思维难度更大。

(4)想象。完全没有根据的凭空创造,可能最有代表性的是罗琳的《哈利·波特》里面的各种装备。在现实产品中,iPhone 1是一款凭借想象创造出来的产品,并风靡世界,引领了一波新的生活方式,延伸了人类的认知器官。想象是人类的重要行为,人类靠想象创造了许多世界上不存在的事物和故事,建立了许多规则以约束人们,人类在很大程度上是靠想象才走到今天的。每个人都有想象力,但重要的是,可以形成影响力的想象并不多,从这个意义上来看,想象是最难的创意活动,因为它经常需要无根据地构造符号。

右脑以符号构造方式工作,通过这4种活动引导创造思维。在左脑发达的人看来,右脑发达的人的思维方式不着边际、奔放、跳跃,难以捉摸,但正因为有这样的思维,才让世界有了新思想的源头。

二、直觉思维

与深思熟虑相对应,有一种思维叫直觉思维。所谓直觉思维是指对一个问题未

创意与创新

经逐步分析，仅依据内因的感知便迅速地对问题答案做出判断、猜想、设想和决断，或突然对问题有了"灵感"，对事物有了"领悟"，对结论有了"顿悟"，甚至对未来事物的结果有"预感""预言"等。

（一）直觉思维的特性

第一，快速性。它表现为判断快速、反应机敏，其好处是可以抢占先机，引导后面的思维，也经常让人们在没有反应过来之前，用快速行动获得优势。快速性不是刻意的，而是习惯性的，用快速行动获得优势是客观的结果。如果只是为了快速，则可能会不断犯错，那样导致的结果不是快速地走向正确，而是快速地走向错误，快速便会成为劣势。通常，快速性保证了直觉思维，表现为脱口而出、不假思索。如果反复思虑，反而失去了直觉思维的意义。

第二，简单性。它表现为将复杂的事物简化，不仅内容简化，外部功能也以集中的少数关键功能代表整体功能。简单性可以使对事物的性质感知突出、强化、本质化，从而更加清晰、准确地掌握事物本质及其变化趋势。简单性是直觉思维的要求，也是保证直觉思维的主要方法。让直觉思维发挥作用，不能舍本逐末，也不能过于注重细节，只能概略地判断和认识。

第三，偏好性。一个人基于对某种事物的好恶，形成喜欢、热爱、拒绝、厌恶，进而会从这一方向加以判断。出于某种职业或前期行为的思维基础，一个人会习惯某种判断，而这样的判断越多，越可以增加判断能力，促进对该事物的期待或明确否定。基于相同的经济运行数据，有人从房地产角度，有人从食品安全角度，有人从金融角度等得出结论，这是经验，是由他们的专业思维习惯决定的。

第四，跨越性。直觉思维的结果往往具有结论的新颖性，脱口而出与出乎意料经常相伴存在。在直觉思维下，出现全新的判断十分自然。那些以慎重态度进行的思维对直觉思维的否定，也经常因为直觉思维跨越太大、结论过于古怪而遭到怀疑，甚至被否决，从而痛失了许多机会。也正因为直觉思维会形成跨越的结果，所以，直觉思维会被看作重要的创造性思维。

（二）如何培养直觉思维

可以从下列方面进行自我训练，以培养直觉思维。

（1）洞察推断。就是从小样本推断总体，看到一个现象就敢于推论事物的本质性特征。

（2）360°观察。就是从全貌、整体上认识事物，不追究细节，只观察轮廓，可以忽略具体内容。但不能忽略方位，所有角度都要成为观察的维度。

（3）抓大放小。只要接近事物核心就做到了直觉，它不求精确，只求大体。

（4）类比推论。通常的直觉思维是对外观的，而不是对内容的。在解释直觉思维的结果时，多采用比喻、类比的方式。

（5）要点解读。使用概括语言方式对事物进行描述，一、二、三……，按重要次序排列，通常要点不会太多，以3条最为常见。

（6）预见判断。不是基于现实，而是基于未来，用未来来证实直觉思维的正确性。同时直觉也经常用于预测。

从态度上，表现出来的是以下几点：

（1）自信；

（2）简洁；

（3）明确；

（4）本质化，"本质是……"；

（5）要点化，"强调几点……"；

（6）追求快速反应。

如果你先从态度上改变，培养与之一致的行为，那么直觉思维能力会比较快地形成。

第二节　消极思维与积极思维

有一个实验：一位心理学家到幼儿园找了一个班，给他们每人一份拼图，然后静静地观察孩子们的表现。没过一会儿，一个小朋友就按捺不住了，开始抱怨说："这个也太难了吧，我觉得越拼越乱了。"一些孩子也跟着抱怨，还有孩子嘟囔着为自己辩解："我就不爱玩这种拼图游戏，我不会。"

但是实验并没有停止，心理学家继续分给这些孩子拼图，让他们完成。很快，几个小朋友完全失去了耐心，直接表示："我不行，我不玩了。"甚至还有小朋友直接把拼图摔在地上，哭了起来。另外那些继续拼图的小朋友，有的表现出了兴奋，有的则认真寻找可能的办法，拼图越难他们就越兴奋。他们没有因为自己拼得不好或者拼得很慢而自怨自艾，而是坚持继续做。心理学家把不同表现的孩子分成了两组，表现好的为一组，表现不好的为一组。

30年过去了，被跟踪的两组孩子的人生差别很大，表现不好的那组孩子日子过得很普通，他们最多是白领；而表现好的那组孩子日子过得都很好，大多成长为社

创意与创新

会精英，有的还当了领袖。

思考题

（1）如何做研究？为什么要做这样的研究？

（2）孩提时代的行为差别为什么重要？

通过这个故事形成了两个重要判断：一是思维模式决定了人生轨迹，思维模式影响巨大，可能超过其他所有因素的影响；二是思维模式具有先天性，存在着非常顽强的路径依赖，通过行为固化了思维模式，再用思维模式强化了自己的行为。故事中没有透露这些人在后天教育过程中思维模式的改变。从本课程的角度，训练自己的思维模式，可以摆脱先天的思维模式影响。

如果把两组孩子在思维模式上进行的区分，那么思维模式可以分为消极模式和积极模式。一个人的消极思维模式占据主导地位，会挤占积极思维模式，不仅创意能力低下，人生也会因此而暗淡。观察和研究自己的思维模式，抑制消极思维模式，训练和培养积极思维模式，对创意能力提升和人生幸福有着重要意义。

一、消极思维及其表现

消极思维是指以保守、保险、稳定占据主导地位的思维模式，其表现为不思进取、不求改变，求稳、怕乱，安全第一、可靠第一，不能犯错，也不能被人批评，自我封闭等。

如何才能知道自己是否为消极思维之人呢？可以采取语言观察法，特别是对在校大学生，他们没有经过真实社会的历练，只能通过语言观察。对照来看，如果你经常使用下列语言，你应该警惕，你有可能是一位消极思维者。

（1）阻止挑战。常用语："不要讲了""废话""我们都知道""你了解吗""你没有这方面的经验""全世界没有人会这样做"。

（2）迷信理论。常用语："白痴""人家早有结论"。

（3）经常用现成的事物阻止自己和他人。常用语："已经有了"。

（4）藐视他人的思想。常用语："你错了""错""不对"。

（5）嘲笑，以为别人都是幼稚的。常用语："幼稚""不成熟""小儿科""缺少经验""少见""没有根据"。

（6）讥讽，对新颖的观点进行讽刺。常用语："偏激""从未见过""有违常识"。

（7）迷恋，过度相信成功者和权威，特别是领导、成功人士，把他们的话当作

金科玉律，如圣旨一般不能动摇。常用语："制度中规定""某领导讲的"。

（8）自大，把自己看成高人一等。常用语："不要耽误我们的时间""我早说过""我们在某行业多少年，你的方案没有可能"。

消极思维让人保守、悲观，进步停滞，不能发挥主动性，看不到希望，找不到可以发展的方向。这样的人几乎无法独立工作，更难以从事开创性的工作，多数只能配合其他人的工作，在执行层面做一些保障性、维护性、保卫性、监督性的工作。他们的作用可以降低组织风险，增加工作的可靠性，却也有可能让组织变得小心谨慎，抓不住机会，也调动不出资源来。

个人的消极思维会影响自己的生活质量，造成生活圈子狭小，生活平稳而单调、僵化。消极思维方式通过表达传染给周围的人，成为周围人积极思维的制动器，让那些有激情的人不会那么冲动，但也经常会让周围人感觉还没有点燃创意，思想就要被熄灭。

显然，消极思维也是人类的正常思维，有其存在的意义，特别是在安全、抵御风险等方面起着重要作用。但从创意角度来看，过多或过强的消极思维无疑都会伤害社会文化的进取心。如果在一个社区或一个地区，大部分人都是这样的思维，那么这个地方会从根本上变得无所作为。

二、消极思维的产生原因

在许多年代，消极思维是一种占优势的思维。在物资匮乏的年代，人们的基本需求无法得到满足，为了比别人生存得更长久，便会采取保守、防范、稳妥的手段，此时消极思维往往可以获得这些方面的优势，由此会形成社会普遍存在的消极思维模式。具体的原因主要包括以下五个方面。

（一）经验和常识可以让人们有所依赖

以前的行为体验可以让人们形成经验和教训，从而建立起知识系统。如果人们出于节约的本能（懒惰的本质），或者出于避险的心理需要，就会让思维消极化，有经验的不敢想，没有经验的不敢贸然尝试。常识也是经验，只不过它表现为公共知识，但常识更容易让人们思维消极。一是常识是已经固化的知识，通过长期熏陶、影响，人们对此深信不疑；二是即使自己想做一些改变，但周围的人据此坚持，形成观念性的围攻，你很难相信自己并建立起足够的自信。

当人们依赖经验和常识成为一种习惯时，就会逐渐强化消极思维，形成保守的思维习惯，本能地选择那些习惯性思维方式，不能跳出已经形成的思维模式。许多人以让你不犯错误为理由，避免让你承担风险和付出代价的立场，却不知不觉让你

创意与创新

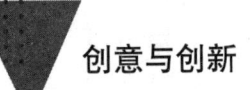

陷入消极思的维困境之中。一种经常使用的语言表达了这种思维:"一直就这样吧,别人也是这样,我们还是不要冒险了吧?"

(二) 找到答案就满足

把找到答案作为目标,只要能够解决问题,就达到了目的。其结果是把有答案作为上限,只要能够有答案,就会自我暗示可以停止进步了。

同时,这种思维也经常面临把现有成功作为答案的潜在心理,甚至故意设置一些答案来限制思维,经常表现为把某人的成功路径和做法作为目标,或者用"已经有了"来限制自己的进一步思考。

然而,世界之所以进步是因为答案在不断变化。在发展中的世界里,是不存在既定的"答案"的,持续进展的答案才是正确答案。正确答案是正确思维的附属品,是不局限于现有答案的自然回报。

(三) 过度重视权威

权威是被人们推到极致的正确答案的代表。他们曾经正确过,或者多数时候是正确的,因此我们自然会外推为"也会正确",他们的意见经常被神化。

权威是凭借经验建立的,对新的和未知的事物,他们与非权威人士几乎具有相同的能力。人类需要专家和权威,主要是因为他们可以借助经验对重复性的事物进行判断,或者将其经验拆解,对局部进行判断,因此,人类社会进步需要权威。社会需要尊重权威,特别是那些追求秩序和稳定优先的社会更是如此。

然而,过度重视权威意见,也会使个人思维受到限制,无法拓展。过度崇尚权威对进取和开拓没有太大的意义,相反,会因为他们的存在而出现三种情况:一是放弃自己的主张或想法,二是不敢轻易表达自己的想法,三是容易形成一言堂。同时,这样也给专家和权威以压力,他们如果觉得自己是正确的代表,那他们的思想也会变得封闭。所以,个人内心不能树立权威,在组织内部要适当地剔除权威影响,过度树立权威、强化等级,会形成人们观念上难以逾越的障碍。

(四) 应试教育

在中国,应试教育有着长期的传统,并且被近年来的教育强化。应试教育满足预设"正确"答案的模式,学生以得到正确答案为目标,内心把答案和阅卷老师看得神圣不可侵犯,怕丢分,怕错漏,怕不能与老师一致,处处唯师、唯书,唯独没有自己的看法。

应试教育只强调记住既有知识,把学生看作装载知识的机器,对学生的能力判断是通过分数,并建立学生等级。而当阅卷工作量巨大时,为了公平起见,经常使用客观题目,进一步强化了"正确答案"。经过多年的应试训练,学生的思维变成了消极思维，不敢有自己的独立思考，喜欢做那些别人已经有了答案的事情，而不喜欢做别人没有做过的事情，唯恐出现风险，造成损失。更麻烦的是，如果社会绝大部分学生都在接受同样的教育，就会在社会上形成群体消极思维。

（五）拒绝挑战的文化

如果上述几个方面共同作用于社会，就形成了有自己特点的文化，这个特点就是拒绝挑战，害怕失败，轻视变化。而这样的文化为人们所接受，符合这一标准的行为被人们所推崇，违反者受到打压，形成了文化的自我加强。这种文化包括以下几个方面。

（1）溺爱孩子的家庭教育，怕伤害孩子的文化，让孩子丢掉了"勇气"。

（2）普遍的考试，如公务员招录考试、资格考试，让人们普遍学会记答案、背答案。

（3）传统文化中的语言批评，如"离经叛道""不伦不类"等，充斥于社会之中，暗示人们不能犯错误。

（4）强调眼见为实，否定想法领先的意义。

（5）"围城"思维，总是觉得别人的好。

（6）权力崇拜，受权力思维影响，上级要求下级服从，下级只向上级负责，只工作、不思考、求谋生、避风险。

（7）虚设"上帝"，为自己树立思维上限，本来没有障碍，却要设置障碍。

有个实验，讲的是实验人员将一群猴子放在笼子里，顶上放上猴子喜欢吃的香蕉。一只猴子迅速蹿上去取，结果一桶热水淋下，全体猴子都变成了水猴，猴子们奋起打那只惹祸的猴子。不久，一只猴子忘记了，再跳上去取香蕉，又有一盆水倒了下来，这只猴子也挨了打。经过一段时间，香蕉上面不再放水，但也没有猴子敢跳上去取香蕉了，因为只要去取就会惹得其他猴子来打。实验人员观察到猴子不敢再行动，就从外面叫来一只新猴子，将一只旧猴子换掉。这只新猴子不知道情况，看到香蕉就想去取，其他猴子就来打它，它不知道是什么原因，但不敢再轻举妄动。再换一只新猴子进来，又做跳上去取的动作，所有猴子又一起打它。就这样，所有猴子都不知道有淋水的事情，但知道有一个不能取香蕉的规则，不论香蕉多么诱人，也没有猴子敢越雷池一步，跳上去取香蕉。

这个实验说明，文化是有规则的，是潜移默化的，这个规则不一定是成文规则，但却是大家默默遵守的刚性规则。一旦形成，这种规则力量就会变得十分强大。中华文化有着悠久的历史，其文化规则是以安全、延续作为基本考量的。这种思维对文化传承有重要意义，是求稳、怕乱的思维，是以宗法礼教影响社会每一位成员的，但对社会进步的贡献而言，其消极意义大于积极意义。

三、积极思维及其判断

抑制消极思维的唯一办法是培养积极思维。也就是说，正常的人都有自己的思维模式，占据思维统治地位的，不是积极的就是消极的，如果不培养积极思维，就一定会让消极思维占据统治地位。

（一）积极思维的含义

积极思维是以开拓、进取为主导，不怕风险，甚至是利用风险做成事业的思维。积极思维可以分成十个维度。

（1）正义的思维。作为正义性的思考和判断，能够把创意拿到大庭广众之下，看背后是否有正义性的支撑，为的是实现大道。

（2）发展的思维。从未来着眼进行构想和判断，立足眼前，却谋求长远，以更长远的目标作为判断是否合理的标准。

（3）肯定的思维。纵然存在着想法的不合理之处，但也要从想法的积极方面去挖掘，找到值得肯定的方面。

（4）善意的思维。构想与判断都要怀着善意，在别人想法的基础上进行改进，对其"是"的方面进行建设。

（5）衍生的思维。将想法不断向周围探求可能应用的机会，改变想法的局部，衍生新的想法，深刻认识新想法的各种表现方式。把产生新想法作为目标，把保护提出想法之人的利益作为推动发展的环境条件。

（6）全局的思维。不要把眼光局限在局部，而要以更大的视角认识和判断自己提出的新想法和判断别人的想法。

（7）能动的思维。面对困难总可以想出办法，不能面对问题无所作为。

（8）历史的思维。以大的时间尺度认识事物，消除对眼前困难的夸大和恐惧，提高解决问题、提出新想法的自信。

（9）辩证的思维。从负面因素中找到有利因素。

（10）事业的思维。把所有新想法，不论是自己的，还是别人的，都看作资源，在合作中建立共同事业。

（二）积极思维的特质

（1）乐观

这是一种重要的人格取向，表现在思维上是只想成功，不想失败，对成功充满

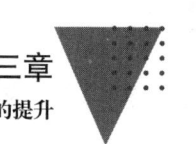

了渴望。在判断事物的未来时,希望事物变好,环境变得有利,愿意用自己的努力获得结果。

(2)开拓

破除现有局面的束缚,从不同方向获得资源和条件,向前推进目标,找到可能的突破口,带动全局取得进展。

(3)进取

以进步为唯一的目标,不管怎么样,都要进步。这类人的价值观是"如果没有进步就等于失败",不管是什么样的进步以及如何取得进步,总之都要进步,甚至是为了进步而进步。

(4)不怕困难,不畏惧风险

在这样的人看来,所有困难都可以克服,至少都可以尝试克服。他们常用的语言是:"如果你没有想一下、试一下,你怎么就知道不行呢?"他们对困难和风险抱有轻视的态度,在他们看来,与成功相比风险不算什么。

(三)积极思维判断

判断自己或周围的人是不是一个具有积极思维的人,可以用语言检验,看他们是否经常使用下列常用语:"请讲""不错""有创见""有创意""这是一个很有趣的问题""很有同感""很有体会""这是为什么呢?""是不是因为……""不要紧""干吧""可以啊""我们都来支持一下""总会有办法""让我来想个办法"。

一个能够真诚地讲出下列话的人,多为积极思维的人。

(1)与您打交道可真能学到东西,您做生意太有智慧了。

(2)您的思维太活跃了,我根本就跟不上,不愧是厉害的生意人。

(3)您目光深邃,一看您就是一位有思想的人,难怪生意做得那么好。

(4)我真佩服您的商业头脑,多少别人办不成的事,您一到便迎刃而解。

(5)听君一席话,胜读十年书,今天与您交谈,以后做生意一定会少走弯路。

(6)您真是一位家庭美满、事业有成的人,非常令人羡慕。

(7)做那样大的事业,生活还这么俭朴,我真佩服您。

(8)现在竞争激烈,您能把公司经营得这么好,绝不是一般人。

(9)凭您的能力,又年轻,太有发展潜力了。

(10)您的时间安排得这么合理,这么有效率,可见您才智过人。

(11)您还别说,您的管理经验书本上也难学到。

(12)您对商业的乐观态度使我很感动,笑迎竞争是新时代生活中不可缺少的

创意与创新

品格。

（13）经常听人提起，贵公司有今天的发展，与您不凡的管理才能是密不可分的。

（14）像您这么稳重成熟、思考周密，一般人在这个年龄很难做到啊！

……

如果能够以延展的方式，经常询问下列问题，也可以判断说话之人拥有积极思维。

（1）还（可能）有什么结果？还能用到什么地方？还能有什么好处？

（2）我们来分析一下，看还有什么原因？

（3）您看一下，这样行不行？这个假设是否更有意义？

……

具有积极思维的人还重视平常人看不到的结果，东边不亮西边亮，会把次要结果作为成绩，以鼓励自己进步，还会使用"虽然现在对我们不利，但我们却取得了……"等语言。

积极思维更强调过程，如果经常使用下列语言，说明他们具有积极思维。

（1）我们试一下。

（2）不要紧，继续努力！

（3）我们已经取得不小的成绩了。

……

在这些人的思维中，过程胜于结果，只顾向目标努力，结果是努力的自然、顺带的回报。

在积极思维中，没有敌人，他们以合作的心态与人打交道，不伤害人，不贬损人，不通过打击别人抬高自己，而是化敌为友，共谋发展。

（1）我们一起做这件事情怎么样？

（2）没有你们，我们也发展不了。

……

四、积极思维的训练

（一）多提建议，少提意见

意见和建议对改进来说都有积极意义，这主要是对希望改进的人而言。如果能够做到兼听则明，把意见也看作是促进自己进步的动力，他就是一个具有积极思维的人。从结果的角度看，建议的积极成分更大，因为它不仅能指出问题，提出可以

改进的方向，还能给出如何改进的设想和办法，不只是看到了问题所在，还加入了自己思考的结果，已经注入了智慧劳动，因而是更加积极的。这种建议提多了，可以让周围的人感受到诚恳、热情、合作和进步，也可以让自己有更多的朋友和更有智慧的头脑。

（二）积极形成问题

观察到人们的痛苦，发现各种正在面对的问题，将问题提炼和明确出来，养成不回避问题的意识和习惯。其实，人们在生活中会随时遇到问题，但如果认为解决这些问题不是自己的责任，或者以"我解决不了这个问题"暗示自己，人们自然就变得消极。不回避问题就需要表述问题，在某种意义上，明确问题也是一种进步。因为明确问题就等于公开提出问题，只有公开提出问题才能让问题暴露，进而提升人们对问题的认识，有助于解决问题。养成随时提出问题的思维，人们可以变得积极起来。

例如，半夜饿了，觉得这是一个问题，怎么办？进一步想，别人半夜饿了怎么办？这样的人是不是很多？这是不是一个一般性的需求？有无商业的解决办法？

又如，老年痴呆了怎么办？如果没有治疗方案，那么有没有商业方案可以避免对老年人的伤害？

再如，快递很多，快件分发过乱怎么办？

发现问题应该学会观察。观察是发现问题的基本方法，也是其重要意义所在。观察到痛苦、渴望就应该将其转换为问题。在生活中，当你感觉别扭时，难题（或痛点）就在眼前了。工作中也同样存在这样的痛点，比如，某项支出占比很高，应该把它作为问题；如营销费用占70%的美容业需要自我警醒，虽然这个行业中其他企业都是如此，但你要对这个现象有所警惕，它可能是个问题，原因是通常意义的营销并不创造价值。当有一些企业创造出让人吃惊的利润时，大家应该思考：这是一个机会，我能否加入其中参与创业？意思是你通过这个观察产生了渴望，虽然这样的渴望还不如"快递"那样有意义，但毕竟也是渴望，也会变成问题。

（三）积极寻找新答案

（1）对错误的态度

在进步和探索过程中出现错误是自然的和正常的，这也是为什么研发活动必须大量支出的原因。因为研发是探索性活动，每一次研发试验都要支出，却不一定能够得到期待的结果。支出是研发的前提，用支出必须有回报来判断科研活动的意义，或以"只能成功，不能失败"来要求这些活动，通常很难得到有意义的结果，甚至

创意与创新

会影响到研发决策。这是探索性活动的特殊性质。

相同的错误不能重复犯，这是进步的前提。换句话说，如果总是犯相同的错误，你就只能停滞在原地，不会前进。因此，对待错误的正确态度是分析，并深刻总结错误的原因，这是积极思维。更积极的态度是从错误中找到正确方向，重新设计行动方案。

（2）主动试错

为什么说"路在脚下"，是因为行动才能产生实践的结果，才能证明正确的路径是什么。主动试错就是以行动来验证设想，从行动中找答案。也许会犯错，但只要能够分析，总结错误的表现和原因，大多可以从错误中找到正确答案。

主动试错不仅是对既定目标的试错，也是对结果的意义认识的试错，通过行动的结果分析，重新思考，完全有可能发现新的方向、新的功效、新的应用机会，开辟出全新的领域。

创新的意义在于探索新的世界，因此，要降低专家和权威意见的影响，甚至人们可以从专家、权威意见的反面获得创意，形成有启发的新想法。

（3）兼听则明

利用"外脑"给出问题和答案，也是一种积极思维。打破一个人的固有思维，可以通过扩大交流范围，用聆听不同角色的看法，甚至是不经意间听到的一些故事改变既定的看法，受到启发，形成新的认识。此外，可以刻意地借助外部力量推动自己，例如，建立外部合作共同完成。但不论哪种方式都是引进新的思维，与现有的思维进行碰撞，或者让他们利用自己的专业知识，延伸自己的创新能力，完成探索工作。

第三节　收敛性思维与发散性思维

人们夜间如厕开灯会打扰别人休息，有时也会因为找不到开关，摸黑费了许多时间，把自己弄得精神起来，睡不着了，还可能因为找开关出现危险。几年前，人们发明了一种插电的感应灯，放在床边或过道，但它需要电源。于是一款不需要电源、在人路过时就能够自动亮起的夜间照明灯——小夜灯被发明了出来。它价格便宜、充电使用USB插孔，轻便，灯的背后还有可以随意粘贴的磁铁，并配有一个吸住磁铁的铁片和双面胶圆形卡片，将铁片粘住，可以再将小夜灯吸在铁片上，它也可以直接吸在有铁的地方，如栏杆扶手，也可以安放在需要夜间照明的地方。

人们评价说，这种产品很便宜，也很方便，可以一下子购买许多，用在不同的地方。

思考题

这种产品有什么问题？

一、收敛性思维与发散性思维原理

创新依赖发散性思维和收敛性思维两种思维的发挥、融合，从而对讨论主题进行有效梳理。不管哪一种思维过度了，都会给创新带来不良的后果，只有两者结合才能进行有效率的创新。

（一）创新思维的收敛与发散的结合过程

创新的一个重要目标是想法要有用，只不过此时要求的"有用"是指新颖而有用，能够更好地解决问题。在创新思考过程中，需要先明确目标，集中在关键的目标上，而不是随意思考。控制目标需要收敛思维。

在思考过程中，还要去掉看起来不合理、不合法、不合乎常识的创意，保留并优化有前景的方案，形成最终可以实施的方案。

创新思考的过程应该是先收敛，再发散，最后收敛。没有收敛就没有目标，也没有结果。但只有收敛，就事论事，思维也不能展开，找不到新的思路，所以中间仍然需要发散思维，即收敛—发散—收敛。

如果人们漫无目的地研讨，也有可能形成一些有前景的方案，但需要有一套方法对其进行归纳整理。而归纳整理过程也需要有目标，只不过这些目标不是事先给定的，而是在发散思考或在实施过程中发现的。青海有一个堪比新加坡国土面积的太阳能发电项目，太阳能电池板挡住了风，减少了土壤的剥蚀。而为了保持太阳能电池板的高效，人工用水清洗电池板，结果让地面上的植被得以恢复，杂草疯长，遮挡了电池板。为了治理杂草，开始养羊。这个本来以落后地区挖掘新能源作为自己创富的能源投资项目，最后变成了综合治理，而且最赚钱的部分竟然是养羊。这是一个不断认识自己目标和资源的思考过程，其实，阿里巴巴和淘宝也是一样的。到底这一项目的利弊有哪些？这需要反复认识。这种深刻认识自己行动的思考是以收敛为主的思维。

创新应该是收敛性思维与发散性思维相结合的产物，而不是单一思维的结果。尽管收敛性思维可以帮助穷追原因、深化认识，但总体上说，收敛性思维主要起控制思考方向的作用，是创新思维的起点和终点。

（二）思维定向

通常人的思维是单向的，针对一个变量变化能够做到比较有效的思考。然而当思维不能定向，出现多个因素交叉影响时，人们难以思考。即使是集体思考，也需要先集中方向，否则目标不同，难以沟通，难以创意。明确方向，目的是明确要解决的问题，而能够给出答案的思考才是好的思考，这就需要思维定向。

我们把思维定向称为问题导向式思考。比如，在施工方法、使用环境等都固定的情况下，墙壁用什么材料更好？但是，这样讨论仍然很宽泛，需要进一步明确用材料的目的，比如，装修材料选择，是为了美观漂亮，还是为了与众不同？是为了防止孩子跌倒撞到，还是为了触碰时感受不到冰冷？是为了提高音效，还是为了装修便宜？也许这些都是，你可以就自己的需要对目标进行排序，优先满足前面的一两个目标，再尽可能地满足其他目标。

以问题导向的思维定向需要把问题细化，问题越细，越容易明确你的创意是为了什么。

另一种思维定向是极致化。它不是面对问题，而是想做事情的人提出了通常人们看不到也想象不到的目标，芭比娃娃就是其中的一个例子。提出创意的是女孩芭比的妈妈，她希望有一款玩具娃娃看起来、摸起来与真人一样。这个创意在当时的市场根本没有，她却提出了非常苛刻的目标。然而，这一产品一经上市便经久不衰，卖了60多年，目前还保持着旺盛的生命力。这样的思维定向是通过想象给出的，通常可以用下列问句：你心目中的××是什么？比如，心目中的汽车或电动车是什么样？手机是什么样？沟通软件是什么样？浴房是什么样？游戏是什么样？等等。

埃隆·马斯克（Elon Musk）就是用这样的问题引导了自己心目中的火箭，能够反复起降、造价低廉，因此，可以多发射并布局成自己的卫星网络，也可以用于物流运送。据说从美国洛杉矶到新加坡，如果飞机需要20个小时，那么他们的火箭只要45分钟。

这是在寻找有意义的生活，也是在寻找未来的生活。市场一旦打开，会在先导性消费的带动下，市场需求越来越大，即使存在竞争，也不会像传统产业那样激烈。

在企业逐步过渡到竞争时代以后，企业经常会思考如何摆脱竞争。完全凭借想象的，经常被人们认为是脱离实际的思考，令对手搞不懂他们为什么要做这样的方案，但往往这样才可以形成对手的进入壁垒，其原因是同行不能理解，而消费者只有体验，否则讲不出道理。而这样推向极致的设计方案，如iPhone 1，不是一般的生产企业就可以做到的，需要建立追求极致的思考能力，这可以被称为追求极致的收敛，需要高层领导者的想象力。

（三）两者结合的训练

寻找新答案需要借助发散性思维，但起点是目标。任何工作都需要先明确目标，但这并不意味着目标就是一切，过多强调目标的作用，一切围绕目标会让发散性思维受到限制。其实，即使是目标的设计也需要创新思维，马斯克就是一个设定目标的大师，他提出的目标是人们都没有想到的。用一些语句训练自己，可以培养将两者有效结合起来的思维习惯。例如：你最大的困惑是什么？你最多的不满是什么？还有什么更好的或更省钱的？虽然这些都是在追求目标，却也在思维上引导人们去扩展答案。

二、收敛性思维

（一）什么是收敛性思维

收敛性思维又称"聚合思维""求同思维"或"集中思维"，它使思维始终集中于同一方向，使思维条理化、简明化、逻辑化、规律化，让结果更加深入，也是从纵向寻找新的答案。收敛性思维也可以被看作纵向思维，是追根溯源、刨根问底的思维模式。比如，厨房为什么会热？可以使用横向列举，也可以在一个方向深入。如有火源，但又不能去掉火源，而且与以前同样有火源相比，现在厨房更热，为什么？最后会锁定是因为抽排油烟机的使用，它将炉灶的火与热气集中在空间，蒸烤着厨房上面，基本上可以断定是向上抽排的抽油烟机造成现在厨房比过去更热。

其实，在我们的生活中，只要观察就会发现以前意想不到的原因，或者意想不到的影响。当我们通过深入找到这些，并针对这些进行设计时，得到的新想法往往更有价值。这就是收敛性思维。

即使从根本上解决问题的角度，也经常因为有较强的收敛性思维，从而获得出乎意料的结果。例如，当机器不转时，找不到原因，需要认真检查，发现保险丝断了。收敛性思维不够的人会换上保险丝继续工作。如果有比较强的收敛性思维，则会分析为何会断路。会进一步检查，发现是超负荷，而超负荷的原因也需要核实，如果没有真正的超负荷，那就是轴承不润滑，最根本的原因是油泵磨损造成了油泵吸不上油。更换了保险丝，还要维修或更换油泵才会让系统运行稳定。

在前面讲到的例子中，为什么芭比娃娃在全世界销售经久不衰？只有收敛性思维强的人才会做这样的思考，并且给出具有新意的答案，那就是，芭比娃娃给了孩子一个偶像，满足了孩子的成长需求。

创意与创新

（二）收敛性思维的作用

第一，集中方向，明确方向。

第二，深入思考，形成新见解。

第三，建立"如果……，必然……，因此……，结果一定会……"之类的逻辑。

第四，当深入思考的结果与常识、实践相一致时，可以证明思考是正确的。

第五，给出具体并可以检验的答案。

收敛性思维有两个探索性运用：一是通过寻找原因的原因，从根本上解决问题；二是通过寻找结果的结果，控制或放大影响。

（三）收敛性思维可以创新

收敛性思维是一个深究的过程，通过深究可以发现原先未知的原因，并通过理性分析可能会得出意想不到的新答案。这种思维在科学研究和商业分析中都有广泛的应用，但这需要具备观察和深入思考的能力，并非每个人都能做到。有个商人观察到美国南北战争一方开始有杀马的行为，结合细节他推断出粮食即将降价，便提前签了一个推迟提交实物的销售合同并获得了巨大回报。这个商人之所以能够做到，是因为他善于观察和深入思考，能够得出与别人不同的结论。

许多答案并不是直接表现在现象上，而是隐藏在现象的背后。如果沿着现有的现象去寻找新的原因和应用，总能有新的发现。相反，如果不对现实观察进行挖掘，只是漫无目的地思考，那即使给出答案也不知道其缘由，还很可能会因为线索不清而被忽视。

（四）积极的收敛性思维

收敛性思维在很大程度上是"定"的思维，它不是固定，而是定向，既保持方向，又允许改变，并向前后延伸答案。

"定"就是确定，不再改变；定向就是将方向固定，不再摇摆。与其相反的是随意思考、任意思考，虽然处于思考的状态，却经常不能形成结果。这是因为人们对收敛性思维训练不够。积极的收敛就是先要形成自己的"定力"，包括以对方向意义的判别为基础的方向把控能力（定向）、以对事物本质的认识为基础的定义能力、以运行原理归纳为基础的理论构建能力（理性认识能力）以及对基本原理的深刻理解并深入而广泛运用的能力。

在这里，重要的是把方向固定下来，因为在既定的方向上进行思考，可以缩小思考范围，方便人们在方向上寻找可能的答案，也能够强化对方向意义的理解和认识。

好的定向应该是有正确价值观支持的方向。有明确的价值观，才可以评价方向的意义，明确的意义会让思考者自觉形成思维走向。一个价值观不明确的人，容易摇摆，不容易把握方向。即使是不正确的价值观，也可以让思维有方向感，只不过其结果可能会给社会带来危害，对个人也存在危险。

通常带有积极含义的收敛性思维都可能给人们带来有价值的创造，如追求更完善、更满意、更节约等，只要是能够引导深入思考，都可以认为是积极的收敛性思维。你也可以使用一些固定的问句，进行带有积极含义的收敛性思维训练。

（1）这意味着什么？例如，如此高的毛利意味着什么？接管某公司意味着什么？

（2）本意（或含义、性质）是什么？例如，创意的性质是什么？

（3）其结果是什么？例如，冬天持续降温的后果是什么？

（4）内部或外部的影响是什么？例如，提高工资的影响是什么？

（五）极端的收敛性思维

通常人们会将收敛性思维看作创新思维的敌人，这应该是没有看到收敛性思维的本质。人们之所以有这样的看法，是因为的确存在着一些收敛性思维影响了人们寻找新的答案，让思维受到了限制。

第一种，过快（过早）地收敛。这样的人不是不停地促使自己进一步深入思考，而是将思维停止在现有答案上，经常拿现有的答案束缚自己的思考，满足于取得的一点点进步和成绩，目光不够长远，追求新答案的动力不充分。

第二种，阻止深入思考。不仅自己不愿意深入思考，也阻止别人的深入思考。他们经常说的一句话是"深入思考有什么用"，其本质是思维懒惰，并且还对周围希望有新想法的人给予否定和打压，安于现状，不让其他人的进步给自己造成压力。

第三种，负向思维。他们总是从反面评估人们提出的新设想，排斥和打击各种新鲜事物。他们按捺不住负面的表达，总表现出自己特殊的"高明""理智"。这样的思维在结果上抑制了他人，将人气搞得涣散。

第四种，一味收敛，钻牛角尖。他们的收敛性与发散性思维结合得不够，多会直奔主题、就事论事，为完成任务而思考，只对目标负责，没有其他责任意识。

第五种，"怕"字当头，处处设置思维的壁垒。他们给自己和周围人设置了许多思维障碍，如怕领导、怕失败、怕犯错、怕风险、怕乱等，不敢越雷池一步。

三、发散性思维

（一）什么是发散性思维

发散性思维又称"辐射思维""放射思维""多向思维""扩散思维"或"求异思维"，

创意与创新

是指从一个目标出发，沿着各种不同的途径去思考，探求多种答案的思维，是与收敛思维相反的思维。

发散性思维是大脑在思考时呈现一种扩散状态的思维模式，是思维的横向过程。它不拘泥于现有思考方向，主动地扩大思考的维度，形成"一题多解""一事多角""一物多用"。

与收敛性思维的区别可以通过下例加以说明。2+3=？如果回答等于5，这是收敛思维；但如果使用发散性思维，则可以等于4+1、等于3+2或者等于1+4，甚至还可能将有理数引入其中得到更多的答案，如等于（-1）+6。

总之，发散性思维是从多个角度观察的思维，它是获得新思想的重要途径，需要不断转换角度。

（二）发散性思维的特点

第一，流畅性。它要求人们在观念上自由发挥，旨在在尽可能短的时间内生成并表达出尽可能多的思维观念，以及较快地适应、消化新的思想概念。机智与流畅性密切相关。流畅性反映的是发散性思维的速度和数量特征。

第二，变通性。是指克服人们头脑中某种自己设置的僵化的思维框架，按照某一新的方向来思索问题的过程。变通性需要借助横向类比、跨域转化、触类旁通，使发散性思维沿着不同的方面和方向扩散，表现出极其丰富的多样性和多面性。

第三，独特性或独创性。是指人们在发散性思维中做出不同寻常的、异于他人的新奇反应。独特性是发散性思维的最高境界。

（三）发散性思维的作用

第一，核心性作用。收敛性思维给出的答案空间有限，需要跳出原来的思维框架，寻找新的答案。

第二，基础性作用。人们往往会因为专注于解决问题而无法多角度思考，事实上，即使分析原因也需要转换角度，增加思考的维度。

第三，保障性作用。发散性思维的主要功能是提供尽可能多的解决方案。这些方案不可能每一个都十分正确、有价值，但是一定要在数量上有足够的保证，以便成为新思路的起点。

如果以发散性思维列举可能改变口服药药效的因素，我们会发现除了药方以外，服用方法、服用时间（饭前饭后）、剂量（丸、散、片等）、药剂包装物、外包装等都可能改变口服药药效。有家公司就是发现了这些因素，推行订制，从地方小公司发展成了中国知名的药品公司。

可以说，没有发散性思维，收敛性思维确定的目标往往找不到有新意的答案。比如，厨房为什么热？除了大家经常能够想到的答案，还需要尽可能向没有想到的方向做试探，一旦形成了逻辑，满足了物理学原理，就可以大体上找到方向。

（四）养成扩大视角的思维习惯

扩大视角就是不断引入和转换到新视角，重新认识旧视角，给出更加全面的视角。比如，通常增加利润的方法是降低成本，但是从利润的基本公式出发，可以看到更加全面的视角是"利润＝收益-成本"，可以将视角从成本扩大到收益，还可以进一步分解收入，将其扩大到价格和销售量。

发散性思维并不难，难点在于以常识或基本原理形成新的视角，在于培养自己扩大思维视角的习惯，主动转换视角。仍以利润为例，降低成本这个视角非常重要，原因是成本下降，而价格不变，企业获得的是纯利，与提高价格相比，价格有挤出消费的作用。而降低成本不会，更为重要的是成本下降是社会进步，因为创造相同价值，却消耗了更少的社会资源。但是，成本是指什么？这样的问题提出以后，会带动人们思考，可以让人们重新定义成本，找到从成本的结构入手降低成本的办法。日本丰田公司发现，库存是没有产出意义的隐性支出，是人们不得不占用的资源消耗，所以设法压缩库存成为这家日本企业的目标，丰田公司通过以新视角看待成本，找到公司发展的"撒手锏"，建立了"零库存"理论。

大家可以从以下方面培养扩大视角的习惯。

第一，转变立场，形成新的视角。例如，从长期利润角度出发，从创业利润（退出股权资产价格—创业投入）出发，而不是从商业利润出发。

第二，从相反的方向给出视角。从降低成本到增加成本，带来了更多的视角。

第三，适当偷换概念，给出出乎意料的视角。例如，不吃饭，行不行？答案是，不吃饭，只吃面。因为在汉语语境中，面与饭有的地方称谓内涵不同，饭专指米饭，但也有些地方，饭的概念很宽泛，因此这是在偷换概念。但是不吃饭，只吃菜，是正常偷换，而且很有意义，因为粮食是高糖分的碳水化合物，而蔬菜糖分相对要低，对糖尿病人有好处。

第四，机变，根据当时、当地情况提出新的视角。包括发现思维的死角，那些受到传统思维影响，完全被人们遗忘的视角和被忽略的元素都可以作为机变的视角。

（五）发散性思维的训练

（1）纯粹发散性思维训练

可以先单独训练自己的发散性思维，比如，对下列问题进行回答。

创意与创新

题1：一个正方形桌子有四个角，一刀下去，会出现几个角？

答案并不唯一，可以是六个角，也可以是八个角，因为要从两个部分分别来计算，当然前提是要砍到桌子并且能够砍断。

题2：太阳有什么缺点？

题3：黑色有什么用途？

……

（2）通过商业观察训练自己的发散性思维

找到一些商业案例进行分析，例如，ofo小黄车为什么失败？尽可能举出失败的原因，独立分析，而不是找资料，按资料回答；又如，苹果公司为什么能够起死回生？

经常模拟创办一家企业，并提出下列问题。

题1：谁是我的顾客？

题2：我还有什么资源？

题3：这个变化意味着什么机会？

题4：谁可以成为我的合作伙伴？

收敛与发散两种思维的相同之处都在于不满足于已经得到的答案，其思维方式可用一个字来概括，那就是"还"字。这个字代表了不满足现有答案，继续思考的思维追求。所不同的是，收敛性思维追求的是深度，而发散性思维追求的是广度。相对而言，发散性思维对创新思维的贡献更大。

试用"还"字训练一下自己。

题1：还有什么用途？如酒、旧船、冷却技术……

题2：还有什么新办法？如防蚊/除蚊香、电蚊拍、花露水、蚊帐……

题3：还有什么与之类似？如伞、校友、校歌……

题4：还有什么意义？如交流、回顾、照相……

请试着给出母亲节的新定义，挖掘其中的商业机会。

（六）避免过度的思维发散

（1）控制打岔的现象

许多人误以为重新提出问题就是发散，所以，他们不断打断别人，使问题不能集中，讨论不能深入，这对创意讨论是一个极大的伤害。因为大家的思路会被另外的思路所吸引，即使有人能够记得前面讨论的主题，可以提醒大家，回来继续讨论也需要大家努力回忆，而回忆的质量往往不及最初讨论时的激情和思维活跃程度，这等于是这种打岔造成了创意的损失。这种情况十分常见，其原因是人们不愿意自己承担记忆成本，把头脑中灵光一现的东西讲出来，自己不再负担记忆，却多会影响气氛。

避免打岔是创意的重要原则，尽管打岔内容是被激发出来的新想法，但是打岔可能会干扰其他人的新想法。如果的确有创意冲动，那么为了避免打岔，最好的办法是自己记录下这个创意，在主题讨论告一段落时再提出来。记录非常重要，不然也可能会损失那些受到启发而产生的突发奇想。

（2）不再无目标讨论

虽然创意是一种构想活动，可以自由畅想，不需要对其进行约束。但创意毕竟是为了形成有效的新方案，因此，漫无目标地创想对形成有效创意很不利，需要用目标对创意进行引导。同时，创意也需要用目标进行激发。通常人们很难形成创意，一个重要的原因是没有目标，没有问题感，不知道解决问题的意义，也不能把手里的资料挖掘出来、联系起来、整合起来。没有目标，或者故意分散目标，会导致过度发散。

（3）控制自己的急于表达

突发灵感时，人们会急于表达，会打断正在热烈讨论的创意。不等别人把话说完，就要把受到启发后的突发灵感表达出来，造成了别人的想法没有得到阐明。适当控制自己的表达，最好的办法是先记录下来，用文字、示意图等加以简要概括，在从容时进行准确的表达。

（4）不能有不准确的表达

把自己的想法准确地表达出来对人是一个考验，因为没有准确的表达，人们可能会误解，并且造成创意方向的分散。准确表达不只是语言，还包括文字、图形、曲线，即使语言表达也需要有重点、有层次，符合人们的思维逻辑，让人们容易理解。一个不能让人容易理解的创意经常会导致创意无效。马斯克的思维是足够超前的，但他在演讲时概括的创意是人们都能够听得懂的，并且会让人们恍然大悟。

（七）是什么阻碍了人们的想象力

（1）专业思维

技术和专业知识是用于解决问题的，而不是用于规避风险的。过度的专业思维会让人们固守自己的专业知识，忘记更好地解决问题这一本质性追求。在人类发展过程中，好的解决方案多是跨专业提出的，并由此促进了新的专业形成。仅局限于专业内的知识，会让人们的思维受到束缚。

创意与创新

（2）成见

多数人会受到自己的"结论"影响，不考虑环境和情况的改变，也不借助新的知识去思考可能会出现的新答案，把过去的结论无限外推，对既定答案不肯有任何的改变。

（3）低的欲望

这类人不希望有新的进步，对新的进步也不敏感，也不呈现肯定的态度，表现为对进步的怀疑、否定，安于现状。

（4）过早收敛

对目前获得的答案感到满足，停止在部分地解决问题的状态，没有进行思考上的穷追。例如，厨房热的解决方案仅停留在如何控制热源上，甚至出现了用不做饭来解决厨房热的问题。

（5）只追求正确答案

以应试思维来思考现实问题，把不犯错误作为目标，不愿意冒险，即使认为应该求新，也以不要太过冒险作为原则，不想新的办法。

（八）收敛性思维与发散性思维要结合

单纯的收敛或发散可以达到某种创造性思维的目的，比如，追究原因需要收敛性思维，展开角度需要发散性思维，但多数情况是两者的结合。主要的结合模式包括以下两种。

（1）收敛—发散—收敛

这是主流思维模式，收敛起明确目标和问题的作用，发散起扩展思路、提出备选答案的作用，再次收敛起将方案集中、细化的作用，再经过论证形成可实施的方案。

在方案实施过程中，仍然要采取"收敛—发散—收敛"的模式，紧紧扣住目标，不断用新的思路优化方案，组织方案实施，借助周围的条件创造性执行方案。

（2）发散—收敛—收敛

在自由畅想的情景下，形成一些具有想象力的自由构念，然后进入收敛思维阶段。第一次收敛的作用是评价意义，初步确认新想法的框架；第二次收敛则要细化方案，形成可以实施的方案。

第一种模式是解决问题模式，或者称为解决痛点模式；第二种模式是追求未来模式，即创造痒点模式。

第四节　问题式思维

赵州桥是1 400多年前中国人的一个创举，它至今犹存。它之所以能够挺立这么多年，与造桥时针对的问题有关。造桥时如何节省材料？如何让大船能够通过？而河水时大时小，如遇到百年大水，桥下水流的通过能力可能会受到桥身的影响。尽管当时还没有拱桥，但李春想大胆一试，采取多拱桥设计，这样不仅可以节省材料，还可以减轻桥身重量，降低了对地基的要求，减少了工程量，增大了洪水的通过率。可以说，如果当时没有清晰地分析问题，将问题明确和具体化，就不会有千年古桥的诞生。

思考题
提出问题的关键是什么？

一、"问题"的作用

人们经常说："正确地提出问题，等于解决了问题的一半。"这句话的意思是，问题可以引导思维和启发思维，问题是创新思维的源头，没有形成问题，就没有办法推进创新思维活动。

（一）"问题"可以启动人们的创新思维

人们普遍存在着思维惰性，需要动员才可以进入创新思维状态。以"创新思维不会随意出现"为假设前提，要对思维活动进行调动，推动创新思维活动。意义是形成创新思维的重要动力，创新思维需要用意义进行启动，人们能努力地想办法，都是因为存在着"意义"，没有意义，人们努力的价值就体现不出来。明确的问题可以提升行动的意义，强化人们思考的责任。问题提出得越具体、越明确，与情景联系越紧密，人们看到解决问题的意义就会越大，越容易调动人们的创新思维。问题本身的意义在于形成创新思维的动力，越难以解决的问题，越需要创新思维。

（二）"问题"可以给出人们思考的方向

思考往往是漫无目标的，但是当问题明确以后，就可以为思考者提供明确的思维指向，进一步激发思维活跃程度，给出更加丰富而新颖的答案。尽管问题所引导的思维存在着功利化倾向，但是对人们的思考能力而言，可以使思考更加容易，可以提高思考效率。

人们的思维能力多是单一维度的，过于复杂的思考不容易给出答案，所以降低

创意与创新

思考难度的重要方法是给出目标。同时，问题暴露了缺陷，根据缺陷思考，这是人们思考能力的强项，可以让随意的思考受到控制。

（三）"问题"的形式可以启发人们的思考

答案经常隐藏在问题之中，特别是那些设问、"是否式"问题、"强化性"命题，如"到底是什么""还有什么"等更容易激发人们的思考，也更容易给出有意义的答案。那些过于开放的问题，会对思考有推进作用，但也经常会让人们陷入无序思考之中，例如，"雨线北移"有什么意义？这个问题的意义在于强化了一个新的观察，也引导了人们思考这种自然现象对经济社会的影响。再例如，"雨线北移是否会暴露出北方地区抗洪能力不足的问题？"或者"是否会带来煤炭企业坑口电站生产成本下降？"相比而言，后者直接具有启发性，而前者则留下的新答案空间更大，但没有具体的答案。

二、对问题的态度

（一）发现问题的人格

发现问题是责任心的表现，是不满足于现状，是希望改进的意识在发挥作用，它是一种自发的社会进步驱动力。从推进社会进步的角度，对能够发现问题的人和行为要给予赞扬，树立具有社会进步责任感的人格。对进取的行为给予赞扬，促使人人都积极寻找问题；对提出意见和改进建议的人给予鼓励，建立不发现问题不罢休的人生态度。这样的态度与总是维持现状、墨守成规、明哲保身的态度相反，他们要推进社会变革，会让社会进步，自己也能够获得"成为英雄"的心理满足。有人认为挑剔过多会对自己不利，从私利的角度看，这种想法有其道理，但如果这样的行为受到社会广泛赞扬，说明社会存在着公德判断的模糊，需要通过公德建设加以改变。一个人能够发现问题，是高尚人格的表现，其本质是既尊重自己，也有利于社会进步。

（二）习惯于揭示问题

问题需要揭示，并通过语言表达出来。通过表达可将问题明确。如果看到问题，却不表达出来，就等于没有看到问题，至少不能变成其他人共同关注的问题。人们没有表达所发现的问题，并非是因为没有看到问题的存在，而是因为缺少表达的意愿或表达的能力，包括不能正常表达、不能准确表达和不能在较大的范围与较正式场合表达。不表达或没有经过周围人的检验，可能无法肯定问题的真实性或普遍存在。不能确认问题，因此会削弱解决问题的意愿，减弱解决问题的动力，也不能动员更多的人一同解决问题。在有些地方，存在着人们"事不关己，高高挂起"的社会风气，遇到问题绕着走，这影响着当地人们的性格，因此我们需要培养揭示问题的习惯，建设进取的文化。对个人来说，养成率先揭示问题的习惯，有助于其成为领导者。

（三）培养捕捉问题的意识和能力

一些人总是注意那些已经发现并且解决了的问题，对自己没有抓住的机会感到后悔。其实，这大可不必，因为世界总是在不断发展的，一个问题解决了，还会有新的问题出现。春运在20世纪70年代以前并不存在，随着改革开放的推进、劳动力流动比例的增加、劳动配置效率的提升，导致了这一问题的出现。可见，只要有捕捉问题的意识和能力，就可以发现新的问题，把问题暴露出来。

问题随时存在，解决问题本身也会带来新的问题，何况原本我们的世界到处都是问题，特别是在落后国家和快速发展中的国家更是如此。一方面，社会需要逐次递进地发展，发展本身会带来新的需要，它会变成问题；另一方面，不断出现的外部冲击，政治、经济、社会文化、技术与自然环境都可能出现突然的、缓慢的改变，也会带来新的问题。从关税及贸易总协定（General Agreement on Tariffs and Trade，GATT）变成世界贸易组织（World Trade Organization，WTO），世界就发生了重要改变。互联网技术的出现，使世界上经济运行方式都发生了改变。只有把问题看作是永远存在的，才会在思维上形成寻找问题的动力。

（四）永不满足的"更好"可以成为问题的重要思想来源

一些问题的解决是基于当时的条件，比如，温饱年代的最初目标是吃饱，但是随着时代的进步，越来越被赋予新的内涵。即使是一些工业产品，也会在使用中不断发现设计不周之处。用怀疑的目光看待世界，以能否"更好"作为思考的基点，就会找到问题。

解决方案通常会改变人们的生产与生活方式，由此会带来人们行为的改变，同时会发现产品或服务在用户使用中存在的问题。新的产品会改变使用者的状态，通过使用可以暴露产品设计中考虑不周的情况。

新的不满往往存在于与以往不同的细节之中，需要不断改变角度。观察是发现问题的基本方法，只有留心观察，从不同角度对细节进行对比，才可以发现人们各种需求的不同。给人们带来的各种不便、痛苦，甚至安全隐患，需要通过各种具体情景才能暴露出来，特别是偶然环境下的漏洞和隐患以及不经济性，都需要通过仔细观察才能得到答案。

创意与创新

因为新问题总会存在，一个基本问题是是否会有"更好"？这需要根据需求的变化多一些提问。问总比不问要好，它代表怀疑，而怀疑恰好是发现问题的开始。

（五）积累问题

改进和创造是提出问题的目的，积累问题不是为了整人，"秋后算账"是等待机会给出改进方案。许多问题的解决不是通过个人努力就能完成的，需要群策群力，也需要等待时机。即使对问题重要性有所认识，也需要反复深化。有一些看起来十分严重的问题，经过一段时间会自动消失，有一些则会变得越来越严重。这些都需要时间积累。

积累问题是以记住问题为主要形式，但记住本身不是目的，要经常把问题拿出来讨论，判断其存在的真实性，研讨新的解决问题的方案，以及分析解决问题可能带来的经济社会影响，以提升对解决问题意义的认识。

三、积极的问题与消极的问题

不同问题对思维的影响不同，我们将问题分为积极的问题、消极的问题和激进的问题与过低水平的问题。

（一）积极的问题

所有创造都从积极的提问开始。所谓积极的问题是思维走向新的视角，也在引导有结果的思考方向。它可能没有答案，却富有启发性，能注意到人们没有注意到的问题。

下列问题可以称为积极的问题。

（1）什么是垃圾？或某种东西是不是垃圾？试图从新的角度重新认识一个传统概念。

（2）谁是顾客？试图从企业经营源头拆解并重新定义顾客，其目标是检讨过去对顾客的认识出现了错误。

（3）如何才能构建我自己的连锁店？以明确且适当高的目标提出问题。类似的有"如何在15年内当上某公司总裁？"

（4）有没有一个装置可以避免误把油门当刹车？以具体的给定问题内容，引导转换为目标问题。

（5）有没有可以不花这么多钱的办法？从经济性角度提出问题，它不是内容的痛点，而是降低财务压力的考量。

（6）人们未来会吃什么？从长远看人们的饮食结构，引导人们注意影响长期需求的因素，如收入增长等，分析人们的需求结构。

（7）人们还需要什么？该问题的意义在于问题的永久性。如果实在没有问题，还可以用这个问题来引导思考，其意义在于不满足于现状，找到未来的需求。

（8）这个政策会带来什么？任何政策都是为了形成影响，有一些是直接的，有一些是间接的，有一些是正面的，有一些是负面的。深刻认识一项政策的影响，看到别人看不到的影响，以此来发现机会。

（9）这个预测报告会告诉我们什么？参加一场演讲或学术报告以后要进行"温故而知新"的思考，引导回忆和深化，达到超越演讲者演讲内容的作用。在商业上，许多全新的项目是因为听了某次学术报告而有了深度思考，才形成了思想上的突破。

（10）某个技术会给我们带来什么？从一项技术的影响入手思考可能发生的变化。

（11）这个东西没有见过，如何能够销售出去？隐含的问题是，这个东西我觉得有用，如何能够让更多的人知道。也就是说，市场上还不认识这个产品或服务，如何让更多的人喜欢和购买。这等于是从商业角度向自己发起挑战。

积极提问是为促进思考，也是将思考引向可能形成的答案。下列提问可能多会形成积极提问。

设问："假如……，会如何？"例如，假如远在他乡的子女与老人及时沟通，以掌握他们的生活动态，他们需要什么工具？其假设是目标，也是与情景结合的需求，要求能够沟通，而且要能够及时沟通，再做出提问。假如老人发现自己头晕，不敢起床，应该通过什么样装置让别人知道？假如老人在旅游时想喝热（开）水怎么办？

正问：是什么？为什么？有几类？有何特性？会如何变化？变化的条件是什么？等等。例如，科学是什么？这样的普通概念都要再问一遍，不只是怀疑以前的定义，也在引导向传统挑战。又如，商业是什么？商业一定要专业化吗？专业化的结果是什么？会带来什么影响？专业化的条件是什么？由此来分析商业专业化的理论，或者提供非专业化的商业发展的背景，如电子商务。可以针对概念进行质问，这里的质问不是责难，而是对现有概念有所怀疑，提问则是希望重新定义。这样的提问经常有颠覆性。

追问：就是不断发问，不断深化问题。不打岔，不发散，集中、深化问题，是收敛性思维的一种表现方式。例如，家庭装修旧了，为何人们还不重新装修？到底

> 创意与创新

是什么原因让人们还不装修？

提出积极的问题是一个重要的思维进展，也是创新思维的阶段性目标，想做到这一点，应该养成下列习惯。

第一，不过快地总结、收敛和引用他人的判断。应该保持提问的状态，而不是"一言以蔽之"地快速做出总结。

第二，多使用"还"字。多用"还有什么可能？""还有什么用途？""还有什么原因？"等具有深度、宽度的发问。

第三，重新提出问题。可以重申和明确目标，从更长远角度提出问题，也可以增加问题难度、改变问题的重点，以形成新的问题。

（二）消极的问题

不是从发现问题和解决问题角度提出问题，所提出的问题是出于有意或无意地责难现有答案。表面上是在提出问题，实际上却是在把别人当作竞争对手，打压别人，其结果是回避问题，在不能给出答案时逃避解决问题的责任。消极提问会导致人们无法思考、注意力涣散，破坏创新思考的氛围，有时还会引起人们之间无意义的争吵。

典型的消极提问是："你说，该怎么办？"它隐含着别人有责任解决，给别人出难题，而把自己从解决问题的角色中摘出来。又如，"你是专家，给我出个主意，该如何解决？"这是先给别人定位，将问题强加于别人，让对方不得不回答；是对对方的不尊重，也隐含了忽视对方的知识产权，把对方当成了"蜡烛"，然后随意燃烧。还有，"所有的可能我都试过了、所有的办法我都想过了、所有的市场我都看过了、所有的细节我都想过了，还是没有办法，你们看如何办？"虽然这不算特别消极，但它隐含了先将所有可能探索的路径都堵死，不让其他人给答案。如果使用"我看他如何办？"这样的问题不仅是考验，也是敌对和刁难，还是在出难题。

每个人都有可能被隐含的消极问题所困，其原因是其预设了没有答案或者不可能有新的答案。因此，警惕消极提问，甚至永远都不提出消极的问题，这可能对自己、对社会都有重要的进步意义。

（三）激进的问题和过低水平的问题

提问代表了思考能力，一些人经常提出目前还讲不清楚意义的问题，提出带有常识性错误的问题，这误导了自己的思维，也破坏了周围的思维环境。

激进的问题多是那些不着边际的问题，例如，"如何能够找到外星人？"或"我如何能够成为世界首富？"

也有一些低水平的提问，多违背常识，例如，"为何造不出永动机？""为何水不能变油？"此外，还有距离主题太远的问题。特别要注意，有一些人的提问是在偷换概念，这也会误导周围人的思维。

总之，我们需要积极提问，控制消极提问。积极提问既体现了人的进取心，也能够建立人与人之间的情感沟通，形成良好的人际关系。读者可以对比，也可以试着采取如下的问题式沟通，看看会有什么样的结果。

对比："我有一个想法，不知您是否有时间，想向您请教一下。"

对比："我看应该这样办。""是否应该这样办？""我来想想办法。"

对比："我们再想一想。""难道就没有可能了吗？""是否再讨论一下？"

对比："我们合作，看如何解决？"

四、问题的形成

问题的形成大约有四个影响因素：一是知识积累与对比，二是观察，三是分析与思考，四是讨论与交流。其核心因素是分析与思考。

（一）知识积累与对比

通过学习形成知识的积累，其重要意义在于知道哪些已经解决、哪些没有解决，哪些经验可以汲取、哪些必须自己探索。学习在很大程度上是为了推进知识和创造知识。知其然，更需要知其所以然，以掌握创造知识的规律。人们经常把学习看作是为了利用知识，这固然没有错。但是，更应该把创造新知识作为学习的目标，形成知识基础，以便利用以前的知识创造方法，为新知识的形成服务。

过度局限于旧的知识会对创新有负面作用。如果只强调应该掌握的知识，局限于已有的知识框架，不敢怀疑和否定旧知识，是把知识学死了。有的人只想完善知识，做补充，虽然有一些进展，但是在观点上过多地强调已有知识的正确性，对创造新知识也有一定的损害。有人说"温故而知新"，不是强调旧知识的作用吗？是的，但知新是目标，温故是手段，对旧知识重新理解，延伸其应用的范围，细化其应用的场景，是对旧知识理解的深化。

文献综述是一种研究旧知识、发现新问题的主要方法，它将旧知识加以梳理，发现旧知识中的逻辑漏洞以及新背景下旧知识的不适应性，概括旧的研究方法，提出新问题。

（二）观察

这是一种重要的提出问题的方法，它是以实际的生产和生活为背景，发现人们

创意与创新

的难处、不便、低效、安全隐患等。其核心在于发现不同，包括变异、异常、改变等问题，特别是把生产和生活当作研究对象，提出"是什么？为什么？有何种后果？是否需要解决？如何解决？"等问题。

观察要求细致和敏锐，如高层楼房玻璃太脏，其对比是高层楼房的玻璃应该干净，现在比较脏，是系统性异常。分析这一现象：因为高空作业有一定的安全隐患，花费太高，所以长时间无法清洗。使用高空作业的方式，安全作业需要专门的企业，费用也会比较高，因此，无人机械——擦玻璃机器人应该被发明出来。

观察的一个重要任务是观察人们的语言、表情、形体动作等，因为大量的问题都是以人为本，他们是需求者。围绕着人观察，可以发现问题，特别是那些情不自禁的抱怨，如果能够注意到，更容易将其行为背后的原因分析出来并提炼为问题。

（三）分析与思考

虽然提出问题已经有了一定的思想进展，但把问题停留在表面上，可能仍然无法提出创造性的思路，只有经过分析和思考，才可能找到新的答案。分析与思考的重点在于养成相应的习惯，给出新的可能性。厨房热的原因是什么？不是因为有热源。去掉热源，厨房会变得没有意义，特别是中式厨房。在思考以后，发现厨房里的排油烟机把锅灶下的火和上面的热气形成了一个无形的烟囱，它成了新的热源。剩下的问题是如何减少这个烟囱的影响。

分析与思考的重要目的是提炼问题，发现问题的症结，将问题准确地提出。

（四）讨论与交流

提炼问题不仅需要个人思考，也需要与大家共同讨论，以确认问题以及问题的意义。讨论与交流是借助不同人的思考力，丰富思维，相互启发，增加对问题的认识。提出可能的问题，哪怕是一个傻瓜式的问题，带有强调性的常识性问题，都可能会引起人们的注意，从定义上发现问题，引导人们找到新的答案。

五、问题假设

把解决方向作为问题题干，以假设的方式表达出来，可以让问题更加集中，使问题变成了论证。例如，假设有一个像遮阳伞一样的东西能驱散热浪，大家认为可以怎样设计？问题的背景是一些地方夏天天气炎热，阳光照射到屋顶，轻易不能驱散热浪。问题提出者把方案隐含在问题中，给出方向，请参与讨论的人围绕如何设计遮阳伞进行。

将问题转换为假设,是一种简化问题和集中问题的方法。当年王均瑶春节时无法从长沙回温州,他想,如果有一个属于自己的航空公司,想什么时候飞就什么时候飞,也相当于有私人飞机了。他把这个想法变成了如何才能创办一家属于自己的航空公司。1992年8月,他成立了民营包机公司——温州天龙包机有限公司,后来成为中国早期入股民航的私人企业,2005年创办吉祥航空,2015年已成功上市。

大胆假设的含义是把所有可能的问题用假设的方式提出来,以"如果……""假如……"提高自己的想象力。这些假设可以是条件,也可以是情景。例如,"中国老人到处找热水,怎么办?"其假设是中国的老人需要喝热开水,它是一个开放性问题,却也是一个明确的问题。如果提出的解决方案是公共方案,可以用直饮热水;如果想用这样的问题赚钱,即向私人产品方向努力,可以用便携或旅行用的加热水杯,有了概念以后再进行产品开发。

大胆提出问题是突破的前提,但为了减少对胆量的要求,可以运用降低问题难度的方法。将问题变成假设就是一种降低问题难度的方法。

提出问题,也是为了提升问题的方向感,可以采取先锁定一部分内容,比如,"无人××是什么?"它也可以写成"还有什么可以无人运行?"类似的填空,随意填写可以降低创意的难度,但其中的一些答案,可能会让人得到创意上的收获,如无人驾驶、无人售货、无人售油等。

六、问题分解

问题分解是将一个大问题分解为若干个小问题,可以把问题变得更具体,使问题形成层次,从而暴露问题,找到关键问题,降低解决问题的难度。

(一)用重新定义方法进行分解

例如,如何做好研学?该问题可以转换为"什么是研学?"或"什么是我们的研学?"如果进一步,给出答案"研学在研,而不在学",原因是中国学生缺少研究能力,就将问题转换为"什么是研究?如何开展研究?"

(二)按理论分解问题

一些已经构架起来的分析套路或理论可以作为分解的方法。

(1)按时间顺序,可以用商业周期、政策周期、季节周期等阶段划分的理论进行分解。

(2)按构成因素,可以用管理学的"人机物法环",营销学的产品结构定义,

创意与创新

产品、价格、渠道、促销（Product、Price、Place、Promotion，4P）理论，消费者、成本、便利、沟通（Consumer、Cost、Convenience、Communication，4C）理论或关联、反应、关系、报酬（Relevance、Reaction、Relation、Reward，4R）理论来分解。

（3）按定义公式，如利润，可以分解为价格、单位成本、销售量，或更细致的影响因素。

（4）按人的需求结构，分为物质与精神需求，再细分为基础物质需求、安全需求、社交需求、尊重需求、自我实现需求等。也可以按接受内容、听（接受语言）、看（视频）、玩等分解。

分解问题的流程是：问题形成—问题分解—理论框架—研究计划制订—数据获取—数据分析—结论提炼与阐述。如果对分解后的结果还不满意，则需要再分解问题，直到能够找到解决问题的方案为止。

七、设定有意义的问题

增加创新的动力，需要通过明确意义和强化意义，把意义表象化，形成对解决问题的感召力，这是一种促进创新思维的方法。有一些问题长期存在，却没有人重视，人们熟视无睹；有一些问题出现得比较偶然，人们经常事后忘记，多会自然地"等""靠"，由别人来解决；还有一些人们不容易注意到的长期、深刻的影响，也需要用意义加以阐释。

例如，"如何才能避免蚊子的伤害？"其意义在于蚊子对人们的生活影响实在太大，影响睡眠和工作。在车辆日益增多的今天，蚊子进入车子之中，会影响开车人的注意力，存在车毁人亡的危险。虽然这些意义并没有体现在问题的字面上，但问题的表达目标已经足够清晰，意思是它的伤害太大了。

又如，"如何才能让自己变得积极起来？"在今天的社会里，许多人面对竞争压力选择了回避和躺平。让自己积极起来，于己于社会都有非常大的好处，能够提出这个问题，说明他只是需要办法，问题的意义也比较明显。

再如，"如何能够让人们找到好玩的地方？"随着社会的发展，人们越来越需要出游、娱乐等休闲消费。创新思维方便人们找到多数人认同的"好玩"的地方，方便人们做出出行选择，既不至于使景点人满为患，也不至于让人每天宅在家里无所事事，于家庭、于社会都有利。

第五节　交流与创新思维能力

一位擦鞋匠在理发店门口擦鞋,偶然听到里面的顾客说:"谁能把我的头发拉直呢?"没有人搭理她,但门口擦鞋匠却记住了这个问题。每当有擦鞋的人来,便与人聊天讲这个问题。终于有一天来了一位化学老师,答应他回去做做实验。过了一段时间,化学老师给了擦鞋匠一个配方,擦鞋匠说:"我们一起合伙办一家公司吧。"一款可以直发的洗发水就此诞生了。

思考题

如何理解"会说的,不如会听的"这句话?

在很大程度上,创新是在交流中产生的。如何进行交流,并通过交流获得创新,也成为提高创新思维能力的一个重要内容。

一、为何要交流

交流是一个重要的学习渠道,也是一个发现问题、寻找答案的活动。

(一)发现问题、确认问题

提出问题以后,需要对问题进行确认,对问题的意义进行认识,这需要人们从不同视角看待问题;重新提出问题,也需要相互启发,从新的视角认识问题,这些都需要交流。

(二)找寻答案、确认答案

找到答案需要更多的视角,即便是一般的交流,也有不同的人从不同的专业角度给出不同思路。提出大家认为合理的答案,仍然需要从不同角度进行论证。一些未来的、潜在的问题需要不同性格、不同思维方式的人从不同角度给出论证。群策群力是让大家提出问题的解决思路,它不是人多力量大,而是人多视角更丰富。

(三)获取知识、更替认知

交流也是偷艺,它是通过交谈获得别人的间接经验和教训,甚至有一些体会是深刻的理性认识,但更多的是学习别人创造思维的方法。这是人们最方便、最容易的学习方法,也是最有意义的交流方式。它避免了日常交流中内容乏味,不仅可以提升社会生活品质,也是一种增进信任的途径与方法。间接学习可以实现知识共享,也可以丰富生活内容,让获取的知识更加简洁、更容易深化。

创意与创新

（四）扩大影响、形成效益

每一个人存在于世，都需要通过交流产生影响。一个有思想的人应该是一个经常能够发现有价值问题的人，也经常是见解独到之人。他们把在日常生活中观察到的现象和自己的经历经过总结深化，形成观点后再在相互交流中加以发表，可吸引周围的人参与，起到让别人了解自己的作用，也可以传播自己的观点，展现个人能力。

二、带着问题交流

带着问题交流是一种探究式讨论，它既可以使自己希望的答案得到确认和丰富，也可以通过交流给对方留下一个钻研者的印象。人类社会对那些有思想的人一直保持着敬重，而"有思想"则需要通过表达和阐述，特别是提出有意义的问题，则成为新思考的起点。

通常，提出问题以后需要反复确认和明晰问题，一种比较有效率的方法是将问题与周围的人进行讨论，给出各种可能的理解和答案。有时，个人认为存在的问题，可能早已经被解决，只是自己不知道而已；也经常存在逻辑上的问题，个人认为成立，但经过辩论，发现未必成立。通过交流、讨论，还可以使问题细致化，以达到分解问题的目的。

确认问题的重点是讨论问题的本质和存在条件，明确解决问题的意义。在经济社会，所谓问题的意义在于能够给经济带来产出，可以实现商业运行，也可以带来促进社会进步的作用。论证得清晰，可以增加人们解决问题的信心与动力，也可以让更多的人参与解决这一问题，并通过参与交流的人将问题传播出去，提醒社会共同解决。

带着问题交流本质上是探究式交流，它并非等待回答，而是随时提出问题，或者引导对方给出新的问题，用问题引导思考，深化问题。这需要专注，也需要快速听懂参与者的看法。

总之，带着问题交流是利用群策群力的机制，获得更多的智慧，形成更新的解决方案。

三、通过交流学习

与人交流的学习效应是人们普遍的需要，但是与什么人交流却是一个比较重要的方法问题。所谓"距离产生美"是一种学习机制，因为人们之间的距离拉大以后，各自生活在不同的环境之中,感受与体会差别较大,这时,人们之间的交流具有知识上的势差。这种势差是相互的,这个方面的知识你没有,而在另一方面你则比较强,这样就会形成知识的交换,从而形成较大的交流动力。这样做,对社会的知识普及和进步有重要意义,因为社会进步是通过知识传播实现的,你的经验和体会得到传播,恰好也可以交换到别人的经验和知识。

知识多以常识方式存在,通过交流和个人积累,交流之余顺便形成问题。人说"开卷有益",这是在讲读书的作用。但实际上,"读万卷书,不如行万里路"的意思是行路可以"阅人无数",而阅人的重点是与人交流,获得他们身上携带的知识。

在交流过程中,需要注意下列要点。

第一,不卖弄,要研究问题。

第二,不要让交流者对你产生警觉,要力所能及地帮助对方,取得信任,诚恳交流。

第三,从何处说起:介绍新闻、天气,出发点,看什么书、口音、哪里的人等。讲一些让对方感兴趣却不会太警觉的话题。

第四,可以了解对方所在的行业和职业情况,同时注意照顾对方隐私,如果对方不说,不可强求。

第五,了解地理和民情。

第六,在交流过程中适当介绍自己,让人相信你有真才实学,值得交流。

第七,通过交流获得知识,敢于分享知识。

第八,注重细节,让对方成为专家,适当提出改进建议,让对方感觉你在帮助他创造。

四、创造一个创新思维的"场"

(一)"场"的作用

当两人以上参与交流时会形成创新的"场"。参与人数较多时,在场内容易形成"比、学、赶、帮"的效应,大家受到启发以后,会刺激自己的思维形成新的想法。人们处在这个场内,会不由自主地参与创意,在别人创意的激励下,会增强交流和提出创意的动力。

创造这样的场,需要有一位高超的主持人,他应该是学习过甚至钻研过创新思维课程的创意专家。"场"的特点应该是让大家保持探索者的心态,以诚相见,和善,溢美,适当称赞,赞同,互补信息,相互启发,介绍自己。这既是主持人需要注意的,

创意与创新

也是交流者要坚持的原则。

（二）"场"氛围塑造的"六要""六不"

语言和语气是塑造交流氛围的重要方面。语言，特别是无意识的形体语言，对塑造氛围的影响是人们经常忽略的，却又是重要的。

（1）形体语言的"六要"

形体语言是用形体状态和行动表达意图、意象。交流是为了获得知识、探究问题，而不是挑战，所以，形体语言表达应该注意下列要点。

第一，要目光直视对方，眼球适当活动。

第二，要坐姿前倾。

第三，要面带微笑。

第四，要秉承"点头的学问"。

第五，要有时做笔记，有时不做笔记，专注听讲，笔记、电脑是道具。

第六，要有必要的疑惑和提问。

（2）交流语气的"六不"

第一，不过傲。

第二，不成见。

第三，不过谦。

第四，不尖锐。

第五，不责难。

第六，不设陷。

（三）点头的学问

点头有学问吗？人类进化形成了各主要民族以点头表示肯定的表达方式，原因在于这样做颈椎的耗费较少，人类是通过点头的赞许形成和谐与进步的社会氛围的。对个人而言，并非人人都会点头，或者善于点头。特别是受过高等教育以后，以竞争者身份参与社会的人往往不承认别人的能力和成就，这样就从心态上拒绝了社会，使交流趋于停顿。在很大程度上，点头是个人的能力，是情商高的重要表现。

点头的意义在于表示你在听，是对表达的回应。点头不一定代表你同意，但如果是深深地点头，则代表你认同。这样让对方感觉他没有白讲，甚至因为有了认同者，可以激发对方继续讲下去，会展开讲出许多内容，甚至在讲的过程中有所创造，这样交流便有了知识传播和创造的氛围效果。

"点头"并非只有点头模式，它包括鼓掌、击掌、竖拇指、"啧啧"赞许等肯定

的方式。以自己习惯的方式自然地表达，但要注意变换方式，以防将"倾听、交流"的模式变成机械的"形式"。

有人不愿意点头，这样做太过严肃，不利于人与人交往。人人都希望倾诉时有人同情，只是找不到对象。点头可以代表倾听，可以让人们发现能够倾诉的对象。有人不会点头，该点头时不点头，不该点头时乱点头，频率过高、速度过快、点头太深都会影响交流的氛围。应该是点头与说话者之间存在呼应，做结论和判断时应该点头，其他环节不一定点头。

在交流中，点头切莫忘记记住问题，不要轻易提出问题，因为这样会打断对方，会造成思维上的中断，造成交流上的损失，甚至引起对方反感，中止交流，还有可能会产生严重后果。无论如何，打断就是不尊重对方，有可能会影响对方的发挥，相当于让对方欲言又止，而且是被强制制止，心生不快，影响后续交流。为了让自己能够不忘记问题，可以用单词方式记录，提醒自己，在适当时候提出问题。如果能不记录又能记住当然更好，因为一旦记录可能会引起对方的警觉，也可能会打断思路。如果非个体交流，而是学习场景，那么应该进行记录。记录本身的意义首先并非为了记录，而是为了使用工具表示自己的学习者态度；其次才是怕自己记错，漏掉重要的内容。

第六节　提升思维层次

张瑞敏砸了冰箱，震撼了全体员工，从此海尔有了自己的起点，也有了自己的故事。张瑞敏砸冰箱不是心血来潮，而是有意的举动。他的目的是希望海尔从此走上品牌之路，以质量取胜。自此以后，公司把这个故事反复讲，讲成了企业使命。近40年来，海尔之所以还保持着生命力，离不开公司整体思维的提升。

思考题

张瑞敏用讲话的方式动员行不行？

不断提升思维层次是思维能力培养的重要目标，要习惯于提升思维层次，形成个人的创意方法体系和独特的创新思维能力。

一、善于总结可以促进进步

不论何种事物发展都有规律可循，总结规律可以事半功倍，举一反三，吸取

创意与创新

教训，形成个人思考的风格。

为什么善于总结的人容易进步呢？进步有两个层次的含义：一是有了好的进展，如取得更大的成就，有了更高的级别，提升了薪资等；二是有了更高的能力，而更高能力的主要影响因素是思考能力。思考能力包括规律探索能力和规律运用能力。规律探索能力让人们养成了愿意总结的习惯，并且把总结出来的规律运用到实践中去，从而让实践更有正确性。

举一反三是为了不犯错误，通过不犯错误，获得节约效应。人类的进步基本上是通过这样的方式实现的，所谓的进步不只是探索出了新思想，还包括总结教训、少犯错误。

道可道，非常道。"常道"两个字可以理解为大部分人都可以认知或遵循的道，这个"道"指的是规律运用并且不犯错误。大道人人都要遵守，有人自觉遵守，有人偶然遵守，争取自觉遵守，都是有道之人，而遵守者先要认识道。在老子看来，道是可以认识的，只是人与人的认识有所不同。那些能够遵守道之人，透彻领悟的有道之人，他们能够胜出，能够成为世界规则的制定者和引路人。

二、思维层次理论

思维分三个层次：实务层次、中间层次和战略层次。

（一）实务（操作）层次

所谓实务层次是解决眼前问题，寻找领导满意的答案。他们没有自己的主张，把自己的命运交给了别人。他们的优势在于实务，能做事，钻研技艺，做点儿小事。他们有办法做事，不会有太多的错误，做事让人放心。例如，张瑞敏砸冰箱是操作，是行为。

（二）中间（方法）层次

中间层次又称为战术层次，在解决问题的基础上，获得了一些方法，并不断自觉提炼方法，甚至是创造自己独特的方法，它的任务是分解战略，使战略意图得以实施，并寻找可能的方案、原则和方向。例如，张瑞敏的方法是让员工印象深刻，形成"质量就是生命"的强烈意识。

（三）战略（观念或哲学）层次

把握未来方向，从价值观上认识世界，探索可能的机会，发现可能的资源，认识到政策、经济、社会自然环境和技术变化带来的深刻影响，是定义价值观、强化价值观，形成共同愿景和使命的思维层次，也是从范式上认识世界，提出解决问题

方法的思维层次。例如，张瑞敏的经营哲学是企业走得长远需要依靠诚信，品牌可以赚钱，也可以变成资产，甚至比有形资产更有持久力和扩张力，但品牌不是天上掉下来的，需要企业打造和维护。

思维层次关系也可以用树形表达，如图3-1所示。

关系：树根（低级）与树干（高级）

规律（抽象、本质）　　　　战略（全局、说服动员）

联系（分解、视角）　　　　战役（组织、提议）

具体（现象、数据）　　　　战斗（执行、细致）

图3-1　思维层次树

提升思维层次就是从实务层次提升到中间层次，再提升到战略层次，用正确的认识指导实践，少犯错误，降低风险，走向成功。

三、不能提升思维层次的原因

（一）没有积累意识

没有培养起把经验积累起来的习惯，没有把每一次的进步过程当成实验和投入，浪费了经验、数据和事实，缺少了从实践中获得方法和价值观的愿望。

（二）任务导向，就事论事

只想解决问题，问题解决了，就算是完成任务了。有人想多总结几句，他们觉得麻烦，甚至有些反感，只局限在把事情做成。

（三）浅尝辄止

遇事只想有一点点感受，也做些尝试，但不是根据尝试结果作出是否继续下去的决定，行动是随机的。他们把目标停留在感受阶段，而不会通过感受作出是否继续的判断。

四、提升思维层次的训练

（一）复盘

复盘是一个方法，但想到复盘却是一种习惯。只要经常与团队成员复盘，或者

创意与创新

培养起每天做总结的习惯，把每天是否复盘作为考核自己一天是否过完的标准，就可以培养复盘的习惯。

（二）从更高的层面认识自己接触到的活动

所有活动结束以后，要从更高的层面认识活动，有意识地总结其中的道理，再把本次总结与以前的总结整合起来，一并认识。不论接触什么活动，特别是第一次接触到的活动，都需要进行理性认识。

（三）从更深刻的意义上理解活动

意义就是指正面和负面影响，多总结这些影响，把影响看全、看透，培养自己的意义意识和意义判断能力。不论是好影响还是坏影响都要全面认识，这是形成个人价值观的基础。

（四）从方法层面看待生活

有时人们会不经意提出创意，但要注意，不要让这个创意白白提出，一是将创意记录并完善和丰富，二是总结这个创意活动，分析自己是沿着什么思考线索提出的，从而概括自己的方法论。生活中充满了创意，把生活看作创意的机会，一边提出创意，一边总结创意的方法。

（五）从方向上看待未来和自己的能力

一个人的价值观决定了他的追求方向。如果你想尝试着做一些探索，就要问一下这是否是自己应该做的，如果能够确认，就应该明确和强化，并表述成自己的价值观。

（六）间接观察，总结别人的经验和经历，并上升到规律性认识

提升思维能力还可以通过对周围的观察获得激励。一方面，可以借鉴和比较别人提升思维能力的习惯与生活方式；另一方面，把别人还没有总结出来的规律性认识加以总结。也就是说，把别人当作案例素材，自己做出总结。

本章小结

1. 消除思维障碍是提升创新思维的根本方法。

2. 警惕消极思维，培养积极思维。

3. 收敛与发散都是创新思维，有效的创新思维是先收敛，后发散，再收敛。

4 培养问题意识，学会提出问题。

5. 交流有学问。

6. 思维层次的提升标志着一个人的成长和成熟。

本章自我训练

1. 试一试找到创新思维障碍。回归原始，放松自己，找到提升思维的途径。
2. 随便找一个人聊聊，看能否有所收获，能否得到一个有意义的问题。
3. 把别人的讲话记录下来，重新阐述一遍，力争用原理性语言表达。
4. 经常做总结，用"1、2、3……（注意至少达到3），总而言之……"。

本章思考题

1. 为什么说收敛性思维也是重要的创新思维？
2. 如何提升思维能力？你自己有什么经验？

第四章　创意理念与创意方法

章首语：怀疑是创意的起点，跨越是创意的精髓。

关键词：有效创意，创意理念，创意方法

一位德国人注意到一些家庭处在太阳的暴晒下，于是他萌生了让房子在太阳下不会被晒到的想法。他从找一些熟悉的防晒工具出发，不用说，就是太阳伞。他又想到，太阳暴晒，原因是太阳能，如果把太阳能利用起来，既可以防晒，又可以发电。那不就是人们经常用的太阳能电池板吗？但他又觉得太阳能电池板效率不够，一天的日出日落会让太阳能转换率不足。如果"太阳伞"不能跟随太阳，能源利用效率就太低了。这些分析让他的设计思路更明确了，要做一把能够随着太阳转动的"太阳伞"型的能源电池板。

引导案例

在电影《非诚勿扰》中提到了一款自称能解决世界纷争难题的机器，这款机器申请了专利，并且卖了出去。然而，结果却导致购买者因此穷困潦倒，一蹶不振。这个例子说明了创意不一定都有效，甚至大部分无效。提高创意有效性，是创新思维教育与训练的责任。

思考题

是不是所有创意都可以转化为产品？

第一节　有效的创意原理

一、创意原理

（一）隧道模型

创意会在人们的大脑中随时发生，但经常处于潜在状态，没有被表达出来。一个著名的隧道模型表达了从创意到商业成功的过程，如图4-1所示。

该模型有下列含义。

（1）从创意到成功的产品开发需要6个阶段，即创意、提出创意、项目提案、

```
3 000个
创意
         提出    125个   4个研发  2个发起   1个
         300个   小项目   项目     项目    成功产品
```

图 4-1　从创意到商业成功

研发提案、投资建厂、试销。

（2）每个阶段都出现了快速衰减，足够的创意数量是顺利创意的前提。

（3）只有大量的创意才能保证产品创新成功。

隧道模型说明，少数创意不可能使创新顺利，也不容易让创新得到结果，如果创新出现中止，一个重要原因是创意数量不足。该模型还暗示，能够提出有效创意才具有创意能力，有效创意需要通过足够的创意数量来实现，足够的数量才能保证质量，但也可以通过提高创意有效性加以实现。

（二）创意原理

英国创意经济之父霍金斯把创意原理概括为："人人都有创意，只是不会表达。"这解释了创意的来源，以及创意形成的关键影响因素，即人们的表达能力。该原理表明了以下三点。

第一，社会中的所有成员都可以有创意。

第二，创意不是个别人的专属，与人的智商无关。

第三，创意只与人的表达有关，如果人们愿意表达，学会表达，都可以有创意。进而，一个社会没有成为创意社会的原因是人们普遍缺少创意表达能力。

人们之所以没有创意是因为没有表达，而不是没有创意。隧道模型中的创意衰减之所以如此严重，从3 000衰减到300，是因为人们缺少表达，让创意停止在了大脑闪现阶段。

人们为什么没有表达创意呢？

一是缺少表达创意的意愿，这是最主要的原因。在很大程度上，创意是一个人对进步的向往，当一个人的社会责任感较强时，就会形成较强的表达创意的动力。反之，事事想的都是个人利益，只想搭别人创意的便车，不想自己主动承担责任，就会缺少表达创意的动力，即使有了想法，也不愿意讲给周围人听。

二是不能表达。如果一个社会缺少鼓励创意的氛围，人们就会在表达上经常遭受打击和围攻，谁表达，谁就会被视为另类，异想天开的表达经常遭到周围人的白眼。人们的能力总是在行动中形成的，获得成功或者得到鼓励，就会培育能力；相反，

创意与创新

得不到鼓励，还经常受到指责，会让人们陷入表达的低能，不断给自己设置思维壁垒，将创意藏匿在思维阶段，最后还会忘记。如果社会传统如此，教育不仅不给予纠正，还给予强化，这样的环境就会制约人们表达能力的提升。久而久之，一表达就会出现大脑空白，词不达意，表达成了负担，这更加促使了表达能力的弱化。这种情况在大学生中十分常见。

三是不敢表达。一方面，某些环境不允许随意表达，等级社会尤其如此。要表达先要有身份，经常以"你没有资格说话"来约束人的社会，会让人们不敢表达；另一方面，表达就意味着一定要正确，如果一个人讲出与多数人不一致的想法，怕错、怕丢面子、怕丢分，就可以选择不表达。因为不敢表达，所以就不表达。

四是不会表达。表达也是一种技能，也有技巧。正确表达自己的想法，用语言、图形、曲线以及模型等说明自己的想法，特别是要明确阐述想法背后的意义，把想法对应的问题变成有意义的难题，可以打动人。但有一些人，不会记录自己的想法，只讲想法，不思考意义，也讲不清楚意义，更不会介绍形成问题的情景，导致想法本身不能被有效表达。

创意就是构造符号。创意就是把大脑中的创想以某种形式表现出来，用以交流和传播，变成思想的载体，进而变成实物或活动内容。

符号是思想载体，文字、曲线、图形、音乐、模型等都是符号。符号有两个作用：第一，记载创想。例如，头脑中涌现出一个想法，如果不用文字记载，很快就会遗忘。在语音记录比较方便的今天，可以用录音工具记载这些想法，因为大脑中的想法可能一闪即逝。用文字表达过于正式和精练，有可能会丢失细节，为了记载细节，可能还需要图形表达的配合。因此，用符号表达的创意才是被提出的创意。在市场经济社会里，记载还有保护个人产权的作用，否则你无法证明创意的产权归属是自己。第二，符号可以作为交流的工具。思想是大脑中的逻辑，需要借助一种媒介展现，符号就是这种媒介。只有利用媒介，人们才可以交流，对创意进行理解、论证、补充和完善。

符号化的含义是，凡创意都要用符号表达。这里的符号是指抽象、简化和狭义的符号，不包括文字表达。虽然文字也是符号，但过于抽象，对表达者的语言有一定要求。而借助形象符号，可以简明扼要，也可以比文字表达有更直观的效果。符号化是尽可能地将创意表达成符号，既可以用符号直接表达核心思想，也可以借助符号说明创意。符号化就是借助人们比较熟知、可视的事物，来体现创意的核心思想。符号工具包括字母、基本图形、柱状图、饼图、动物、颜色、音符，甚至可能是立

体模型等。

一个创意不可能一下子就做到准确表达，也不可能一次就达到有效创意，需要反复校正和再表达，其校正过程也是一个由众人理解的过程。当多数人不能理解时，需要做出修改，以便让人能够理解。当不能将创意变成方案时，还需要对创意或创意表达进行修正。交给他人理解的创意，符号是一个重要工具，它代表固化的创意，所以符号化是创意全过程的一个重要环节。

表达成为有效创意的中介变量，通过图4-2展现创意，也检验创意，证明创意的有效性。

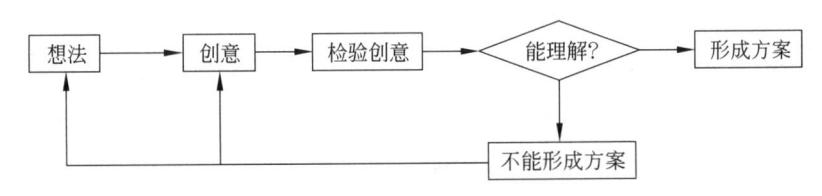

图 4-2 创意表达的原理图

二、有效的创意

创意就是提出和形成原创的概念及其相应的思维活动。创意必须具有原创性、新颖性，这是创意最基本的特点，同时创意还要具有可描述性。有效的创意除符合这些特点外，还要有针对性，即能够解决问题。

简单地说，有效的创意是指不会被忽略、封存、埋没、淘汰的创意，是能够受到人们的重视，可以进一步深入研究，可以进行完善和丰富，最后形成方案的创意。换言之，它是可以为市场所接受，能实现成功商业化的创意。

新颖并非有效创意的全部条件，因为新颖而提出的创意经常不一定能够发展成为商业方案，只有那些可以正确解决问题的创意才算是有效的创意。许多人并不明白这个道理，提出创意以后，便马上进行方案实施，结果多会遭遇挫折和失败。

有效的创意有下列标准。

（1）指向性。为了某种明确的目标，或者是以解决问题为目标，或者是以对未来的想象和憧憬为目标，使创意有明确的意义和价值。

（2）可行性。所提出的创意看起来具有可以实施、执行的条件，这一判断是直觉的、初步的，而不是全面的、深入的，不违反法律，没有触碰社会道德底线，有科学的理论作为基础，没有明显的安全隐患以及由此带来的风险。一些创意能够快速实施，不是因为其新颖性，而是因为它具有实施条件，使基于创意的方案具有可

行性。创意能够动员和利用周围的条件，使方案具有可行性。奥运会场馆的建设是造成奥运会亏损的主要原因，如果利用大学的体育场馆，则可以为奥运会节约许多投入。在很大程度上，有效创意就是利用条件上的新颖性，出其不意地看到别人看不到的环境条件，使其资源化，用创意加以引导用于解决问题。

（3）经济性。所提出的创意不仅要新颖、可行，还要有明显的经济性，能够把解决问题的代价降到最低，达到尽可能高的性价比。

可以根据创意所解决问题的性质将有效创意分为实效型和憧憬型。

（1）实效型创意是先有问题，再有创意和解决方案，上述三个标准主要是针对实效型创意。实效型创意一定要解决问题，同时也要有明显的经济性。

（2）憧憬型创意是从想法开始，启发人们想象创意所能够解决的问题、给人们带来的好处，以及创意的价值与意义。这样的创意以想象为主，在创意提出以后需要进行论证。憧憬型创意分为两种，一种憧憬是以现实为基础，进一步将目标极致化，例如更薄、更轻，这是一种简化的憧憬，容易为人们所理解；另一种憧憬是全新的想象，需要极强的想象力才能够理解，例如特斯拉的电动车外形设计。这类创意的结果多会形成概念性突变，形成产业发展的引领，它也经常是颠覆性创新的思想来源。

过分地要求创意有效性可能会扼杀天才创意，因此，不能把"创意有效性"放在第一原则的位置上，它只能是第二原则。如果面对需要解决的问题，对创意有了指向明确的要求，就必须强调创意的有效性。

第二节　创意能力

一位出版过《成功在校园》的学生乐观地认为，只要在老师办公楼旁边办一个饭店，就一定会吸引老师过来吃中午饭，而且该学生还把周围的民工视为潜在顾客群体。他虽然把饭店做了以蓝色为基调的装修，但卖的却是广式菜。不到3个月，便赔得血本无归，7万元投入，最后只收回了一点儿卖炊具的钱，就倒闭关门了。

思考题

你能从上述这个故事中体会到什么？

一、创意能力

创意能力是指能够提出新颖且有效的创意设想的能力，是以一定的原理为基础，创意者充分发挥主观能动性，积极调动智力和非智力因素进行创造性思维的能力。

创意能力也是在实践基础上对知识和经验在不同层面灵活运用的能力。具有创意能力的人是有创造性思维能力的人，是以创新思维为主导，能够综合利用知识与经验，巧妙地解决问题的人。

对创意能力有三个基本要求。

第一，智能性。拥有创意能力就能出奇制胜，有思想方法、观念上的突破。它不是针对平常工作的方法和流程的突破，而是针对方法和观念上的突破，是观念、设想的重构。在没有苹果公司之前，谁能把手机看作"玩具"呢？在没有腾讯之前，谁能把网络聊天作为人们生活中必需的内容呢？这种能力需要超常的智慧，能将日常生活中最基本、最简单的素材进行整合，形成具有新颖性的设想。这种基于智慧性劳动结果的价值在于它会形成全新的想法，会成为此后不断改进、完善的起点。创意能力这一性质要求创意者要不断积累突破思维的能力，总结突破思维的方法，社会要对以奇智形成的成果给予认可。中国近20年来不断强化创新驱动，人们已经乐于把那些靠奇思妙想成为商业领袖的人当作自己的榜样，乔布斯、马斯克等都被列入其中，而传统商人则逐渐淡出人们的视线，说明中国社会正在走向推崇创意创新之路，形成了创新文化。

第二，洞察性。创意能力要基于特殊的观察能力和创造能力，这种特殊在于它不是大众流行的看法，而是基于洞察的思路构建。所谓洞察，就是基于少量样本给出的认识和判断，它既指少数人的看法，也指根据少数样本的看法，甚至完全没有数据支持的个人看法。这些看法以新的构思进行表达，听起来陌生，甚至出乎意料，但这恰好是创意的本质性要求。这种能力要求创意者能够从少数观察对象中概括出可以符号化的表达内容，能够敢于表达与众不同的创想。

第三，灵活性。创意能力是适应环境并根据环境提出有效创意的能力。它不套用固定模式，而是根据不同目标、条件、环境进行创意，既指创意方案形成的灵活性，也指创意方案推进过程的灵活性，还指应对突然变化的环境条件的机动性。在方案策划时，灵活性表现为根据使用者的要求形成有效的目标，根据资源条件完成资源整合，形成新的方案；在方案执行过程中，根据各种有利或不利条件，因势利导，快速有效地推动方案执行。

二、创意能力的构成要素

创意能力包括观察力、想象力、分析力、预测力四个要素，并根据一定的逻辑关系组成一个创意能力产生、发展、实践的全过程。

创意与创新

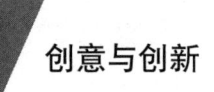

（一）观察力

观察力是指创意者对周围事物进行考察的能力。虽然观察力人人都有，但是人与人之间的差别很大。比如，同一个事物，由于观察者不同，甲注意到的是其形状、色泽，乙注意到的可能是属性、质地，丙却因为对这件事物不感兴趣，所以可能对这件事物的特征没有一点印象。这三种不同结果的出现都是由于观察力的不同所致。而观察力的不同又是由以下三种因素引起的。

（1）个人兴趣

个人兴趣对观察力影响很大。如果观察主体兴趣爱好广泛，那么他在对客体进行观察时，就会对什么都抱有极大的热情，观察时就会注意到许多细节。他所得到的观察结果也肯定是相当细致和特别的，这就会形成独到的见解。

（2）知识层次

因为观察主体存在着知识层次的差别，所以看到同样的东西，得出的观察结果也可能是不同的。例如，对于同样一块沉积岩，采石工人认为它只是一块较好的石头，对他来说，他在石头上的最大创意莫过于能将其加工成某种形状，以符合使用者的需求标准。而古生物学家则不仅能认识到它可以用来作地基的石料，也可以从岩石的花纹中找出古代水文的状况、三叶虫化石或蕨类植物的化石等，进而推断出这块石头的地质年龄，以及当时的气候条件、生物活动情况等，从而作出一幅细致的图画来对当时的世界做一个描述。这是由知识层次所决定的。

（3）实践经验

实践经验对创意者的观察力有明显的影响。创意者对社会接触面越广，认识就越深刻。一个缺乏经验的创意者之所以容易对社会上某些现象做出一些不切实际的判断，是因为他看到的只是事物的表象。而一个实践经验丰富的创意者则能通过现象看到事物的本质，这对提出切实可行的创意有极大的帮助。

（二）想象力

想象是人对头脑中已有的表象进行加工改造并创造出新形象的过程。想象过程就是对已有的表象进行改组、综合的过程，它有许多方式。首先是黏合，即把两种事物的品质、特性或部分黏合起来，如美人鱼、猪八戒的形象，这也是最简单的方式；其次是夸张和强调，即把事物的某一部分或某一特性加以夸张，使它体积增大、数量加多、色彩加浓等；再次就是典型化，即把某类事物最典型、最有代表性的特性集中于某一事物的形象上。创意思维中的想象更趋向于典型化，因为它必须集中突出主题，才能吸引人们的注意力，最终得到人们的接受和认可。

想象还有一种特殊形式，即幻想，使之像个人所希望的未来事物。想象可以分为积极有益的幻想和消极无益的幻想两类。作为一个创意者，应该利用有益幻想。积极的幻想对于创意是一个极大的推动，积极的、健康的、有社会意义的幻想可能超越社会发展的自然进程，把人们的内心希望揭示出来。正因为创意者能够在他将要开始或刚开始从事某种创意的时候就能在幻想中看到自己成就的图景，所以他才有足够的力量和信心去进行各种艰苦的劳动，并坚持到底。例如一百多年前，法国科学幻想小说家儒勒·凡尔纳（Jules Gabriel Verne）在他书中写过的电视、潜水艇、电机、霓虹灯、导弹、坦克等，后来都一一出现了。正是这种想象力使创意者能够成为科学发明和人类思想的先驱。即使在商业创意过程中，创业者对未来的想象也经常是动员自己和创业合伙人及员工的重要方法，马云就有这样的本领。

（三）分析力

分析力是创意者对不同现象进行分类、对比、解剖，从而得出比较深刻的事物规律性的能力。分析过程是对感性思维进行理性化的过程，尤其是创意的后半段，需要借助分析将创意的想法确认。有时，当问题没有答案时，通过分析也可以形成创意。例如，陈生决定从"天地壹号"等项目转移到猪肉生意上来时凭借的是一股勇气——"谁说北京大学的学生不能卖猪肉？我就要成为这一行的状元"。但要想在同行中胜出需要有足够的创意。他注意到猪肉都是在菜市场销售，菜市场脏、乱、差，若能把自己摊位搞成不脏、不乱、不差的形象，就可以夺人眼球。他购置了灯光，摊位使用了专用的明亮色彩——黄色，员工穿上了工装，戴上了专用的帽子，一个整洁、卫生的猪肉摊出现了，人们都愿意来这里购买。

（四）预测力

预测力是创意者对创意适应市场未来态势作长远预测的能力。它包括对创意买方市场的预测；对创意实施阶段的量化预测；对创意实施结果的质化预测。陈生预测到，中国没有品牌猪，猪肉才不好卖，中国需要品牌猪，早晚会出现猪肉品牌。通过他的努力这一预测很快就实现了，"壹号土猪"成为中国好吃猪肉的代名词。没有预测力，就不太容易评价创意的有效性。

创意者首先要考虑的是他的创意是否能被市场所接受。如果他的创意被买方市场否决，那么这一创意也就无任何存在的意义，他的劳动也就无任何价值。杞人忧天的例子便是证明。其次，创意者的创意在实施阶段往往带有一定的风险性，这要求创意者对创意实施阶段进行量化预测。最后，对创意结果的质化预测能够明确创意给社会带来的变化。

三、有效创意能力

除了人们凭空想象的创意外，针对问题的创意主要有两种路径，相应地需要两种能力。一种路径是创意所给出的方案针对明确的具体问题。这些问题可能来自生活、生产过程，也可能来自科学研究、各类组织管理活动，因此，可把问题的创意称为问题导向或目标导向型创意。这样的创意容易评估，因为只要能够解决问题，就是好创意，如果还能够有效地解决问题就更是好创意。另一种路径是创意依据现有的资源，包括物质资源、人力资源、科技原理以及组织运作的实践，可以称为资源利用型创意。它是从资源的有效利用出发，特别是利用那些已经发现的科技原理，找到它们的新用途。

（一）目标导向型创意能力

目标导向型创意能力涉及以下5个方面。

（1）明确目标的能力

有数据表明，人群中有目标者只占30%，说明拥有目标的人是稀缺的。明确目标并不断用明确的目标激发创意，可以让创意有效性大幅度增加。

（2）观察对比能力

从要解决的问题出发，深入分析原因，从对对象的观察开始，对比相近对象的表象差异，找到问题的症结和产生的原因，对症下药。这样提出的新方案，表面上是创意，其本质是深入的原因分析，属于创新思维范畴。例如，租车公司有一个重要的障碍就是不同汽车的驾驶方式有差别，人们因为惧怕不熟悉车型给自己带来操作上的失误，进而存在因担心交通事故隐患而不敢租用的问题。锁定问题以后，可以询问对方是否需要一款经常开的车型，这样可以实现双赢；如果自己公司通用车型较少，可以推荐给相邻的公司，或者形成租车平台。

科学研究中也存在着根据目标设定问题的情形，比如，遇到了悖论，解释不通的问题变成了新目标，由此提出需求，重新构建逻辑，建立新的理论。

（3）表达能力

将创意有效地表达出来也是有效创意的重要一环，其关键是准确有效地表达，可以让周围的人参与创意活动，理解和丰富创意，推进创意方案化。

（4）阐述意义的能力

我们可以把阐述意义的能力作为独立的能力来看待，只有明确意义，才会有工作的动力。清晰地阐述意义可以让人们更容易理解创意，增强解决问题的信心，扩大创意实施中的资源支持。

（5）巧妙执行与修正创意的能力

创意实施并产生效果并非一次就能完成，需要反复修正，并且需要借助环境条件推动创意落地。

（二）资源利用型创意能力

资源利用型创意能力涉及以下 4 个方面。

（1）资源发现与定义

资源是人们发现、挖掘和利用的结果。不久前令人头痛的旧轮胎，现在已经成为高速公路建设的最好材料。不仅物质资源，还有许多不同类型的资源，如传统文化、知识与经验、资金、人力等都可以通过认知的提高来创造财富。资源作为知识的函数，随着知识的进展，资源范围也在不断扩展；同时资源也是人们认识世界、主动把握世界的方法和方式，借助知识可以挖掘出许多有意义的资源。有一些资源是个人发现的，却因为缺少社会的共同认识，造成了这些资源只能处于无意识的使用状态。所以即使他们在商业上取得不少成绩，也不清楚自己的创意原理。要敢于和善于定义资源，这是创意能力的重要方面。许多榜样都值得学习，也值得学习本课程的学生去总结。

陶华碧塑造"老干妈"品牌的经历是把开小吃店的本事或技能作为资源，让世界都喜欢自己的辣酱；江南春把电梯内外的墙壁作为资源，是因为人们必须乘坐电梯，使之成为不可替代的资源，签约以后，因为具有专有性所以具有垄断性。难道一位老师不应该把课程和学生作为资源吗？由此可见，定义资源一定要跳出现有框架，走出新路。如果你的资源与别人的相同，在数量上又不占优势，那么哪里来的创业优势呢？

（2）资源用途的再开发

一些资源已经被定义，比如，一面由砖石砌成的墙壁，能遮风避雨，但在画家看来，这是一张可以作画的白纸，所以现在有了墙壁画，也有人把墙壁变成了广告牌。同样，沙子可以作建筑材料，但也可以做成玻璃，还可以提炼单晶硅成为半导体材料。重新认识资源没有止境。进一步认识资源，提高其价值，依靠的是打破常规提出创意的能力。

（3）资源用途开发的意义阐述

明确资源的定义与价值有助于认识和合理利用资源。资源一定要与用途建立联系，否则不能称其为资源。人们的生活在变好，有人产生了养花的需求，但在城市

创意与创新

里找点花土非常困难，有人借此创办了一家专门生产花土的企业。在乡村到处可以看见的土，将其变成价值不菲并解决人们希望养花却找不到花土问题的资源，不是靠创意吗？

（4）分析与建立开发资源所需要的配合条件

开发资源总需要条件的配合，有效创意能力需要具备对资源开发条件的分析能力，有效创意就是要设法降低这些条件，以便让创意能够顺利实现。许多时候，资源并不能单独发挥作用，需要组合，以闲置资源或低价值利用资源为主，配合其他资源，共同放大资源价值。例如，太阳能的利用需要光伏电池材料，注意到光伏技术和光伏电池生产体系已经成熟，各种利用太阳能电器的创意就会涌现出来。如果再加入红外感应元件的普及，那么其应用的场景会更加广泛。这样，创意变成商业的活动经常以知识大赛的形式呈现，谁掌握的知识多，谁的创意更有效，实现的可能性就会更高。

四、创意能力的培养

创意能力的培养应当从创意意识和创意技法两方面入手。当然这两者的培养并非一朝一夕之事，而是需要日常的积累。如果从技法而非从心理上培养创意能力还不足以达到预期目标的话，那么，注重右脑的开发则是一个重要选择。特别是提升主动创意的能力，可以通过重复性行为，即进行强制性的自我训练。

（一）提高创意意识

创意意识是创意者在创意前必备的一种心态，创意者只有具备了一种积极、主动的创意心态，才有可能产生比较前卫的创意。所谓创意意识是创意者受外界事物的激发而产生创意火花前的思维与意志。世界上没有不变的，变是唯一不变的。主动用创意去改变世界，让世界为我所用，创造更有利于人类发展的环境与条件；只有创意才是新世界的源头，才会将人类的智慧运用于改造世界；创意是人类的基本能力，创意也是人的基本责任，人类如果不发挥这一能力，就不可能成为人类，它是我们作为人类一员的重要标志；人人都可以有创意，创意不是精英们的专利，创意是所有人都可以做到的事情，只要有充分自信，有足够责任感，掌握一定的技巧技能就可以有创意。

（二）掌握创意技法

有创意意识，还需要有创意技法，即要建立以创意技法为核心的专门能力。这些技法是人们在创意过程中积累经验的模式化，也是创意活动的规律化表达。掌握这些技法使创意变得更加容易，有章可循，人们可以按图索骥，用近乎公式的方式获得创意。本书提供了不少这方面独创的"公式"或方法，也介绍了前人研究出来的"公式"和方法。虽然存在着创意技法，但是任何创意技法都在于运用，只有运用，技法才能变成自己的，且熟能生巧。有时也会提升为自己特有的技法，或者把别人的技法整合，在实践中加以灵活运用，形成自己的技法。一旦变成自己的技法，最好使用冠名加以明确，以便于人们之间的经验共享和交流。

（三）重视创意的表达

按"人人都有创意，只是不会表达"的原理，有人具有创意能力是因为他们具有准确表达创意的能力，而不是他们有特别的想法构建能力。不管这个说法是否正确，至少说明表达非常重要。创意经常具有"只可意会，不可言传"的特征，人们经常不太容易把一个从来没有的、只处于想象之中的事物清晰地表达出来，很多时候并不是只用语言就可以讲明白的，需要借助符号，以图形、图纸、字符等示意。综合使用这些表达工具，对创意者而言是非常重要的。

要培养清晰地讲出来的习惯，如果能够让听者明白，甚至是理解、赞同和支持，无疑对创意者的能力是一个重要的肯定。但即使对方听懂，却不同意，也可以发现创意存在的问题与漏洞，使之成为完善创意的起点。

如果缺少讲出来的环境，就要培养三勤，即脑勤（勤思）、手勤（勤记）、脚勤（勤于行动）。特别是勤记，因为创意往往是想法的灵光一闪，如果不用笔记下，很快就会忘记。因此，简单地记录，用文字表达，可以提升创意能力。

（四）有效创意能力的培养

高创意能力的人不仅能够提出创意，而且能够有效表达创意，更为重要的是所提出的创意能够实施并可以取得比较显著的效果。创意是新想法，它是思想的跨越，但创意的内容经常要有理论依据，要以知识为基础，不能存在明显的原理上的矛盾与漏洞。华帝燃具公司把灯箱放在路旁，上面写上广告，既起到了强化道路照明的作用，也顺便推出了自己的广告。这个做法让自己的方案变成了市场真实接受的结果，使创意变成了现实。相反，用风能全面代替化石能源，则面临着无风也无电的风险。为获取可以实施的方案，创意者要不断思考并细化创意，以可执行的技术方案为目标，反复修改创意，这样的能力有助于创意有效。

（五）有创意的执行能力

具有创意能力的人应是那些目标明确，但解决问题的方法却与众不同的人。人们经常以为这样的人就具有创意能力，其实不尽然，在方案执行过程中，有创意能力的人往往能够灵活机动、因势利导，这样的表现更是创意能力的重要内容。因此，创意能力在社会发展进程中需要更多人掌握。

具有创意能力的人，他们多能随机应变，就地取材。新冠感染疫情的到来急需大量口罩，但一时难以满足供应，有些头脑灵活的人会使用旧衣物作为口罩。人们总以为创意是以提出完整的方案为目标，新想法最后都要变成产品或服务的项目，但在实际生活和工作实施中，也经常是通过拼凑、变通、多视角看待事物和环境，借助条件巧妙地解决问题。爬山时，用手绢擦汗，把湿的手绢放在兜里会弄湿衣服，也让手绢出现异味，手绢也不易干，不好再用，需要晾晒。拎着手绢，遇到危险会腾不出手应急。有创意能力的人，可能会把已经喝了几口的矿泉水瓶的盖子拧开，把手绢的一小部分放在瓶口，拧在盖子里，手绢剩余部分用手拎着，等于一只手拎着手绢和瓶子，一只手做机动，保护自己的安全。

如果有一个好的商业方案，却没有一个有创意的执行方案，只会用砸钱去推动项目，经常会因为没钱了而创业失败。如果创业者有一个比较容易想到的项目，却使用了多数人想不到的创意推进了项目，那项目成功率会大幅提升，也会得到投资人的信任。有位学生想到了创建大学生兼职平台的想法，这个想法在市场上已经出现了，但他认为，这样的项目具有很强的区域性，本地经济发达，急需大学生兼职平台。之所以本地没有这类项目，是因为大家没有看到此类项目的区域性，也没有看到这种平台存在着供求等待兼职岗位的困难。因为对方供应量不够，登录平台无法满足学生的需求，这是平台企业普遍的问题。也就是说，只要把其中的一方做大，就可以将项目推动起来。这类项目需要的是执行的创意。他们利用学校社团组织没钱、不容易找到赞助的情况，借助这些社团贴近学生，在十所高校每所选出一个社团做少量捐赠，用他们的平台发动社团组织学生广泛参与活动，把平台推广了出去。

从某种意义上说，重视活动的创意比产品或项目设计更重要，需要大学生主动加强随机应变的训练，以强化创意能力。

五、效果导向的创意行为

具有创意能力的人能够在较短时间内把一些看起来不相关的东西联系起来，更为重要的是将创意变成行动，并通过行动改变世界。

（一）从原理出发的创意

从原理出发的创意活动的主要思维模式是：它还能够用在哪里？

生活中大量工具、电器等都是最基本的科学原理在应用过程中的组合，它们以物理原理为主，结合了生物和化学等科学原理。也经常会出现一些简单的原理反复被利用，特别是物理原理，形成功能完全不同的科技产品，甚至是最先进的科技产品也经常会出现一些简单的原理反复被利用的现象。

例如，斜坡原理是人们最早利用的物理原理，工程师把它用在修建铁路和公路上。但实际上，人们发明了铁钉以后，发现铁钉并不结实，而且钉入铁钉要费力，于是人们发明了螺丝钉。与铁钉不同，它只需要开始用力旋入，后面不需要太费力，使用旋转力就可以在后推的作用下将其推进，而钉子则是要钉入，不仅钉入时费力，也不能像螺丝钉一样与物体紧密结合。这时，斜坡原理已经变成了螺旋原理，有很多方面的运用。最近有两项运用，一项是无链条的自行车，把用链条传送力的方式变成了螺杆传送力的方式，可以省力30%。欧洲有人用这个原理改造了电梯，即螺杆式电梯。这款电梯使用螺杆旋转，将圆周运动变成直线运动，带动电梯箱体上下，力量大且不需要钢缆起吊，电梯变得更加安全。

从原理出发的创意就是不把已经有的原理使用作为运用的极限，建立可以把原理无限运用的观念，尝试着各种可能。一个喜欢发明的人，往往也是具有创意的人，他们多是掌握并透彻理解这些原理的人。他们所掌握的多是最基本的原理，却以敢于尝试的勇气、对原理本质性的把握和立志改变现实的愿望获得创造性成果，有时成果可能具有颠覆性。

（二）以目标为导向的创意

先设定目标，再去寻找方法。通常这些目标都是与经济利益有关的目标，而非技术目标。

产品创意：用什么方法可以让某农产品升值600%？

策划创意：用什么方法可以让网络客户数量达到10万人？

广告创意：用什么渠道或方法可以免费或投入最多不超过1万元达到1 000万元广告的效果？

教育创意：用什么方法可以使每个同学以最快的速度进入学习状态？

（三）以类似技术进行类比的创意

许多技术都带有通用性，在取得成功以后，多会马上形成模仿的创意活动。也有经过分析以后，一些已经在市场上存在多年的产品创意，被人们重新认识其原理以后，再度被模仿。例如，在亚马逊网上书店成功以后，立即引起了各种信息类网上商店的模仿；又如，薯片用纸筒包装已经多年，当人们意识到它是用筒式包装才

创意与创新

成功的，终于认识到筒装的意义，各种筒装产品涌现出来，小食品、水、氧气等。如果想试一下，可以把任何东西都筒装化，也许会有新的结果。

可见，从已有的成功产品出发，把它们作为分析对象，用创意原理认识它们的成功，去粗取精，抽象其原理，把已经有的创意概括成基本规律，是让创意有效的重要方法。

（四）为什么人们提出的创意经常没有实施

（1）创意过粗，不够精确

例如，面对着企业销售困境，提出了"服务创意"的理念，却没有更细致的创意内容。虽然思路上有一点儿突破，但这是一个既没有描述意义，更没有具体内容的创意，最多只提出了一个领域和努力的方向。

（2）轻易中止了创意的深化

任何创意都不是一次性完成的，需要反复修正、完善。一些思路新颖却没有达到效果的创意，经常是因为对创意的开发不彻底，轻易就中止了创意的深化。一个人的思考经常会受到局限，所以，当一个创意提出以后，需要在已经提出创意的基础上进一步深化创意，反复多次后，才会出现原理清晰、组织容易、效果明显的创意。不能轻易中止深化创意的活动，解决问题的办法是，隔一段时间再拿出来分享，至少可以活跃交流的气氛，哪怕作为吹牛、调侃的话题也可以。

（3）没有掌握创意技巧

手机之所以称为"手机"，是因为它用于手上，因此，能够随身携带的小型仪器、工具，都可以用软件的方式植入手机，这是强化手机概念以后形成的新产品。以前的手机只能称为随手的电话机，现在的手机则是随手的多用机器，如录音机、照相机、摄像机、计算器、收音机、游戏机、手电筒、信号转载器等，还有以前没有机器化的钱包、社交空间、百科全书、字典等。

随身听是把录音机中最重的扬声器去掉后的产品，顺便也去掉了录音的功能，结果因为它方便携带，价格从录音机的200元变成了随身听的2 000元，从普通的家用电器变成了一款精致的个人用品。

把不同产品组合成一个产品，可以简化部件，节约材料和能源，方便放置，便于携带，例如，家庭用的吊扇灯就是这样设计出来的。其可以概括成下列情形。

第一，把A与B结合起来，如把教育与演唱会结合起来，这是组合功能，可提高整体性。

第二，把A和B的一部分组合起来，如把光驱与随身听结合起来。

第三，把 A 移动起来，如把有线电话移动起来，就是手机。

第四，把 A 的功能去掉一些，简化功能，减少实现功能的成本，例如前面讲的随身听。

第五，把 A 的某功能专门化，提高专业性，针对发烧友或特殊人群，例如，针对某类病人所需要的专门功能。

也可以从资源角度形成创意。在生活中存在着大量闲置资源，有创意能力的人就可以发现这些闲置不用的资源，例如，过期专利、大学假期的校园及教室、垃圾等。闲置资源是低成本资源，一旦找到用处就可以放大其资源价值。

第三节　概念方法

如果不是借用市场上的说法——"二哥大"来把他们开发的无绳电话加以推广，段永平也许不能华丽转身，从小霸王抽身创业创建步步高并取得巨大成功。步步高成立以后开发的第一款产品——无绳电话，外形类似大哥大，实际上是座机连接上一个无线发射器，可以实现几百米至一千米内的信号传输。这款产品让那些买不起上万元价格手机的人，能在家庭内随意使用，有时还可以拿到户外通话。

思考题

为什么段永平要借用"二哥大"来定义他们的无绳电话？

一、洞察方法与概念精化

（一）洞察方法

锁定一个明确的问题比什么都重要。比如，厨房热，做饭那么辛苦，还要面对高温，是普遍存在的生活难题。有了这样的动力再进入创造的流程，创意更容易出现。

第一步，将一些经过特别筛选和培训的有创意能力的消费者、非行业内专家、客户及创意专家集合在一起，以产生最新、最激动人心的创意。

第二步，将这些有潜力的创意表达成书面的产品概念。一个概念包含名字、消费洞察、创意的益处、创意好的原因。绘图人员根据概念将其画下来，让它变得更生动可视。

第三步，精化和优化概念。在定性和定量的概念测试之前，将概念介绍给有创意的消费者和前卫消费者，借鉴他们的建议使概念进一步细化和精化。

（二）概念的精化

概念是一个名词吗？如快递，它是由"快"（形容词）+"递"（动词）构成，是一个名词。但是随意起个名字作为产品概念往往是商业失败的起点，名词并不一定是产品概念。概念需要不断精化、改进，再推向市场。在精化和优化概念时需要考虑以下因素。

（1）概念的影响力。概念的重要作用是它能产生影响，它能唤起消费者的想象力。消费者能够受到它的鼓动，惊讶于它，并且为之欢欣。消费者拥护富有想象、包含睿智、融合直觉的产品，概念起中介作用。

（2）概念的理解力。概念应该能够被消费者理解。一个与众不同的创意会产生影响，但是如果由创意生成的概念不能被理解，服务与满足消费者的意愿也就无从谈起。

（3）感知概念后的冲动。概念应该具备足够激发消费者尝试的动力。这些动力会是接受概念以后感官的享受、体验，被取悦，甚至产生冲动。例如，面包店向大街散发香气的举措不是无意的，而是利用人们的嗅觉器官，吸引人们前来品尝和购买。

（4）概念的归属感。概念不是孤立的，它要有归属感，达到"它是我的"的效果。一般来说，让消费者完全改变他们的行为去接受一个全新的概念是非常困难的，需要使用那些让消费者有宾至如归的感觉的表达，而不是陌生或排斥的表达。

（5）概念要适用于特定的场合，要有应用场景。让概念发生影响需要场景的配合。（"二哥大"推出时，请来一个丑星做广告，画面上他在家如厕时听到电话声音，狼狈不堪，这告知人们，移动电话的作用就是让你能够从容地到家里的任何地方去接听电话。）

（6）概念的增值性。概念要表达出为生活增值。很多创意的产生源于对方便的需求、对减小压力和追求更好生活的渴望。就我们的观察而言，广告不只是带来热销，还会体现价值重塑，会把一些感情、亲情等因素加入其中，使该款产品附加上更多的价值。

（7）概念的特殊性。概念的树立需要在同一领域中与众不同，给人们留下深刻印象，容易记忆。

（8）概念要让人们信任。消费者对建立在传统价值、因素和习惯上的概念容易接受，产生兴趣，如果消费后的感受验证了他们的判断，那么他们的信任还会进一步得到强化。

（9）概念的个性化。概念要有风格，"饿了么？"是一个疑问句，也是在追求通俗的个性化风格。风格是概念的一个维度，它不是由内容决定的，只是表现内容的形式，然而形式也经常会吸引人们的关注。

（10）概念的外部动力。能够让消费者周围的人对产品有好感，至少不能有厌恶，企业要设法让概念成为动员消费的力量。围绕概念的营销活动也要让消费者积极参与进来，给他们一个社区环境，树立消费者对企业的归属感。

（11）概念的价值期待。让消费者对品牌感觉物（载体）有所值，满足他们对品牌所寄予的期望。

（三）概念创造——以牙刷为例

问题：刷牙太枯燥。

第一步，形成初步创意，有下列创意。

（1）一种当你刷牙时用力得当就震动的牙刷。

（2）一种可以灭菌并附着在牙垢上的漱口水，它可以将牙垢溶化，这样就不必刷牙了。

（3）一种三面有刷子的牙刷，当你把它放在牙上，它会三面同时刷，以保证牙的每一面都能刷干净。

（4）一种会在牙上形成一个红色附着物的牙膏，只有用正确方法刷掉，它才会消失。

（5）一种会在你刷牙满两分钟后响起音乐的牙刷，以提示你刷牙的时间。

（6）一种带指示灯的牙刷，如果牙上还有残留物或细菌，指示灯就会呈现灰色。

第二步，概念精化。

第一方案，即经典方案——私人牙医。

产品概念："私人牙医"牌牙刷。

洞察：我有时担心我的牙没有清洁好。如果有一个简单的方法来鉴别我做得是否正确的话，那就太好了。

益处："私人牙医"保证你能用正确的方法最有效地刷牙。

进一步创意设想要求有以下4个方面。

（1）牙刷具有压力感应器以确保刷牙时用力得当。

（2）牙刷柄里存有牙膏，这样牙膏牙刷合二为一，更方便使用。

（3）"私人牙医"确保每次刷牙后您口腔的全面清洁。

（4）只要挤一点牙膏进入口腔，轻轻刷一刷，牙膏就会杀死细菌，去除牙垢。

创意与创新

然后，用水漱口，将口腔内的残留物冲走，你会觉得干净清爽。

评价：使用"私人牙医"牌牙刷，感觉和去牙医那里洗牙一样。

第二方案，儿童专用牙刷。

产品概念："我爱刷"牌儿童牙刷。

洞察：让孩子刷牙并让他们快乐！

益处：父母想让孩子保持刷牙的好习惯以确保健康，但是小孩子却认为刷牙是一件枯燥的事。要让孩子主动想刷牙，具体创意，可以选择如下几个方面。

（1）一种含多种口味的牙膏，你要用的时候才知道这一次挤出来的是什么口味。

（2）一种接触不同水温就变颜色的牙膏。

（3）一种像糖的小碎屑的牙膏，当你把这种牙膏放到嘴里时，它们会主动帮你清洗牙齿。

（4）一种当你刷牙时味道逐渐变浓的牙膏。

（5）一种让你感觉冬暖夏凉的牙膏。

（6）一种带音乐播放器（MP3 或 MP4）的牙刷。

（7）一种包装上带不同卡通画片的牙膏，一些是给男孩儿玩的，一些是给女孩儿玩的，但是都具有保存价值。

把这些创意交给孩子们检验，观察他们的反应，再进行产品研发设计。

二、概念分解与概念创造

概念分解与概念创造的共同之处是基于传统业务，通过分析和重构，形成新的理解或创立新的概念。

（一）概念分解

把现有的产品，如"空调"进行分解，提出一个问题："什么是空调？"这是把已经存在的概念进行最简单的质问，这里使用的是质问法。

答案是"空"和"调"。进一步分析，什么是"空"？什么是"调"？将两个内容指标化或情景化。关于"空"的答案包括以下几种。

（1）空气温度

（2）空气湿度

（3）空气洁净度

（4）空气风速

（5）空间噪声

（6）空气方向

（7）空气气压

（8）空气气味

……

进一步的问题是，这些指标都需要调吗？结果发现，的确有许多指标应该调却没有调，并因此发现了许多可以形成创意的空间。

关于"调"的答案包括以下方面。

（1）在哪调？客厅、卧室、书房、厨房、厕所？会发现现在客厅、卧室、书房都已经安装了，但温度最高的厨房还没有安装，可以研发和设计厨房专用空调。

（2）用什么原理调？自然调，还是电器调？对调温度而言，是利用氟利昂制冷技术，还是水冷技术？

……

概念分解旨在通过对现有产品概念的指标化，找到新的指标，发现可能的产品升级方向，即用细化的产品或服务为顾客服务。这意味着，所有研发活动都要针对指标，只有确定了指标，产品设计才有基础。

（二）概念创造

人们可以凭空提出概念，也可以借助现有概念进行概念创造，这对创新十分重要。其有以下两种情形。

（1）在现有业务名称上加上一个限定词，使业务有了新的价值。

"递送"业务作为固定词，加入一个限定词"快"，就形成了一个新词，即"快递"，从而产生了一个全新的行业，并更新了以前的行业概念，形成了新的产品概念。

其原理可以用 X+Y 表示，其中，X 代表限定词，Y 代表传统或现有业务，其作用是将现有业务提升。

第一步，找到现有业务，这个业务已经多年没有改变了，将其设定为 Y，它是将被拆分的市场。

第二步，使用一个限定词 X，对 Y 进行限定。如果 Y 是行业或市场，它就是名词，这时，X 的词性是形容词。如果 Y 表达的是市场的行动，则 Y 是动词，此时 X 是副词。形容词限定名词，将名词所涉及的市场变小，它只是为其中的一部分人服务。但如果 X 代表了未来的趋势，那么这部分人就会带动全体需求向此转移，形成需求升级。

创意与创新

第三步，对 X 进行定义。以"快递"为例，什么叫"快"？需要给出明确的定义，以此定义才能进行业务设计和投资估算。在 20 世纪 60 年代，一位美国人突发奇想，给出了这个概念，他的定义是 24 小时能够全球送达。根据这个定义，他设计了全球快速服务网络，与航空公司签订合作协议，投入估算是 2 000 万美元，他攒了 10 年钱，也等待了 10 年，等到了喷气式飞机大规模地使用，他的公司才得以创建。同样，快餐概念的创立者也把上菜的时间作为"快"的定义内容。这一定义是根据需求趋势提出的，因为人们的时间成本越来越高，越来越需要减少时间的耗用。

第四步，对实现 X 进行业务重组。在快递、快餐产业形成过程中，率先探索者都要对其业务进行重组。如快餐，把工业化引入厨房，去掉厨师，减少顾客选择的机会，使用规模化和专业化进行餐食生产，让成本大幅度下降。

这种概念创造的实质是将基础业务价值提升，并附加新的价值。

（2）用一款产品满足不同人的需求，以消除需求障碍。

这是一款把不同属性的功能集成在一起的产品，以不同的功能来满足不同人的需求。以学习机为例。

在电脑时代到来时，人们以学会打字作为未来生存的能力，王码五笔输入法出现以后，学习打字的风潮让人们渴望有一台能够学习打字的电脑。然而，电脑价格很高，多数家庭买不起。段永平注意到许多家庭都有游戏机，家长对孩子因玩游戏机而耽误学习十分反感，但孩子要玩，家长没有办法，只能买一台，但又要限制孩子玩。当时，游戏机的显示器是已经普及的电视机，如果将其改造，加一个汉卡，借助游戏机就可以做成一台简单的能打字的"电脑"。它是一台简化后的电脑，被称为"学习机"，它的打字功能能满足家长需求，让孩子学习打字，以便成为将来的"小霸王"，它的游戏功能也能满足孩子需求，满足全家需求。

我们把这个创意原理写成 A+B，A 满足家长，B 满足孩子，这款产品的名字叫"学习机"，本身就结合了两种人的需求。

三、概念的利用

借助现有概念可形成概念营销。在现有概念基础上进行限定是为了创造产品，但本来已经改变了产品功能，却仍然保持市场上已经有的产品概念，是为了让顾客更容易理解和接受。

（一）继承

例如，3G 时代的手机主要功能已经不再是通话，而是上网，它明显的作用是代替电脑，成为新的终端，但它仍然以"手机"为名称，叫"智能手机"。其原因是，厂商为了避免有通话需求的用户不能理解，而不愿意升级。于是使用以前大家熟悉的名称，确保维持顾客已经熟悉的功能需求，再逐步体验到新的功能，会自然地实现需求升级。

（二）借势

以人们的一些特殊心理为例，例如，以前在产品前加上"洋"，如洋火、洋蜡、洋钉等。改革开放以后，许多商品或企业名称加上英语，都是因为企业认为顾客中相当大比例的人有迷信洋货、相信外国制造水平的心理。

（三）强化别人没有注意到的产品品质

例如，格力最初生产的空调外壳比其他企业生产的漂亮，他们就努力提升这个特征，把空调当作是对房间有美学装饰作用的家具，而不仅仅是提供制冷功能的家电。

第四节 基于商业的创意方法

在中国，停车难已经成为城市中一个大问题。许多人认为需要通过修建立体停车场才能解决这一问题。但在广州，有一家企业注意到，即使再找不到停车位，也会有空闲的车位，原因是这些车位被私人化了，立着私家车位的标牌，却经常没有车停在此处。再仔细了解，知道了多位车位主人有一台车却有一到两个停车位，一个在写字楼里，一个在家里，多占资源让自己停车方便，当然，他们也多花了一份钱。这家企业觉得可以以共享停车的思路，将车位分时租出来，再通过他们的平台出租给急需车位的人。企业把这样的业务交给物业公司，把租让车位的收入分给三方，即车位主人、平台公司和物业公司，不仅能挣一些钱，更为重要的是还缓解了广州的停车压力。这个模式得到了部分车主的认可和参与。

思考题

谁是顾客？平台能够有效运转的条件是什么？

一、5W2H 法

5W1H 是一个思维流程。在商业创意中，5W1H 能够让人们思考如何做，却没有思考如何更经济地做，因此，需要在 5W1H 中再加入一个 H，形成 5W2H（关于5W1H 将在第五章介绍）。它也是一个流程，将流程中规定的问题全部问一遍，就

创意与创新

能帮助我们找到创意的方向。这 7 个问题如下。

第一，为什么需要革新？（Why）

第二，什么是革新的对象？（What）

第三，从什么地方着手？（Where）

第四，什么人来承担革新任务？（Who）

第五，什么时候开始？什么时候完成？（When）

第六，怎样实施？（How）

第七，多少钱？（How much）

这是 5W2H 方法的核心内容。任何创意都需有投入，也都有产出。对投入而言，要有预算，做到心中有数。有些创意失败了，一个重要原因是创意变成了投入的无底洞，拖累了创意者。与之相关的另外一个问题就是，即使一个创意能够给个人和社会带来收益，也要做到心中有数，以便合理评价创意，力争做到经济目标清晰、明确。

在多数情况下，5W2H 的次序最好不要改变，把意义放在第一位，把利益放在最末位。这样做的原因是用这样的逻辑进行校核。

暨南大学创业学院成立于 2011 年 12 月初，并确定"12·18"作为创业学院的成立日，又把这一天称为暨南大学创业文化节，是"要爱，要发"的谐音。它是为了实现利益最大化，让创意更容易实现。一是可以安排好资源，包括人力、物力的投入；二是可以形成不同任务间的衔接，让组织更加紧密。

二、3W 思维

所谓的 3W 思维包含以下 3 点。

（1）谁是我的服务对象？（Whom）

（2）他们需要什么或我们应该主张什么？（What）

（3）谁能做到，如果我不能，谁能？（Who）

以海洋馆的故事为例，对这一思维加以说明。

有一个海洋馆建成以后，一直亏损，转手了 3 次之后一位老板以低价接手了海洋馆。老板请朋友吃饭，大家以为是为了庆贺，但开席前老板对大家讲了一番话："各位都是我的好朋友，今天请大家不是来庆贺的，而是帮助我出主意的。海洋馆天天亏损，可能我收购的决策错了，大家给我想个办法，不然我可能得成为第四位出让人了。"大家面面相觑，好久才有一位年轻的来宾说："大哥，大家都不说话，我只能出一个不是主意的主意。你再花 2 万元，1 万元做广告，1 万元做奖金，谁给你出个好主意，就把奖金给谁。"这么做给了老板一个台阶，大家就这样决定了，把众筹的范围从一桌饭的朋友扩大到社会，看社会上是否有人能给他出个好主意。第二天在当地报纸的报缝中出现了这条广告。第四天的时候，一位小学老师出了个主意——"14岁以下的小学生全部免费"，老板听了眼睛一亮，立即实施。果然此后海洋馆就盈利了，不仅盈利了，包括当地政府在内，几乎所有人都给老板点赞，说他办了一件好事。

表面上，这个故事与3W思维没有关系。但是，当老板接受了这个创意以后，他需要做的第一件事就是要定义自己的顾客（Whom），到底是14岁以下的孩子是顾客，还是14岁以上的孩子家长是自己的顾客？许多人都认为，谁交钱谁就是顾客。其实，商业的逻辑并不是这样，而是企业要为谁服务，谁就是顾客。试想，海洋馆之所以能够挣钱，是因为孩子来了，因为企业对孩子们采取了免费策略，所以孩子们蜂拥而至。许多产品或服务都是这样，一旦免费马上就有了巨大的需求。现在，孩子们来了，家长必须得来，因为他们有一个重要责任，就是对14岁以下的孩子履行监护责任。这个责任他们无法回避，是刚性需求，而为了满足这个需求，他们必须交钱购买门票。这样海洋馆有了顾客，也带来了收入。海洋馆的顾客一定是孩子，而不是大人。我们也可以这样分析，14岁以下的孩子来了，大人不得不来，但如果把企业关注的重点放在大人身上，把14岁以上的人作为顾客，等于企业的商业模型没有改变，企业就不会有顾客消费的热情和盈利的改变。只有把14岁以下的孩子作为顾客，企业才算是跳出了原来的商业思维框架，形成了新的商业思维。

既然14岁以下的孩子是顾客，那么他们的需求特征是什么（What）？有人说是热爱知识。这几乎是不可能的，或者是不符合多数孩子天性的。孩子们的需求特征是低知识基础、好奇、好动、贪玩，这些需求特征可以具体到海洋馆需求上，将服务顾客的要素梳理一遍，针对14岁以下的孩子，重新整理，形成一张需求表。它可以成为企业的价值主张，让孩子们更有热情参观海洋馆。

海洋馆针对这样的需求能做什么呢？或者说，海洋馆（Who）针对这样的需求可以形成新的服务流程吗？经过分析，可以。他们重新确定了讲解词，不能使用学术语言，而是适应低龄化，讲述内容要拟人化和故事化；展出的内容不能太多，要适当地重复；减少一次性展出内容，可以将主题集中，增加展出热点，还可以让孩子们多次参观，提高教育效果，增大盈利机会；展品摆放要让孩子们看得到，要有让孩子能够与海洋动物一起玩耍的机会；等等。

这里，确定顾客是关键。为什么不交钱的人却成了顾客？这个定义打破了常规

创意与创新

思维。原来的商业模型是把家庭看成顾客，家庭为了让孩子的好奇心得到满足，不得不花钱，家庭一起去参观海洋馆。也就是说，原来的海洋馆商业模型可以达到这样的目的，但商业上没有取得成功。现在以3W思维建立了新的商业模型，把孩子当成顾客，孩子变成了商业导流的主体，孩子带动了相关更具有刚性需求的家长进入企业，为满足刚性需求而不得不交钱。这是免费经济的思维模式，可以用于解释这个故事，但这样的解释有点商业技巧化。

还可以从商业项目的本质角度进行分析。海洋馆在本质上到底是什么？或者说海洋馆的性质是什么？应该是科普馆。作为科普机构是不应该收费的，而谁是最应该从科普知识中获利的人呢？孩子。从这个意义来说，给14岁以下的孩子全部免费等于是抓住了事物的本质，因此可以让自己的商业具有正面意义，符合创意的正义性。但它是一家私人展览馆，不收费自己活不下去，因此，它可以针对最需要科普的群体不收费，而面向那些可来可不来的群体收费。这样，这家海洋馆还可以获得社会公众的认可，家庭因为共同接受了海洋知识教育，有了共同语言而产生亲子效应，家庭会变得和睦；也可以得到政府的支持，毕竟他们替政府做了一件实事，大量普及海洋知识，可以让这个地方更加崇尚科学，有助于城市升级与转型。这样企业的顾客并不仅仅是孩子，还有家庭、社会、政府等，这些都需要企业宣传，特别是需要企业把以孩子为顾客的商业流程做好，这个做不好，其他一切都是废话。

前面关于顾客需求的分析告诉我们，企业对顾客的定义是通过产品或服务实现的，现在企业把顾客定义为14岁以下的孩子，但服务内容或流程没有改变，仍然把他们当成14岁以上的人一样对待，就无法解释，所以企业有了新的顾客定义。一些人从功利角度认识顾客，对不交钱的顾客做深入细致的服务心有不甘，顾客就不会有顾客的感觉，传播出去，就会形成恶性循环。所以，企业一定要分析顾客并改变服务流程，用自己真实的商业行动说明自己对顾客的定义，免费的价格所起到的只是启动的作用。

如果老板认为自己利润不够，海洋馆还可以增加盈利的其他项目，如海洋动物模型、玩具、食品、动漫、读物等。这些项目可以自己做，也可以委托别人做。是否由别人来做，这是海洋馆的最后一项关于（Who）的决策。

先确定顾客（Whom）。在商业创意过程中，最重要的就是反复问"我的顾客到底是谁？""他们为什么不知道我的企业？""为什么知道却不来我的企业？"用这样的问题引导自己的3W思维。

在此基础上，详细列出顾客需求，与自己的能力一一对应，提出改进方向和方

案。如果自己不能满足这些需求，则需要外援，将业务分包给其他企业。

三、五步改进法

五步改进方法与其他创意方法一样，都是在实践中总结出来的方法。它是以"没有最好，只有更好"作为原则形成的创意流程。

一个重要问题是，你为什么不能有创意？或者你为什么不能提出改进的创意？一个重要原因是你在没有确定改进方案之前，就改变了目标。因此，我们应该紧紧盯住一个目标，直到提出一个比较完善的改进方案，即改进创新，一共有五步，又被称为"五步改进法"，是由暨南大学创业实验室提出的。

第一步，确定一个要研究的对象，将其锁定。

第二步，找到这个对象的毛病。

第三步，将毛病排序，找到最重要的毛病。

第四步，提出改进创意。

第五步，修改、评价创意，形成知识产权。

第一步，锁定研究对象。以图 4-3 所示的超市购货车为例。这是一张在教室里看到的购货车，比较奇怪，为什么购货车会出现在教室里，是因为这是一节讨论如何改进购货车的课堂。既然已经锁定购货车，那么其他就不是讨论的对象了。这一步很简单，但是却很重要，因为人们经常会受到周围各种信息的引导，忘记最初的任务是改进购货车。

图 4-3 一个可能改进的对象

第二步，让学生讨论这款购货车有什么毛病。所谓毛病，就是指小病，如果是大病，则要完全否定。也就是说，购货车概念不能改变，只能在局部上进行改进。找毛病的原则是尽可能发现毛病，并把这些毛病用文字表达出来，最好不要遗漏。

创意与创新

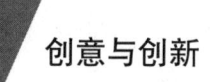

在找毛病的过程中，需要考虑清楚，你在替谁找毛病，不存在没有主体就判断毛病的情况。如果觉得有必要，可以把这些毛病列表，加上一栏"主体视角"。

第三步，将毛病分类、排序。按主观评估的毛病重要性对毛病进行排队，将你认为最重要的毛病挑出来。如果有可能，也可以请朋友一起参加这项活动，毕竟大家的评估会更加接近真实的情况。把最重要的毛病作为具体改进对象。比如，这款购货车一个明显的问题是钢铁用量太多，在钢铁价格持续走高的背景下，它导致了车的材料成本过高。问题被锁定，即如何减少钢铁材料的用量。

第四步，将现有的改进对象符号化，再试图通过改变符号，提出改进创意，如图4-4所示。购货车可以用"U"形来符号化，改变符号，可以用倒（四声）"U"，即"∩"，或倒（三声）"U"，即"⊂"来表达。表现以前的正"U"符号是造成钢铁用量大的根本原因，而使用"∩"形设计无法实现车的功能，使用"⊂"形设计，将托载与悬挂结合起来，有可能减少钢铁材料用量。

第五步，"⊂"形设计的问题是物品装载要求过严，重物容易掉到车下，需要进行补充设计。如图4-5所示，用塑料盒分别盛放，分两层架子，上面和下面可分别摆放，周边布置成挂钩，用于悬挂装物的袋子。为了进一步节约成本，把排序中的第二个重要问题——找不到导购员作为问题。改进的方案是在购货车一侧加一个呼叫器，用以呼叫导购员，这样可以节约导购的时间成本。

图4-4 符号化的产品　　　　图4-5 完整的产品设计

最好考虑申请知识产权，申请实用新型专利。可以出售这个专利，也可以自己生产产品，以此产品进行创业。

第五节　创意的思维工具

LED光源用电少，因此，很快催生出小型蓄电池技术，再加上多年来积累的红外感应开关技术,一款无线"小夜灯"被设计出来。一位从事家庭光源控制的企业老总与笔者聊天讨论他们的技术时说他是从小夜灯的用途和毛病开始创意的,他发现现有的小夜灯充电也有问题,老人看不清插孔,如果改用有线又失去意义。我们马上想到,可以将灯不做成圆形,而做成方形,再把充电器也放置在一个盒子里,只要把灯放到盒子里,就可以充电了。

思考题

给这个充电器起个名字。

一、六项思考帽法

(一)基本原理

英国剑桥大学的医学博士爱德华·德·波诺(Edward de Bono)在1980年发明了"平行思维法",它是针对一件具体事情,思维的一个小环节,在同一个时刻思考的方法。人们在思考时,情感、信息、逻辑、希望、创造力等都要参与到思考之中,人们要有选择地使用它们。

该方法主张:要把情感和逻辑分开,将创造力与信息分开,以此类推。波诺先生形象地把各个概念比作不同颜色的思考帽,戴上一顶帽子代表使用一种思维方式。

白帽:纯白,纯粹的事实、数字和信息,完成"是什么,还是什么?"的思考。

红帽:刺眼的红,代表情绪和感觉,包括预感和直觉,是直觉式思考。

黑帽:漆黑,做错误倡导者,进行否定判断,代表负面因素,是否定性思维,间接地将无效创意排除。

黄帽:阳光色,明亮和乐观主义,是肯定的、建设性的思考,也是从发现意义角度来寻找机会的思维。

绿帽:草绿色象征丰收,创造性的,就像植物种子茁壮成长,代表意动和激发,形成扩展的思维。

蓝帽:冷蓝色,代表基本规律,冷静和控制,类似管弦乐队的指挥,对事物进行思辨,同时也是从可行性和执行性上进行思考。

戴上上述不同颜色的帽子,分别从不同的角度去面对问题,得出的结论也会有所不同,综合这些思维结果所得出的最终结论往往是最好的。

会议中的六项思考帽运用的基本流程有以下几个步骤。

第一,所有人都参与,但阶段不同,思考的角色也不同。

第二,陈述问题(白帽阶段),发现新事实。

第三，提出解决问题的方案（绿帽阶段），找到新想法。

第四，评估该方案的优点（黄帽阶段），发现新意义，确认新机会。

第五，列举该方案的缺点（黑帽阶段），找到新毛病。

第六，对方案进行直觉判断（红帽阶段），发现新感觉。

第七，总结陈述，作出总结论（蓝帽阶段），找到新路径。

（二）实例

这是一个公司准备实施四天工作制的决策问题。由于每个人都有自己的立场，普通员工很希望这项制度得以实施，因此找了很多理由来支持；而管理层存在各种担心，因此也找了很多理由来反对。在讨论过程中，各方都抛出很多证据，但相互都无法说服对方，讨论了很久后依然没有结论。后来，培训师戴上了"蓝帽"（控制会议）。

第一步，让所有人先戴上"黄帽"，讲述四天工作制的收益，这时所有人都必须只讲收益，一下子收集了20条收益意见。

第二步，让所有人戴上"黑帽"，讲述实施四天工作制的风险或坏处，也收集到很多条。

第三步，让所有人戴上"绿帽"，针对如何实施四天工作制提出新的想法。

第四步，让所有人戴上"红帽"，根据刚才的讨论，表决是否赞同此决议（由于大家看到有了解决方案，这次赞成的人数明显增多）。

第五步，根据表决结果，总结会议。

二、思维导图

思维导图是指使用一个中央关键词或想法引起形象化构造和分类的想法。它是用一个中央关键词或想法以辐射线形连接所有的代表字词、想法、任务或其他关联项目的图解方式。（详见本书第五章第四节）

三、属性列举法

属性列举法也称特性列举法，是美国人克劳福德（R. Crawford）提出并倡导的创意思维策略。此法强调使用者在创造的过程中要注意观察和分析事物或问题的特性或属性，然后针对每项特性提出改良或改变的构想。

属性列举法也称为分布改变法，特别适用于老产品的升级换代。其方法是将一种产品的属性列举出来并制成表格，然后再把改善这些属性的事项也制成表格。其优势在于能保证对问题的所有方面作全面的分析研究。

其将决策系统划分为若干个子系统，即把决策问题分解为局部小问题，并把它们的特性一一列举出来。然后将这些特性加以区分，划分为概念性约束、变化规律等，并研究这些特性是否可以改变，以及改变后对决策产生的影响，最后研究决策问题的解决方法。此法的优点是它能保证对问题的所有方面进行全面的研究。

四、形态分析法

形态分析法是瑞士天文学家弗里茨·兹维基（Fritz Zwicky）提出的创意方法。该方法是一种系统化构思和程式化解题的方法，通过将对象各要素所对应的技术形态进行组合，从中寻求创新性设想。兹维基认为，它是一种简单的、规则的考虑问题的方法。其能准确地界定构成系统的要素，并全面地分析各要素的技术形态，这是运用形态分析法的关键。

在第二次世界大战期间，美国情报部门探听到德国正在研制一种新型巡航导弹，但费尽心机也难以获得有关技术情报。然而，兹维基却在自己的研究室里，轻而易举地搜索到德国正在研制并严加保密的带脉冲发动机的巡航导弹的技术秘密。兹维基难道有特异功能？没有。他之所以能够坐在研究室里获得技术间谍都难以弄到的技术情报，是因为运用了他称之为"形态分析"的思考方法。

兹维基运用此法时，先将导弹分解为若干相互独立的基本要素，这些基本要素的共同作用便构成任何一种导弹的效能，然后针对每种基本要素找出实现其功能要求的所有可能的技术形态。在此基础上进行排列组合，结果共得到576种不同的导弹方案。经过一一过筛分析，在排除了不可行的和不可靠的导弹方案后，他认为只有几种新方案值得人们开发研究，在这少数的几种方案中，就包含德国正在研制的方案。

五、逆向思维法

逆向思维法即是从相反方向思考问题的方法，也称为反向思维法。因为客观世界中不少事物之间是存在相互关系的，能相互转化。例如，化学能可产生电能，据此意大利科学家伏特（Alessandro Volta）在1800年发明了伏打电堆。反过来电能也能产生化学能，通过电解，英国化学家汉弗里·戴维（Humphry Davy）在1807年发现了钾、钠、钙、镁、锶、钡、硼等7种元素。例如，说话声音的高低能引起金属片相应的振动，相反金属片的振动也可以引起声音高低的变化。爱迪生在对电话

创意与创新

的改进中，发明了世界上第一台留声机。

逆向思维法有三大类型。

（一）反转型逆向思维法

这种方法是指从已知事物的相反方向进行思考，以产生发明构思的途径。

其常常是从事物的功能、结构、因果关系三个方面做反向思考。比如，市场上出售的无烟煎鱼锅就是把原有煎鱼锅的热源由锅的下面安装到锅的上面。这就是利用逆向思维，对结构进行反转型思考的产物。

（二）转换型逆向思维法

这是指在研究问题时，由于解决这一问题的手段受阻，而转换成另一种手段，或转换思考角度，以使问题得以顺利解决的思维方法。例如，历史上被传为佳话的司马光砸缸救落水儿童的故事，就是一个运用转换型逆向思维法的例子。

因为司马光不能爬进缸中救人，于是他就转而采用另一种手段，破缸救人，从而顺利地解决了问题。

（三）缺点逆用思维法

这是一种利用事物的缺点，将缺点变为可利用的东西，化被动为主动，化不利为有利的思维方法。例如，天冷需要御寒，但天冷也可以保存食物。

这种方法并不以克服事物的缺点为目的，相反，它是将缺点化弊为利，找到新的应用前景。

六、检核表法

检核表法也称"提问清单法"或"提问探讨法"，或奥斯本检核表法。它可以更准确有效地把握创造目标和方向，根据要解决的问题或要创造发明的对象，列出一份系统提问清单，然后一个个来核对、讨论，获得解决问题的思路和创造发明的具体构想。检核表应用范围十分广泛，几乎适用于任何类型与场合的创新，因此有"创造技法之母"之称。早期的检核表法是在考虑某一问题时，为了避免疏漏而制作的一览表，将应该复核的要点列成清单。

奥斯本的检核表法是从以下9个方面进行检核的。

（1）现有的发明有无其他的用途？稍加改进后能有其他用途吗？

（2）能模仿、借鉴别的经验、技术、方法或原理等进行创造性的综合吗？

（3）能对现有产品做些改变吗？改变其形状、颜色、运动形式、音响、气味、制造工艺、外观等会如何？

（4）现有的发明能否扩大使用范围？增加一种额外用途？增加组成部分的数量？使其更坚固？使用寿命更长？

（5）现有的发明能否变小或减少点什么？

（6）现有的发明有无代用品？如使用其他材料、元器件、配方、方法、能源等。

（7）现有的发明能否重新安排？如果变换一下顺序、布置、因果关系、速度等会出现什么情况？

（8）现有的发明或现存的关系能否颠倒？能否将它翻转？能否将它首尾颠倒？作用如何？变换人物观点？改变其过程顺序？提出问题的另一面？这样做了，结果会怎么样？

（9）现有的发明是否可以组合在一起，构成新的构想？

七、信息交合法

信息交合法又称为"要素标的发明法""信息反应场法"。它是一种在信息交合中进行创新的思维技巧，即把物体的总体信息分解成若干个要素，然后把这种物体与人类各种实践活动相关的用途进行要素分解，把两种信息要素用坐标法连成信息标 X 轴与 Y 轴，两轴垂直相交，构成"信息反应场"，每个轴上各点的信息可以依次与另一轴上的信息交合，从而产生新的信息。

信息交合法是一种运用信息概念和灵活手法进行多渠道、多层次的推测、想象和创新的创造性发明技法。应用它进行创造发明，把某些看来似乎是孤立、零散的信息，通过相似、接近、因果、对比等联想手段搭起微妙的桥，使之曲径通幽，将信息交合成一项新的概括。它有着自己独特的特点，不但能使人们的思维更富有发散性，应用范围也十分广泛。而且这种方法能够有助于人们在发明创造活动中，不断地强化对理性的、逻辑的思维能力的培养。同时，在创造思维、创造教育中，作为培养、培训方法，其显得更深刻并具有系统性和实用性。

本章小结

1. 强化创意有效性，使创意具有目标指向。可以以问题为导向，也可以以想象为导向。

2. 用概念表达创意，概念需要精化。分解概念、创造概念和借用概念都是重要的概念方法。

创意与创新

3. 3W思维和五步改进法简单却实用。

4. 掌握创意思维工具，有利于创意生成。

本章自我训练

1. 经常有创意的同学要警惕一下，你的创意是否会被保留，争取让你的创意具有有效性。

2. 训练自己不只看创意的新颖性，还要看它的有效性。

本章思考题

1. 创意方法有何重要性？

2. 六项思考帽为何重要？

3. 可以用创意思维工具，如"大一大""小一小""缩一缩""扩一扩"等小方法做一些物品的小创意，看看能否解决原有的设计困惑或难点。

第五章　个人创意的工具

章首语：个人创意能力提升需要有工具，与其他工具一样，掌握了思维工具就掌握了思维的钥匙。

关键词：创意工具，变，思维导图

创意是一种解决问题的能力，它为技术发明提供了可能，它是对传统的再次演绎，是对旧元素的新组合，是对时间和空间的大挪移。个人的创意是如何产生的？它是与生俱来的，还是后天练就的呢？是无心偶得的，还是勤奋所赐的呢？

创意离不开天分，我们可以从认识创意过程，利用创意的方法论，让有天分的人更会创意，让没有天分的人也能学会创意。

引导案例

一家企业总被投诉，原因是他们的包装袋里经常漏装产品，产品经理为此很伤脑筋。公司研发人员中不乏博士，他们提出用透视的方法来进行检测，但是工序繁琐复杂，效果也不好。最后，一位工人找来了一个大电风扇，按重量把风速和距离设置好，满载的包装袋吹不动，空载的包装袋被风吹下去，立即解决了问题。

思考题

这位工人是凭什么提出的创意？

第一节　个人创意的方法论

一、个人创意的基本理论

关于创意的产生有许多学术理论，其中影响较大的有以下几种。

（一）"魔岛"理论

"魔岛"理论起源于古代水手的传说。茫茫大海，波涛汹涌，海中岛礁神秘不可捉摸。当水手们想躲开它时，它却偏偏出现了；当水手们想寻找它时，它却迟迟不肯露面，消隐得无影无踪。因此，水手们称这些岛为"魔岛"。实际上，"魔岛"

创意与创新

就是珊瑚岛,没有珊瑚年复一年地积累是生长不出来的。

创意的产生有时也像"魔岛"一样,在商务策划师的脑海中,悄然浮现,神秘不可捉摸。"魔岛"理论认为,策划的创意和"魔岛"(珊瑚岛)一样,在人类的潜意识中,也要经历无数次的孕育、努力和培养,才能最终获得。"众里寻他千百度,蓦然回首,那人却在,灯火阑珊处。"如果你想获得好的创意,就必须像水手那样出海去探索,可能这次你空手而归,但也许下一次你就大有收获。也就是说,创意必须通过努力才能得到。

"魔岛"理论还强调"发明",也就是"现代管理之父"彼得·德鲁克所说的"聪明的创意",即创意是生成的、独创的,而不是模仿出来的。

虽然"魔岛"理论阐明了创意的创造性和发明性,但商务策划中的创意并不仅仅是这样,它常常是"有效的模仿""改良性的主意"或"拼凑式的创造"。因此,"魔岛"理论无法说明所有策划创意产生的原因。"魔岛"理论虽然强调后天的努力和积累,但却否认了天生的灵感,所以无法解释下列现象:学识渊博的学者有时却墨守成规,食古不化,毫无创意可言;而大字不识的文盲有时却机智灵活,创意多多。

(二)天才理论

与"魔岛"理论的立意角度正好相反,天才理论推崇天才,强调创意是靠天才获得的。世界上的确存在着不少天才,如孙武的《孙子兵法》是天才之谋,曹植的《七步诗》是天才之作,达·芬奇的《蒙娜丽莎》是天才之画,约翰·梅纳德·凯恩斯(John Maynard Keynes)的《就业、利息与货币通论》是天才之论,比尔·盖茨的微软视窗 Windows 是天才的操作系统。还有其他众多的天才之想、天才之举、天才之功、天才之学、天才之用,不胜枚举。对于这些作品,"勤能补拙"的格言并不适用。天才理论认为,创意并不需要苦苦求索,天才的策划家天生就有这方面的突出才能。

在商务策划中,有时候不能不承认天赋的作用。某些杰出策划大师的随机念头,往往比我们费尽心机抠出来的方案不知要高明多少倍。天才理论揭示了创意的部分来源,但这一理论过分强调天生而忽视后天的努力,实际上也是片面的。如果我们相信创意大部分非天才不能为,那么策划人才如何培养?大量出现在商战中的,由普通人完成的各种成功策划又如何解释?

(三)迁移理论

这种理论认为,创意是一种迁移。所谓迁移,就是用观察此事物的办法去观察彼事物,用不同的眼光去观察同一个现象,采取移动视角的办法来分析问题。通过视角的迁移，人们可以创造出众多新鲜的、交叉的、融合的、异化的、裂变的、创新的事物来，这就是创意产生的原因。

自然科学中的转基因研究，社会科学中的交叉学科和边缘学科的出现，实际上都是学者迁移观察的结果。科研是这样，产品是这样，策划更是这样。在市场实践中，许许多多杰出的策划创意都源于这类的"再认识"和"再观察"。彼得·德鲁克在谈到创新的来源时，认为"认识的改变"是重要的创新来源。

（四）变通理论

创意有时候只要换一种方式去理解，换一个角度去观察，换一个环境去应用，一个新的创意就产生了。这就是创意的变通理论。

某种事物的功效作为一种能量，在一定的条件下是可以转换的，例如，用于战争的兵法，经过变通可用于经济，这是一种观念的嫁接；原本属于动物本能的保护色，经过变通，可用于军队的迷彩服，这是功能的变通；民用产品可以用于军需，军需产品也可以转为民用，这是能量与功效的传递和延伸。显然，上述各种能量的转换、功能的变通，对策划创意的产生是极有启示性的。同样，知识的用途可以被拓宽，又如，心理学应用于管理，产生了管理心理学，成为管理者必备的知识；军事谋略应用于商战，使精明的商人懂得韬略，成为商业人士必备的知识，等等。

事物的用途能交换、转换和传递。改变人的观念与改变事物的用途一样，实际上也是一种能力的改变。以一样的眼光看待不一样的事物，或对一样的事物用不一样的眼光来看待，都是一种功能变通，都能产生新的创意。

（五）元素组合理论

在自然界，元素通过组合可以形成各种各样的新物质，策划的创意也可产生于元素组合，即策划人可以通过研究各种元素的组合而获取新的创意。这就是元素组合理论。

元素的组合不是简单地相加，而是在原有基础上的一种创造。能够产生创意的元素包罗万象，可以是实际的，也可以是抽象的；可以是现实存在的，也可以是虚构想象的。电视可以论斤出售、冰淇淋可以油炸、外墙涂料可以喝等，不一而足，都是一些超越常人思维习惯与方向的元素组合。

二、基础的创意方法

上面的理论非常好地做了各种方法的融会使用，我们会觉得非常的神奇，这其

创意与创新

实是很多的基本方法共同作用的结果。下面就介绍实现上面理论的基础创意方法。

（一）联想思维

联想思维是一种由某一事物联想到另一种事物的心理过程，这种过程是由感知或思考事物、概念或现象而刺激引发的。联想是人类的一种本能思维，因为有些事物、概念或现象常常在时空中伴随出现，或者在某些方面表现出某种对应关系。由于这些联想反复出现，会被大脑以一种特定的记忆模式接收，并以特定的记忆表象结构储存在大脑中。一旦再遇到其中的一个类似的情景，人的大脑会自动地搜寻过去已确定的联系，从而马上联想到不在现场的或眼前没有发生的另外一些事物、概念或现象。

联想是心理活动的基本形式之一，它是由表象概念之间的联系而产生的想象，而不是自由的想象。因此，联想跟普通的想象之间存在着逻辑的必然性。联想是创意产生的基础，在创意设计中起到催化剂和导火索的作用。联想的广阔性和丰富性与创造能力成正比，许多的发明创造都是在联想思维下产生的。擅长使用联想思维的人，能够有效地运用资源，实现资源的活用。

联想是一种心理活动，主要素材和触媒是表象或形象。表象是对事物感知后留下的印象，即感知后的事物不在面前，而在头脑中显现出来的形象。表象有个别表象、概括表象与想象表象。联想主要涉及前两种，想象涉及最后一种。按亚里士多德的三个联想定律，可以把联想分为相近、相似和相反等三种类型，其他类型的联想都是这三类的组合或展开。

1. 相近联想

相近联想是指在思考问题时，尽量根据事物之间在时间或空间等方面的联系进行联想。由于世上万物都不是孤立存在的，在空间上或时间上总是保持着一定的联系，因此，灵活运用相近联想法，常常能打开思路，做出创新。

苏轼在杭州任地方官时，发现西湖有大量淤泥无处存放的问题。他望着湖面，心中思考着如何解决这个问题。突然，他想到了一个妙计：将淤泥堆成长堤，既解决了淤泥无处存放问题，又方便了游人。他立即组织人力，将淤泥堆成长堤，形成了西湖的一道独特风景线。同时，他还将淤泥堆成的地面作为农田，并招募附近的农民来种植，既疏通了河道，又增加了农民的收益。通过这种创新思维，不仅解决了问题，还为西湖增添了一道风景。苏轼的智慧和勇气赢得了杭州人民的赞誉和尊敬。他的故事告诉我们，只要我们能够转换观察的视角，就可以赋予我们新的认识，带来新的看法，给予事物以新的意义，而这种新的意义往往蕴含着解决问题的捷径。

相近联想是一种重要的工具，可以帮助我们发现事物之间的关联点，从而找到新的解决方案。

2. 相似联想

相似联想是指根据事物之间的形式、结构、性质、作用等某一方面或几方面的相似之处进行联想，将两种不同事物间某些相似的特征进行比较。

运用相似联想的一个关键点，就是寻找事物之间的共同点、相似点。任何两种事物或者观点之间，都有或多或少的相似点，一旦在思维中抓住了相似点，便能够将千差万别的事物联系起来思考，从而产生新的创意。例如，把爆破与治疗肾结石联想到一起，可谓一个伟大的创举。目前的定向爆破技术能将一栋高层建筑炸成粉末，同时又不影响旁边的其他建筑物。医学家们由此联想到了医治病人的肾结石。他们经过精准的计算，使炸药的分量恰好能炸碎病人肾里面的结石，而又不影响病人的肾脏。这种在医学上被称为微爆破技术的治疗手段，为肾结石病人解除了病痛。

找到事物的相似点，往往就能够把不同的事物结合起来，相似联想法的应用通常使整个事物具有新的性质和功能，给人带来耳目一新的感觉。

3. 相反联想

相反联想是指由对某一个事物的感知和回忆，而引起跟它具有相反特点的事物，从而创造或者创见的思维方式。例如，黑与白、大与小、水与火，每对都既有共性又具有个性。相反联想与相近联想、相似联想不同，相近联想只想到时空相近的一面而不易想到时空相反的一面，相似联想往往只想到事物相同的一面，而不易想到正相对立的一面，所以相反联想弥补了前两者的缺陷，使人的联想更加丰富。同时，由于人们往往习惯于看到正面而忽视反面，因而相反的联想又使人的联想更加多彩，更加富于创新性。

由于客观事物之间普遍存在着相对或相反的关系，因此运用相反联想往往可以引发新的思想。当物理学家开尔文（Kelvin）了解到路易斯·巴斯德（Louis Pasteur）证明了细菌在高温下被杀死后，食物可以煮沸后保存。他大胆运用相反联想：既然细菌在高温下会死亡，在低温下会不会也停止活动呢？在这种思维的启发下，经过精心研究，他终于发明了冷藏工艺，使更多的食品可以长期有效地保存。

在使用相反联想法的过程中，我们需要将视角放在与目前该事物特征相对的特点上，并加以巧妙地利用。相反联想法在学习中得到广泛应用，它可以帮助我们从一个方面联想到另外一个方面，只要想到两个相反的对象中的一个便自然而然地会想到相对的另外一个。在学习数理化知识的时候可以将各自对立的定理、公式和规律归纳到一起,以便用相反联想法帮助记忆。如正数与负数、微分与积分、乘方与开方等概念都是对立的,运用相反联想法会收到良好的效果。

联想思维能力不是天生的,它需要以知识、生活经验、工作经验作为基础,基础打好了就能厚积薄发,联想也随之如泉涌。

(二)组合思维

组合思维是把现实中分立的因素有机地加以重新排列和组合,以形成一种新事物或产生一种新结果。它是以某一对象为中心,在思维向四面八方散发中探求新思路、新点子的创造性活动。作为一种技法,组合在创造性思维中起着十分重要的作用。爱因斯坦认为:"组合作用似乎是创造性思维的本质特征。"日本创造学家高桥浩指出:"创造的原理,最终是信息的截断和再组合。把集中起来的信息分散开,以新的观点再将其组合起来,就会产生新的事物或方法。"

组合思维又称"联接思维"或"合向思维",是指把多项貌似不相关的事物通过想象加以连接,从而使之变成彼此不可分割的新的整体的一种思考方式。它包括以下几种形式。

(1)同类组合,是若干相同事物的组合。参与组合的对象在组合前后,其基本原理和结构一般没有根本的变化,往往具有组合的对称性或一致性的趋向。比如,简单的餐具盒子:筷子+勺子+叉子,这是中西方用餐工具的结合,但都有一个作用指向,即帮助你完成吃饭的动作,同一内容,简单合一。这样的组合在生活中经常见到,有人穿不同颜色的鞋子,有人使用不同口味的原料,其原理相同。

(2)异类组合,是两种及两种以上不同领域的技术思想的组合,或者两种及两种以上不同功能物质产品的组合。组合对象(技术思想或产品)来自不同的方面,一般无主次关系。参与组合的对象从意义、原理、构造、成分、功能等任一方面或多方面互相渗透,整体变化显著。异类组合是异类求同的创新,创新性很强。例如,洗衣机,就是在摔打桶、水流、化学分解剂等多种衣物洗涤的方式或方法上的组合中解决问题的。大家可以想象胶囊胃镜:一个做起来与吃药的感觉一样的胃镜,它能够带来的医疗变革有多么重要。

(3)重组组合,是在事物的不同层次分解原来的组合,然后再按照新的目标重新安排的思维方式。乐高积木是非常形象的例子,可以通过定制好的形状来编排不同的建筑格式。重组作为手段,可以更有效地挖掘和发挥现有技术的潜力,展示内容背后被组合掩盖的一些重要信息。如音像编辑,就是将同时发生的影像和声音拆分出来，然后删除或者减少了噪声，甚至重新配置了合适的音乐或解说。这样，同一事物就被拆解或更换了，它会带来完全不同的效果。可能大部分人会记得田忌赛马的故事，改变次序上的组合也会使结果产生极大的区别。

（4）补代组合，是通过对某一事物的要素进行摒弃、补充和替代，形成一种在性能上更为先进、新颖、实用的新事物。比如，自行车更替为电动自行车。对最主要的要素进行了更换，功能等都没有大的改变，但是引起了性能的极大变化，如里程和速度等，除汽车、自行车、步行外，又增加了最适合3~5千米路程的交通解决方案。

（5）共享组合，是指把某一事物中具有相同功能的要素组合到一起，达到共享之目的。比如，各种充电器的连接头、食物包装袋拉链等。

可以说组合所推动的往往是和原来单一内容提供的完全不同的解决内容和方案，得到的是全新的解决方案和结果。

（三）转换思维

转换思维作为一种典型的多维度认知模式，本质上是通过构建多元化观察视角，以系统论与发展观为理论基础，对客观现象进行跨层次、跨维度的深度解构与重构过程。该思维模式通过整合多源信息与交叉分析路径，不仅能够实现认知层面的完整性突破，更能在实践层面形成创新性解决方案。以刑侦领域为例，现代刑侦技术体系综合运用动态影像识别、时序逻辑分析、生物特征鉴定及人像复原技术，通过多模态数据的并行处理与交叉验证机制，突破单一线索的思维局限，实现案件侦破方向的多维拓展。这种多技术协同的侦查模式，本质上是通过引入异质性视角，打破固有思维定式，从而开辟新的侦查路径。

从认知科学视角来看，转换思维的核心价值在于其对可能性空间的拓展能力。以建筑工程领域的电梯增设问题为例，传统认知范式将电梯安装空间默认为建筑物内部，这一思维定式源于对电梯设备防护需求与建筑结构稳定性的常规考量。然而，在既有建筑改造项目中，这种固有认知模式面临着结构性矛盾：内部安装方案需对原有建筑结构进行大规模改造，由此引发的经济成本、运营中断及社会影响等问题形成了显著的实施障碍。在该工程实践中，思维范式的转换源于非常规视角的引入。当清洁人员提出"外部安装"这一创新性设想时，工程团队通过系统分析，将建筑外部空间纳入可行性研究范畴。这一思维转向不仅规避了内部改造的结构性矛盾，更通过建筑外立面空间的重新定义，开创了户外电梯设计的新范式。该案例充分体现了转换思维在突破认知边界、重构问题解决方案中的核心作用，证明了通过视角转换能够有效整合系统内外资源，实现问题解决的帕累托改进。

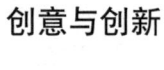

（四）颠倒思维

颠倒思维即打破思考对象原本的上下、前后、内外等空间顺序，或者将思考对象的整体、部分或有关性能等颠倒过来，以寻求新的思路的思维方式。颠倒思维是对事物的内部结构和功能从相反方向出发，对于事物结构和功能的再造有着突出的作用。

提到火箭，大家都会认为它是穿透云层、冲出太空去执行任务。但有一个人就提出了"往下发射"的可能性，他就是苏联科学家米海依。他研制了钻井、穿岩石、穿冰层的火箭，这些"钻地火箭"利用的原理和传统火箭一样，但开启了人们对"地球"的新的认知革命。

不同领域会有不同的创意方法，大家可以多做总结并尝试使用，以解决现实问题。

三、"变"的方法论

从广告学的角度我们可以看到变的方式，如叠字法（利用阴影重叠）、象形法（看起来更加像原物）、断字法（断裂而不散）等，其原理不只适合广告，也适合所有创意的场合。

"世界唯一不变的就是变"，这句话让许多人形成了一个信念，只有认可世界在不断改变，才有应对改变的能力。这涉及世界观，世界是运动的，不运动的世界是死的世界，将不复存在，运动是物质存在的形式，也是物质的本质。运动的重要表现方式是改变，前一秒与后一秒的状态并不相同，只不过我们把这种变化忽略了。比如，一栋大楼静止地矗立在原地，其实它的内部结构每秒都在发生着变化，只是没有达到足够的破坏、轰然倒塌罢了。静止是一种认识方法，而不是世界本身，改变才是世界的真实情况。有时候我们会以为变化很神秘，存在着神秘的外力推动，如果没有这样的外力，世界不会改变，其实不论是外力，还是内力，都无时无刻不在影响着我们的世界。一个人不断地接受阳光照射，这是外力，也在消耗着各种器官，一天一天地变老。一个家庭成员谋职赚钱、创业赚钱，都在改变着家庭的财富结构与程度，随着消费水平提升，人们的追求也在变化，会越来越见多识广，有更多的精神需求。总之，没有不变的世界，只有误以为世界不变的人。

面对不断变化的世界，人们应该如何应对呢？首先，人是世界的一分子，人只能适应世界，在必要的范围内改变和创造世界，使自己与世界同步。把人作为世界的主宰，持以自我为中心（贬）的态度挑战世界，这种态度最后都会让自己走向覆没，人只有改变自己才能够适应世界的变化。其次，人是无法一下子改变自己的自然属性的，人只能改变所使用的工具、具体的小环境以及活动方式，这需要根据世界的改变不断探索新的生存可能。同时，人们为了解放自己、满足自己新的需求，也需要探索新工具、寻找新材料、创造新方式。这些都需要主动改变，而创意是主动求变的重要方法。

"变"既是个人创意的方法论，也是具体的创意方法，所有与变有关的人类活动都可以用于创意。总结各种创意经验，很容易发现只要将现有事物加入动词就可能产生新的思路。例如，"增加"是一个动词，它可以用于生产规模，以提高规模经济性；可以用于重量，以增加稳定性；可以用于速度，以缩短运行时间；可以用于活动，以增加参会人数，如百人大会、万人大会、十万人大会等。这种方法称为动词法。

所谓动词法，就是以主动变化的心态，试探着改变，再想象一下结果是否会有创意的可能，其全称也可以是动词试错法或动词创意法。这些动词包括增加、分割、排除、缓和、反转、切断、代换、一体化、扭曲、转动、平伸、补充、冻结、膨胀、绕弯、附加、扣除、减轻、反复、加厚、展开、挤出、防卫、淘汰、拉开、合并、象征、抽象等，还有其他各种动词都可以列入该系列。

动态创意法可按下列流程进行。

第一步，选定一个需要改进的对象，最好其具有单纯的特征，如果整体比较复杂，需要拆分成比较单纯的个体。

第二步，使用上述动词。

第三步，看想象对象改变以后的结果是否达到创意的目标。

第四步，对目标实现的程度进行评价，确定创意方向或形成最后的方案。

第二节　常用的个人创意方法

由于瓶装矿泉水的出现，使得500毫升的水能够获得1吨水的价格，它解决了什么问题？是人们把矿泉水看得很重要了吗？一样可以解渴，为什么变成矿泉水以后就可以增加上千倍的价值？答案是携带的方便性创造了价值。我们并不是要研究价值的起源，而是需要研究能创造价值的创意方法。很多的痛点很痛，人们却经常处于麻木状态，好像没有感觉到，这样的需求处于隐藏状态。人们虽然存在生活上的不方便、不快捷、不舒服，却因为没有解决方案，在潜意识"存在即合理"的引

创意与创新

导下，这些隐藏的需求没有被创意唤醒。

思考题

找到痛点，对创意有什么意义？它可以成为一种创意方法吗？

每个人都可以总结一些创意方法，形成自己独特的思考模式，当然如果借鉴那些常用的创意方法，与自己总结的方法结合在一起，会让自己有更强的创意能力。本书为读者提供了几种创意方法，一是"兹罗列194种创意线索"，这是一个直接的起始思考；二是"和田创新十二法"，这是一个类似"变"的创意方法；三是"5W1H法"和"行-停法"。它们甚至可以相互叠加、替换，以寻找新的问题，给出新的答案。例如，矿泉水瓶子会造成资源浪费，该怎么办？

一、创意线索

在初始阶段或遇到思维难题时，这些微小的创新点子往往能引发深刻的洞见。然而，当这些方法经过常规训练且被我们熟练掌握后，甚至成为我们的习惯性思维方式时，其效果会逐渐降低，不再需要频繁地查看或使用。因此，这些方法仅仅是创新思维的启动工具，像是一种便利性指引，帮助我们在创新的道路上找到方向。这些方法（如表5-1所示的创新线索）并非终点，而是引导我们探索更深层次创新的起点。

根据一项统计，若将人生的各项日常活动及其所需的时间细化，再合并相似的活动，其结果会令人惊讶。例如，人们将花费高达6天的时间去修剪指甲，花费5个月的时间在马桶上阅读杂志或使用手机，花费200天的时间洗澡，花费15个月的时间寻找各类物品。更具体地说，平均每个人每天都需要花费60分钟在寻找物品上。尤其对欧洲女性而言，每年在寻找手提包内物品上所花费的时间达到了13.4小时。

考虑到生活由时间构成，这些看似微不足道的事件极大地消耗了人们的生活时间。然而，通过简单的创新思维，我们或许可以提出解决方案。例如，利用电冰箱的工作原理，当袋子打开时，内部的灯光就会自动亮起，这样就能快速、方便地找到所需物品，从而节省时间。这种应用也可以用于手提包等其他物品的设计。

参见表5-1中的一些创新方法，如序号117和158，也在许多热销产品中得到了应用。例如，采用透明材料制作的荧光笔和设计有讽刺意味的丑化玩偶，在西方的竞选周期或特定事件中销售异常火爆。通过网络搜索这些产品你会发现，实现创

新并不难，难的是你是否愿意迈出尝试的第一步。

表 5-1　创意线索

107. 降低价钱	151. 趋向偏激
108. 变更它的外形	152. 使它更狭窄
109. 抬高价格	153. 如夏天炎热
110. 要它绕一周	154. 使它更宽广
111. 变更成分	155. 如冬天寒冷
112. 把它框起来	156. 使它更滑稽
113. 增加新成分	157. 使它拟人化
114. 把它卷成一圈	158. 使它成为被讽刺的
115. 拧搓它	159. 使它更暗
116. 把它填满	160. 用简短的文案
117. 使它透明	161. 使它发光
118. 把它弄成空的	162. 用冗长的文案
119. 使它不透明	163. 使它灼热
120. 把它打开	164. 发现第二种用途
121. 用不同背景	165. 使它更有营养

这个例子揭示了一个重要的观点，即生活中的时间消耗在很大程度上是由我们的日常行为决定的。因此，通过简单的创新和改变，我们可以有效地节省时间，提高生活质量。这需要我们有勇气去尝试、去改变、去创新。

二、和田创新十二法

上海市闸北区和田路小学结合小学生的心理、生理与知识基础，将创造心理学中的"检核表法"加以提炼、改造和通俗化，逐渐归纳出了12个"一"的"和田技法"，其以儿童化、通俗易懂的特点跻身于众多创造技法之中，多年来也受到许多成年人的接受和青睐，并被国际组织宣传推广，在国内外广泛传播，显示了很强的生命力。

"和田创新十二法"包括下列12个"一"。

加一加：加高、加厚、加多、组合等。

创意与创新

减一减：减轻、减少，省略等。

扩一扩：放大、扩大，提高功效等。

变一变：改变形状、颜色、气味、音响、次序等。

改一改：改掉缺点、缺憾，改变不便或不足之处。

缩一缩：压缩、缩小，微型化。

联一联：原因和结果有何联系，把某些似乎不相干的东西联系起来。

学一学：模仿形状、结构、方法，学习先进。

代一代：用别的材料代替、用别的方法代替。

搬一搬：换个地区、换个行业或换个领域，移作他用。

反一反：能否把次序、步骤、层次颠倒一下。

定一定：定个界限、标准，能提高工作效率。

这个创造法非常适合初学者，在平时可以做简单的叠加和替换，归纳也比较简单，相对于兹罗列 194 种创意线索更容易记住和使用。下面的例子可以说明这种方法的使用。

案例一：从矿泉水瓶到矿泉水包 Ooho。

矿泉水包 Ooho 是通过"代一代"的联想来实现的：用别的材料代替，用别的方法代替；这个水包具备"快速降解、无污染""成本低廉""多元场所应用"的优点。研发出来后，在马拉松比赛和聚会场所应用得比较多，也受到了好评。

矿泉水瓶使一瓶水卖出了一吨水的价格，它使水便于携带，也使饮用的需求非常容易被满足。而矿泉水包也许是第二次"大革命"，因为它在移动性或交流性大的场合，非常需要水但一次使用量又不太大的情况下代替矿泉水瓶，减少了物资浪费和环境污染。但这个代替目前只能限制在特定区域，因为水包必须干净，必须有"服务"做支撑等。

案例二：贝壳找房——虚拟现实（Virtual Reality，VR）看房。

通过学一学、搬一搬，利用目前 5G 的网络和快速发展的 VR 技术，使大家可以更加直观地看到比较合适的房源，再到现场，而不是完全靠想象，可以有效节约时间和精力，如图 5-1 所示。这个创新点用"搬一搬"技术，解决了问题。

案例三：360° 积木插座。

对于插座，我们总是希望能够符合我们的具体"位数"需求，而且能够同时使用。如图 5-2 所示，这些插座就是通过"扭一扭""变一变""加一加"的融合处理的产物。

第五章
个人创意的工具

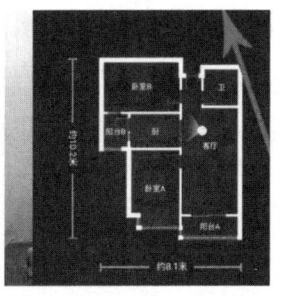

图 5-1 VR 看房与平面看房的区别

图 5-2 可拆增并能变化角度的插座

案例四：可折叠的杯套（"缩一缩""扩一扩"的产物）如图 5-3 所示。杯套特别实用，这个设计方便将物品带离，起到它原有的包装袋功能。同时因为这个特殊材料完成的折叠状，可以在喝饮料时压到和杯口齐整，这样使热饮和手的接触面改变，手不会被烫到；如果是冷饮，和外界产生的凝固水会压在套和杯中间层，不会弄湿手。

案例五：化妆品针管式包装实现了"改一改"：改掉缺点、缺憾，改变不便或不足之处。

图 5-3 可折叠的杯套

我们发现在使用化妆品的时候，用手到器皿中取出涂抹物，会造成一定的"污染"，影响其干净的程度。而且现在很多化妆品成分品质不断提升，不使用"防腐成分"，所以也不能长时间直接暴露在空气中。于是，"针管式"化妆品保存器皿应运而生，如图 5-4 所示。

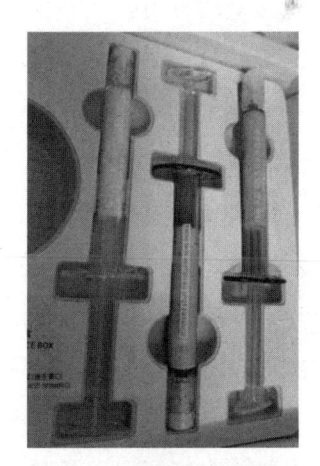

图 5-4 "针管式"化妆品保存皿

135

创意与创新

"和田创新十二法"不一定每个技法单独使用，它可以叠加，目的是通过"变"来改变"不变"。在社会发展过程中，人们越来越重视材料更替带来的环保问题，高新技术应用带来的设计理念、应用手法的改变都会是新的趋势和方向。

三、5W1H 法

（一）什么是 5W1H 法？

所谓 5W1H 法是分别从 6 个方面去对策划创新的对象、目标进行设问，它既是角度，也是分解创意策划对象的程序，分解在 6 个方面的英文单词的第一个字母正好是 5 个 W 和 1 个 H，所以称为 5W1H 法。与第四章讲的 5W2H 分析法的区别在于，它只关注创意，不需要考虑经济性。这 6 个方面分别如下。

Why——为什么需要创新？

What——什么是创新的对象？即创新的内容和达成的目标。

Where——从什么地方着手？

Who——什么人来完成任务？

When——什么时候完成？

How——怎样实施？即用什么方法进行。

5W1H 法能够使我们的思维路径条理化。围绕目标厘清步骤，有助于在管理乃至生活中杜绝思维的盲目性、随意性和资源浪费。

（二）使用 5W1H 法的案例——移动支付

我们提供给大家参考的案例是支付宝（阿里巴巴旗下的一款移动支付 App），其依托营销形式的创新，增加了用户黏性，实现了对支付市场份额的保有。支付宝配合淘宝平台的大量物币交易，形成了有效的信用体系，在货物和货币的有效保障交付中获得了大家的肯定。

在互联网时代，很多交易不再是面对面的，如果支付不能以快捷的方式来完成，必然产生互联网时代的停滞或者迟缓。支付已经成为箭在弦上的事情。网络支付是创新的对象。创新的内容和达成的目标是在现代交易的层层发展中剥开"聚焦点"。在当时当刻，淘宝几乎统一了网络交易的天下。

从独占一方市场角度说，淘宝需要一个更加强大的支付技术来彰显自己的实力，并支撑交易的有效实现。淘宝是全部即时交易中最迫切的一方。它是平台，坐收使用平台的多方利益，它必须打通交易上的禁锢，所以 Who 就被选出来了，不管是自行处理还是合作、兼并，淘宝都必须处理好这个问题，不然就没有办法继续发展，没有办法占据行业头部位置。

同时,淘宝拥有的物品销售平台,使以物为押成为可能。淘宝能做到收货安全后实现钱款到账,平台是一个极好的中介。作为用户,把资金安全的使用期望交给淘宝,而销售方也通过这种方式有效保证了资金的回流,因为资金是在购买那一刻到达平台,销售方也是乐意的。

支付宝实现"货款按时到平台,验收合格到销售方"的流程,资金大量聚集到平台,更加固定了其行业龙头的位置。但任何行业的竞争都是激烈的,因为大量资金在这里进行了积蓄,必然就带来了资金的投资可能性和更多的行业机会,非常多的企业都急切想加入,参与"分羹"。

最大的竞争者是微信,因为微信支付建立在微信社交 App,有极强的用户黏性。而且微信用户群、社群和支付宝有很多的重叠,技术迭代能力甚至强于支付宝。这迫使支付宝在稳定位置后,开始探索更多领域。比如,在营销方面社交化,推出了"蚂蚁森林""集五福""蚂蚁庄园""锦鲤活动"等多种营销方案来绑定消费者,以增加吸引力,获取流量。

以蚂蚁森林为例,它的营销起点和它的业务没有直接的关系,创意来自社会公益热点,接受度无形中得到了提升。蚂蚁森林通过自行搭建的公益框架,扫清了用户做公益的障碍,只需通过每天登录,或者进行减碳行为,就可以领取能量,做公益。蚂蚁森林获取能量并不需要钱,这让几乎所有持有手机并安装了支付宝的人都成为蚂蚁森林的用户或潜在用户。蚂蚁森林免费为用户建立了"碳账号",在未来,用户能通过减碳行为和栽植树木等手段,为自己谋利或者标榜自己的"价值观"。这个非常亮眼、新奇的功能增加了大家的关注度和参与度,每天打卡必然带来黏性。减碳行为(如购买行为)和打卡最终还是影响着大家在软件上的参与度,所以表面的不干预、不参与只是减少用户抵触,融入用户和吸引用户的方法,这个营销利用了人们的"彰显""求同"心理,强化了连接。

2016 年 8 月,支付宝公益板块正式推出了蚂蚁森林活动;2017 年春节期间,结合"集五福"联动推出浇水集福卡活动;2018 年 6 月,蚂蚁森林用户数达到 3.5 亿人,这意味着国内每 4 人中就有 1 人参与了蚂蚁森林的活动。

以解决矛盾的方式,响应大家的质疑,即"我"的每次点开是否有价值?支付宝不时公布植物林的情况,2018 年 6 月支付宝公布它已在地球上种下了 5 552 万棵真树,并于 2018 年 10 月公布蚂蚁森林种树模式将被正式纳入国家义务植树体系,再次收获了用户的肯定。同时为响应大家朋友圈的"交互",还会不时向用户发送

创意与创新

其保护的森林面积增加的证书，这使大家在"植树节"那天都来网上种树，维持了相当长时间的"人流红利"两次以上。2019 年 8 月，在这个公益项目即将满三年的时候，支付宝对外宣称种树总面积大约达到了 140 万亩（1 亩≈ 666.67 平方米），不停地强化大家在平台购物无附加的点击、欲望和联动操作。支付宝通过公开每年植树过程和数量、给用户颁发植树证书和与全国绿化委员会办公室及中国绿化基金会的"互联网＋全民义务植树"战略合作协议的签订和背书，告知所有用户蚂蚁森林确实在做公益，以建立和维护良好的企业信誉。

四、行 - 停法

行 - 停法是美国创造学家亚历克斯·奥斯本（Alex Faickney Osborn）总结整理出的一种设问类型的创新技法。其通过"行"（go）——发散性思维（提出创造性设想）与"停"（stop）——收敛性思维（对创造性设想进行冷静分析）的反复交叉操作，逐步接近所需解决的问题。行 - 停法的操作步骤如下。

"行"（go）——思考列举与所需解决问题相关联的要点因素。

"停"（stop）——对此进行详细的分析和比较。

"行"（go）——分析解决问题有哪些可能用得上的信息。

"停"（stop）——如何方便地得到这些信息。

"行"（go）——提出解决问题的所有关键点。

"停"（stop）——判断确认最好的解决切入口。

"行"（go）——尽量找出验证试验的方法。

"停"（stop）——选择最佳的试验验证方法……循环往复，直至思维创新达到预期目标并成功获得答案，形成完整的策划方案。

这个是"头脑风暴"第二个阶段，是组织思维创意（本书在第六章会详细介绍组织思维问题）的一个反思评估阶段，是对已有数据的梳理，并且得出结论的过程。

第三节 创意能力的自我训练

有些人想法很多，却没有得到结果。让想法变成创意是否有可循路径？收敛是创意的必要过程，创意自我训练的主要内容是以自我思考、自我纠正为主，让创意付诸行动。

第五章
个人创意的工具

思考题

你会经常为你的创意付诸行动吗？你如何行动？

一、自我训练原理

我们可以从案例中练习和实现以现实为需求的创意产出。创意来自现实需要，现实需要验证过的创意能够推动经济发展。创意是想象、知识、评估和行动的结合体，所以个人创意的方法就是来自这四个方面的融合。

从个人角度来说，要愿意接受自我否定，打开心扉，接受从不同角度尝试各种方位的讨论。尝试给产品挑毛病，尝试脱离自己原来的判断路径和处理方法，这些都和"我是谁？从何来？到哪去？"这样的命题一样，简单，但不容易厘清。认识清楚现状是改变的前提。

首先，要改变心态。有人不愿意创新是觉得创新不重要。认为原来一直都这样，现在也还可以凑合。甚至会觉得自己提出的创意，可能别人也看到了，表述出来会被别人取笑、看不起。事实是，爱因斯坦和牛顿可能都没有想到他们的发现会被认可、会影响社会以及人类的发展。发现问题、提出创新是一种重要的能力。

其次，要讲出来。一个苹果掉下不等于地心引力学说就出现了。很多人看见苹果掉下来，但是"愿意说，能说出来，说得明白"的人并不多。这需要知识的储备和表达能力的支撑，更需要开阔的思维视野。

最后，更为重要的是行动。行动可以检验效果、修正创意。

创意自我训练原理可以用下列流程表达。

第一，给自己思考的时间和提出要求。

一个希望在思维上有所锻炼的人，首先，他会要求自己看到一个现象就能提出2~3种想法，甚至是相左的看法；其次，他会在每天相对固定的时间，哪怕是10分钟，写下自己当天最有价值的"关于某一事件的看法"的几种思考。孙正义的"财富人生"就是在大学时要求自己"每天停下来几分钟专门思考一些问题"并积累的产物。

第二，培养自己的联想习惯。

客观事物总是有联系的。如果我们养成了联想习惯，往往可以从多个事物联想的结果发现创新的可能（这在本章的联想思维部分已经重点介绍和强调了）。我们在考虑装调料品的罐子时会考虑容量、用途、易用性、外观设计；比如鸡精的装载器皿为密封罐子，容量尽量在50~100克，因其极易受潮，所以密封性要求较高；

创意与创新

鸡精一般是煮时使用，不需要放在餐桌上，所以不用太考虑外壳美观性，它的使用方便性体现在有没有配套合适的"小勺子"。举一反三，可以考虑油壶等厨房用品，这可能会让你发现创新的地方——目前市面已经有不少创新油壶，它们的创新在哪里呢？它们有一个小孔在壶盖上，作用是什么？如果你有联想的习惯，找到答案就很容易了。

第三，寻找和珍惜自己对产品的不满。

人们在使用产品过程中的"牢骚"就是产品可以推陈出新的动力和可能性。乒乓球鞋要适应打球者的快速移位。在运动过程中，小范围移动区域内的地板上会有大量的汗液，地板较滑。客观情况产生的用户要求突出表现为鞋必须轻便，鞋底有抓力。如果发现用户或自己的不满，就有机会开发出系列产品。大家会发现以前只有简单的鞋或者运动鞋，现在可以查找到任何鞋的类别都有针对需求产生的多种系列，都来自用户对产品的挑剔和不满。

第四，记录创意、实现创意，修改不足。

鲜花能表达情感，如爱情、友情等。用什么来装载花朵呢？有家法式鲜花店就选择了书本——用盒子做成书本的样子，打开盒子看到的是鲜花最完美盛开的样子。这个创意来自"赠人玫瑰，手有余香"的说法，书和花在人群中都代表着美好和积极的因素。店家将花修剪后，插于书（盒子）中的花泥中，一个合二为一的温馨创意，饱含着祝福和美好。这个创意营造了一个花店的与众不同。之后，店家通过不断记录人们对不同花的感受、喜好和摆设要求等，使这个创意得到多种形式的实现和推广。

腾出点时间，停下来，不按平常的做事模式，多联想，在自己的脑子里寻找更大的想象空间，和朋友们进行讨论并通过记录大家不同的思考，修正或补充自己的想法。比对自己的想象产品，看看现实中"竞品"的样子——暂时在新产品产生之前在这个领域里通用的解决方案或产品。

解决途径或者方法论可以通过翻阅书籍获取；产品可以通过各类购物平台寻找和了解，甚至逛逛街，跑跑各种博览会寻找灵感；然后对产品挑挑毛病，进行记录；甚至到别的地方走走，看看其他领域的人怎么解决这些困难从而产生更多的创意。本章和第十章的案例就是我们课堂上与学生讨论、收集和整理的结果。

二、提升创意能力自我训练的案例

大家可以根据以下两个案例来尝试做思考训练。

第五章 个人创意的工具

（一）茶颜悦色

创新点：将中国人的审美观融入现代茶饮。

茶颜悦色是一家以文艺工作室为主要形象的奶茶店，其在包装设计和文创周边领域的艺术应用达到了极致。它将宋徽宗的《瑞鹤图》等传统艺术经典印在茶杯上，创造出了独特的艺术审美体系。其店面体系包括标准店、概念店、外卖店、新零售店和联名店。茶颜悦色的创新不仅体现在其艺术审美和空间设计上，还体现在其产品和服务上，它的奶茶口感好、服务周到，这也是它能够成功的原因。

茶颜悦色的创新点主要体现在三个方面：产品差异化、包装艺术化和店面环境化。

首先是产品差异化。茶颜悦色的奶茶口感醇厚，采用的原料是经过精心挑选的，比如奶源、茶叶、水果等，都是在保证质量的前提下，尽可能满足消费者的口味需求。此外，茶颜悦色的菜单上还拥有一些富有创意的独家产品，如"白桃乌龙""黑糖玛奇朵"等，这些独特的产品使得茶颜悦色在众多奶茶店中脱颖而出。

其次是包装艺术化。茶颜悦色将传统艺术融入产品包装中，使得每一杯奶茶都像一件艺术品一样精美。这种艺术化的包装不仅吸引了消费者的眼球，也提升了产品的附加值。

最后是店面环境化。茶颜悦色的店面设计富有文艺气息，无论是室内装潢还是户外环境，都充满了艺术的氛围。此外，茶颜悦色的店面体系对传统元素的嫁接和运用，也构建出了一种独特的创新空间体系。

总的来说，茶颜悦色的创新主要体现在产品、包装和店面的设计上，这些创新使得它从众多奶茶店中脱颖而出，也使得它能够在竞争激烈的市场中取得成功。

（二）海底捞[①]

海底捞于1994年3月开了第一家店，到2019年底，这家火锅店扩张成了768家店，10万员工遍布全球，年营收超250亿元。

海底捞的创新历程可以分为三个阶段：服务创新、人力资源创新和运营模式创新。

第一阶段是服务创新。在20世纪90年代，火锅行业的服务大同小异，但海底捞却走出了一条不同的路。它将服务提升到了前所未有的高度，例如免费提供美甲、修鞋、托儿等服务，这些都让顾客在享受美食的同时，也享受到了高品质的服务。这样的创新赢得了消费者的口碑，也带来了可观的经济回报。

---

① 案例根据混沌大学相关直播课程内容整理而成。

创意与创新

第二阶段是人力资源创新。在这一阶段，海底捞将重点放在了员工的培训和发展上。它采用了师徒制的培训机制，让员工有机会不断提升自己，从而也提升了整体的服务质量。同时，它还设计了一套独特的薪酬制度，让店长有更大的动力去培养新人，这一举措大大提高了公司的扩张速度。

第三阶段是运营模式创新。在这一阶段，海底捞实施了阿米巴运营模式，每个小组都是一个独立的利润中心，员工可以参与到经营决策中来。这种模式让员工有了更大的归属感和动力，也使得公司的运营更加灵活高效。

这三个阶段的创新都给海底捞带来了显著的创新红利。服务创新赢得了顾客的口碑，人力资源创新提升了员工的忠诚度和能力，运营模式创新提高了公司的运营效率。这些创新使得海底捞在竞争激烈的火锅行业中，能够保持强劲的竞争力。

第四节　思维导图及应用

清代国学大师王国维（字静安，1877—1927年）在其代表作《人间词话》中，提出了"古今之成大事业大学问者，必经过三种境界"学说，用三段绝美的宋词非常形象地描述了思维求索解决方案的过程。

第一境界："昨夜西风凋碧树，独上高楼，望尽天涯路"，是对目标、对象和环境的高视点、多角度、全方位的观察（搜集）、整理和分析。

第二境界："衣带渐宽终不悔，为伊消得人憔悴"，是根据经验、标准、规律等参照系对前阶段经过分解列举的各个关联要点进行筛选、判断，是不断地去伪存真、去粗取精的艰辛过程。

第三境界："蓦然回首，那人却在，灯火阑珊处"，是经过不断探索、比较、验证的思维过程，是终于顿悟的创新时刻。

王国维的"三境界说"被广泛地运用在很多需要创新的工作领域。因为不论任何主体和客体，人类思维的行进过程都是相似的。思维导图就是这个思维行进过程的直观展现。

一、思维导图的原理

用一张思维导图可以系统地联想，并化复杂为简单。思维导图是对自身思考的图片展示，最符合个体的思维结构和特点，能够有效地帮助自身发现思考的遗漏和障碍。当图表脉络无法继续拓展时，就说明了思考的停顿或问题的存在。思维导图通过并列、网状等展示方式使我们在认知自己的思维时能清晰明白地找到各种关键因素之间的关系和链接，如图 5-5 所示。

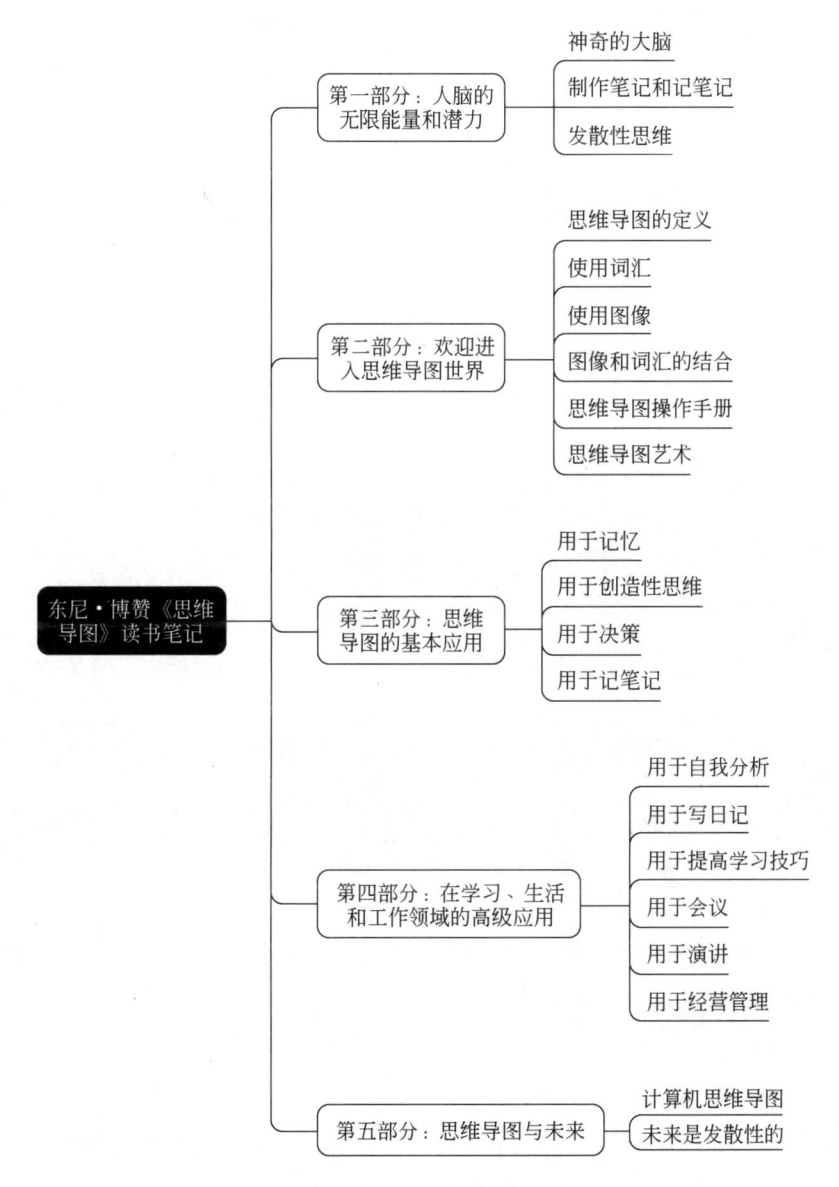

```
东尼·博赞《思维     ├── 第一部分：人脑的        ├── 神奇的大脑
导图》读书笔记           无限能量和潜力          ├── 制作笔记和记笔记
                                              └── 发散性思维
                    │
                    ├── 第二部分：欢迎进        ├── 思维导图的定义
                        入思维导图世界          ├── 使用词汇
                                              ├── 使用图像
                                              ├── 图像和词汇的结合
                                              ├── 思维导图操作手册
                                              └── 思维导图艺术
                    │
                    ├── 第三部分：思维          ├── 用于记忆
                        导图的基本应用          ├── 用于创造性思维
                                              ├── 用于决策
                                              └── 用于记笔记
                    │
                    ├── 第四部分：在学习、生活   ├── 用于自我分析
                        和工作领域的高级应用    ├── 用于写日记
                                              ├── 用于提高学习技巧
                                              ├── 用于会议
                                              ├── 用于演讲
                                              └── 用于经营管理
                    │
                    └── 第五部分：思维导图与未来 ├── 计算机思维导图
                                              └── 未来是发散性的
```

图 5-5　用思维导图做读书笔记与其他笔记形式的区别

　　思维导图重视个体在思维过程中捕捉到的重要信息，特别能够为个体在相应问题上留下一些拓展的空间和机会。它改变了我们日常"捡芝麻"的习惯，改变了我们做记录时对细节苛求，而忽略对大背景、大问题、大脉络了解、把握和思考的习惯。

　　用一张图可让我们记住一本书的内容。通过颜色、分支、关键词等，它能简约地给我们提供思考和记忆的路径，比我们以往一字不漏地记录或者分点记录更符合

创意与创新

大脑思考过程,便于分享和记忆。

思维导图应用的历史可以追溯到达·芬奇所处的年代。通过研究达·芬奇的手稿可以发现,他所做的笔记有着思维导图的雏形,如图 5-6 所示。大家可以看到,这样的手稿非常有吸引力,也能很好地引导自己回忆起当时记录的思考。

年轻的托尼·布赞(Tony Buzan)在家教中开始对笔记进行研究,发现传统的笔记是线性的,在帮助记忆方面没什么效果。通过研究,他发现人的大脑对颜色、图像、线条、关键词更敏感,更容易记住这些内容,于是创造了托尼·布赞思维导图。20 世纪 80 年代,思维导图传入中国内地。其最初是用来帮助"学习困难学生"克服学习障碍的,但后来主要被工商界(特别是企业培训领域)用来提升个人及组织的学习效能和创新思维能力。

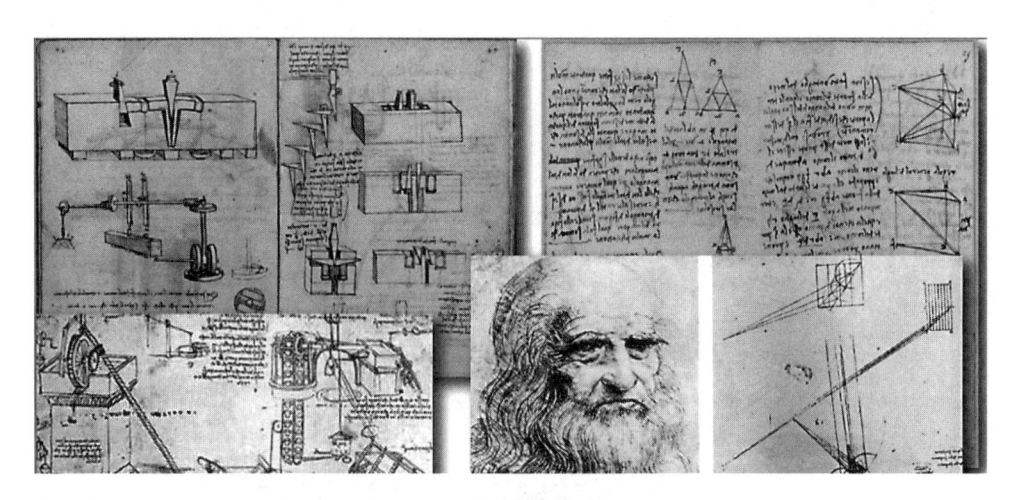

图 5-6 达·芬奇手稿

二、思维导图的应用

(一)专注森林 App

让我们来看一个案例,用使用者的眼光来看一个叫作"专注森林"的 App(使用者为不用依靠手机工作和学习但手机使用成瘾的人群),这样比较生动,容易理解。

以下为使用者的感受和讲解。

A:这款专注森林 App 去年很是火了一阵,所以在毕业前 1 个月发现自己在手机上盲目浪费时间后果断下载了。鉴于以前用效率 App 的失败经历,

第五章
个人创意的工具

我丝毫没抱希望，也没怎么仔细研究就直接开始种树了。万万没想到，第一个晚上就种了 6 棵树，3 小时没玩手机。然后就在空闲时候仔细研究了各个功能，觊觎着商店里超多萌萌的树种，想赶紧攒出金币去购买最喜欢的竹子。从此一发不可收拾，每天一到学习时间就开始种树，整个毕业考试期间成功买了 5 种新树。

B：专注森林是一个帮助你暂时远离手机，专心于目前工作的 App。每当你希望有一段专心工作的时间，你可以在专注森林中种下一颗种子。在接下来的时间里，这颗种子将会慢慢地成长为一棵大树。若是你禁不起诱惑，在这段时间内离开这个 App 去看微博、玩游戏，你充满生机、可爱的小树将会枯萎而死。每一天，你都会有一片森林种满了你今天所有茁壮的大树以及枯萎的残枝，每一棵树都代表了你曾经努力的时光。伴随着画面中生长的小树，成就感以及责任感将会帮助你暂时离开你的手机，全心投入手边的工作，保持专注，拒当低头族！用你专注的时光，使你的森林茁壮成长。基于番茄工作法（Pomodoro Technique，番茄钟）的自定义任务标签，让你花在各个任务的时间分配一目了然，和小伙伴们分享你的成果并与全世界的用户一同竞赛，获取奖励以解锁更多树种，将你的专心时间记录在苹果健康 App，在保持专心的同时，为世界种下真正的树苗。

C：简单说就是，设置好想要专心的时间，开始种一棵树，除了接电话就不再玩手机，否则树就会枯萎。而且这棵枯萎的树还会留在你今天的森林里，与这片森林的美景格格不入，这对于完美主义者简直是折磨。

D：我本来以为我这种完全不关心植物的人是无法有效利用这款软件的，直到我发现买新树种对于我这个收集控而言是多么有吸引力。就算是为了金币，我都要好好种树，而且由于我"强迫症"发作，每天每个树种都想要更多、更新的。总之根本停不下来，没有机会也要创造机会种树。

这几位使用者用了大量绘声绘色的语言，引导我们想象了这款软件，但我们对这款软件的了解，包括其中的心理动力论、创意可能都只是个模糊的概念，但是你

创意与创新

能够通过一个思维导图马上看明白。因为思维导图最符合你在读取这些信息时大脑里的总体印象和细节想象等，如图 5-7 所示。

通过上述案例我们会发现，思维导图可以让我们很好地把握一本书、一个软件、一个活动安排和方案。

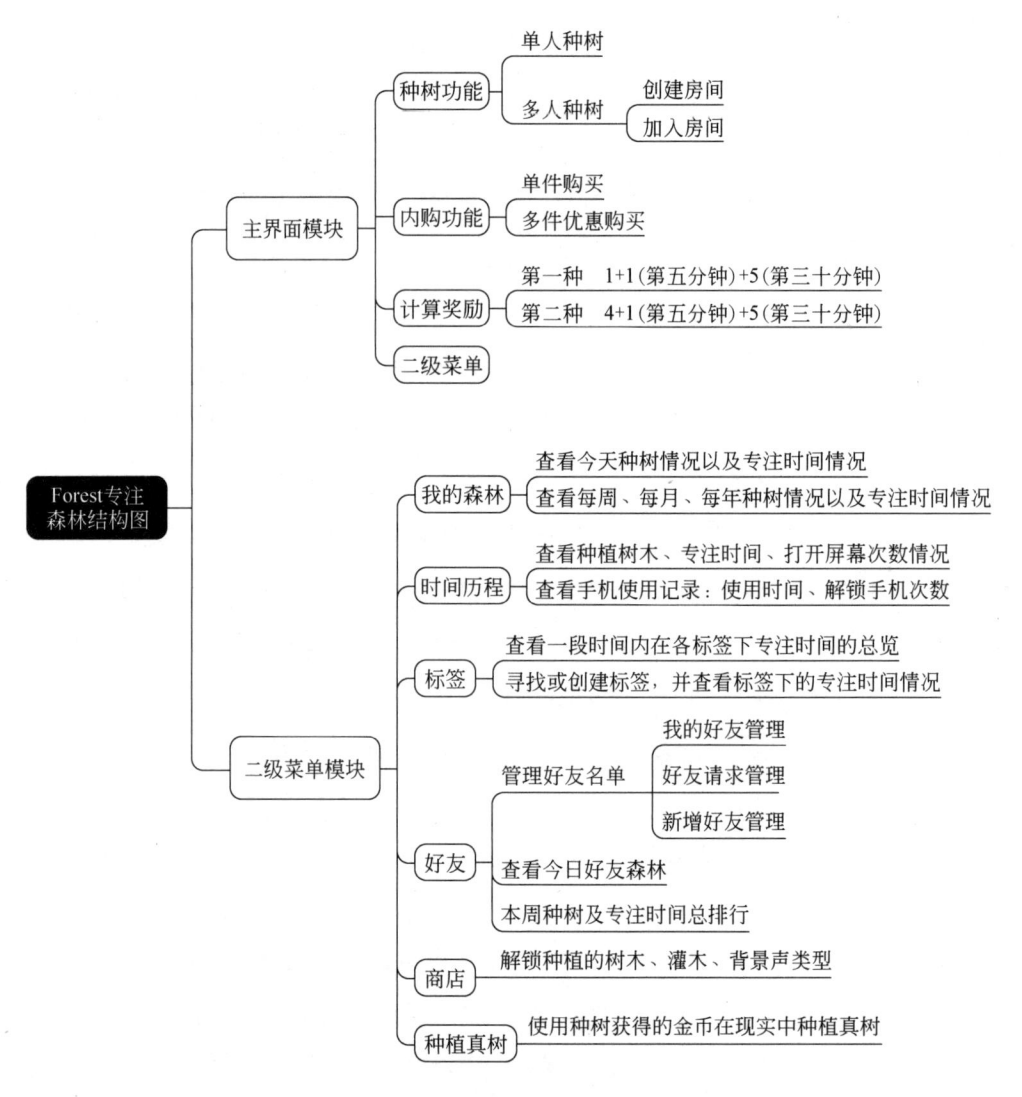

图 5-7 "专注森林"软件构成的思维导图

（二）复习的思维导图

复习的思维导图可以绘制如图 5-8 所示。

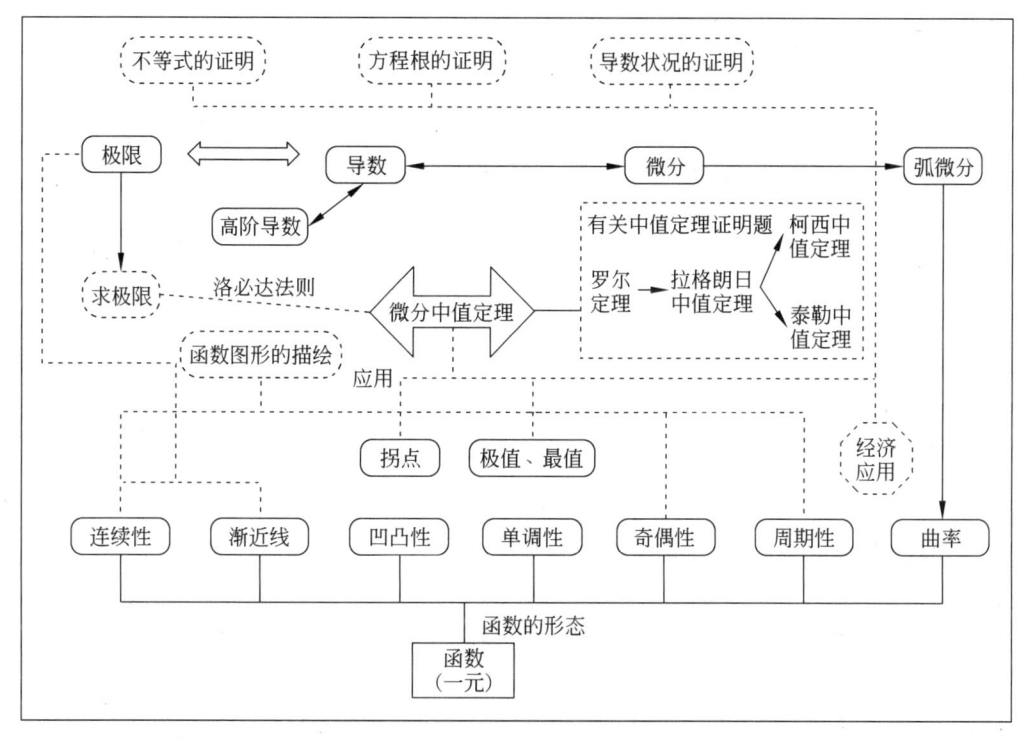

图 5-8 以思维导图复习梳理知识点

这是一个一旦应用就能马上体现价值的思维工具，甚至可以转化为交流工具。即使不能掌握软件也没有问题，只要能知道在图的显要位置写上你的讨论重点，然后按照你的思考去梳理，信手拈来。在纸上勾描的图画也一定能成为一个帮助你记忆和分析问题的有力工具，让你知道自己最终要讨论的内容和需要思考的要素。

通过确定主题、中心词来表达核心意思，然后确立次主题，即依照顺序提出方向、概念，再次归纳推演，罗列更为细节化的要点、概念、具体方法和方案（具体到时间、物资等的可以付诸实施的模式）。这样产生的方案容易审视正确性，可以和他人分享，能推动工作的完成。

本章小结

1.通过个人创意方法论（个人创意的基本理论和基本方法）的案例教学，每个人都可以借鉴常用创意方法，形成自己独特的思考模式，以推动创意的落地实现。

2.思维必须通过自我训练才能提高。

3.通过思维导图还原大脑的思考过程，找到自己拥有的资源和需要挖掘的一些尚未解决或不清晰的思考点，以完善解决方案。

创意与创新

本章自我训练

1. 给自己随意定一个概念，尝试用本章你觉得好的方法进行推导，慢慢做到每天 1 次到 3 次，再到 10 分钟的限时不限次，并养成习惯。

2. 寻找自己平常在商品使用中感受到的缺陷，尝试提出解决方案或假设。描绘思维导图，查看实现这些解决方案是否存在困难，能否解决。

本章思考题

1. 个人创意训练有何意义？

2. 创意工具有何作用？

3. 你所看重的创意方法有哪些？

第六章 组织的创新思维工具
——头脑风暴法

章首语：头脑风暴法已经逐渐变成了现代社会的基本工作方法，它是用特殊语言把不同人的思维联结起来开展创造的工具。

关键词：头脑风暴，集体思考，相互启发

有一些"荒诞"的想法在人们大脑里一闪即逝，但如果在头脑风暴环境下，可能被人们转化、放大变成重要技术模型的来源。

引导案例

一个关于解决高空电线积雪的讨论会

有一年，某地的冬天格外寒冷，大雪纷飞，电线上落满了积雪。一些大跨度的电线经常被压断，造成了十分严重的影响。当地组织了一场讨论会，大家开始都没有打开思路，考虑能否利用电热化雪、用震荡技术除雪、设计专门的电线扫雪机等，事情的转折发生在一位与会者的新奇点子上：能否带上几把大扫把，乘坐直升机去扫电线上的雪。正常情况下这人一定会被请出去，但是在头脑风暴会议上大家都没人对这个点子进行点评。反倒是另外一个工程师在听到"飞机扫雪"的想法后，大脑突然受到冲击，一种简单可行的扫雪方法冒了出来：每当大雪之后，出动直升机沿积雪严重的电线飞行，依靠高速旋转的螺旋桨即可将电线上的积雪扇落！会后，公司组织了专家对会议上提出的点子分类论证。专家认为电热、振荡技术、专用扫雪机这些方法虽然在技术上可行，但研制费用高、周期长，难以实现。反倒是直升机扇雪简单又有效。经过现场试验，这个方法真的奏效，就被确定下来。

思考题

会议前需要明确是否运用头脑风暴，并按照头脑风暴法的要求进行。在上述案例中，正常会议和特定头脑风暴中的讨论方式有什么区别？

创意与创新

第一节　头脑风暴法的原理

一、头脑风暴法

头脑风暴既是集体思考、集中思考，也是创造性思维，是利用人们之间的相互启发，提供一个思想汇集机会，从而产生创意。

头脑风暴法是20世纪30年代由美国科学家亚历克斯·奥斯本提出的。他认为，创新是一个非逻辑的过程，并没有一个基本的规则，主要是依赖参与者的直觉与灵感，对问题的解决也是依赖大量有助于解决问题的思想火花，而这也是获得高质量方案的前提。头脑风暴法就是基于这种创新思维理念而设计的方法。

头脑风暴既是一种活动，也是一种思维管理方法，称其为管理方法是因为这种方法的特点是多人共同思考。该方法主张在讨论会上每个人都可以自由地表达自己的观点。

通常，头脑风暴采用专家小组会议的形式进行，使参与者自由思考、畅所欲言、互相启发，从而引起思想共振，并产生组合效应，以激发更多的创造性思维，获得创新的设想。

头脑风暴法有下列要求：注重数量，禁止批评，鼓励奇思妙想，组合和改进设想。这些要求也可以进一步分解，变成更多的、细致的工作原则。根据头脑风暴法设立的原理及程序，其主要是借助群体氛围和思想，通过适当扩大参与者的数量来获得高质量的解决方案。头脑风暴不仅在于"人多力量大"，头脑多、想法多、创意多，也在于通过较多人的参与形成一种"场"的效应，让参与者不自觉地进入创意状态。也就是说，参与头脑风暴不只是奉献，也会有所收获，对于本来没有什么创意能力的人，来此以后，会发现自己也能够提出创意。

头脑风暴又称脑力激荡，其重要特征是相互启发。可以用一盆来回晃荡的水形容，其含义是一个想法通过相互启发后越来越被强化，类似的想法会越来越多地被提出来。在进行"头脑风暴"（思维共振）时，尽可能提供一个有助于把注意力高度集中于所讨论问题的环境，这样相互启发的方向才不会跑偏。相互启发是指某人提出设想以后，其他人受到启发提出类似或改进的想法，这样，一些最有价值的想法往往是在已提出设想的基础之上，经过"思维共振"的"头脑风暴"，得到发展而形成的。

第六章

组织的创新思维工具——头脑风暴法

脑力激荡是一个十分形象的说法,主要有下列特征。

第一,每一位参与者都是被别人激荡的环境和条件,每个人都是激荡别人形成想法的震源。因此,不应该有人破坏这个规则,每个人都应该主动参与其中,激荡别人,也被别人激荡。

第二,头脑风暴是用规则创造的"场",在这里所形成的相互激荡氛围,让人们情不自禁地参与其中。尽管一些参与者缺少经验,或者还不清楚前面所讨论的内容,但受到气氛的感染,就会被裹挟而成为参与激荡的一分子。

第三,在这个场之中,主持人特别重要。主持人是形成激荡的核心人物,是规则的护卫者,他用规则维护场的氛围,制止对规则的破坏;他也是激荡助力者,当场内的激荡力度不够时,承担起动员人们思维激荡的责任。所以主持人应是创意专家,他的责任就是维护场内的激荡氛围。

第四,在场内,人们的所有想法都要公开,别人提出的想法就像自己大脑产生的想法一样。人们的思考可通过语言表达出来,传递给他人,他人经过思考再加工传递给场内。对每个人而言,这个过程如同自己在思考一样,不同的是自己处于积极思考之中,进行"烧脑"的行为。

第五,自己的想法是在接受了外部想法刺激之后形成的,人们提出自己的想法并不是终极答案,而是释放出去激发出别人更高质量的想法。通过一轮又一轮的相互启发,形成发散但又不失去方向的新想法,使想法越来越接近有效创意。

实践经验表明,头脑风暴法不仅是简单易行、容易得到创意的思维管理方法,而且也可以用于排除折中方案,快速、有效地对决策给出判断。通过对所讨论问题客观、连续的分析,找到一组切实可行的方案,在军事决策、管理决策以及技术开发中都得到了广泛应用。头脑风暴法可分为直接头脑风暴法(通常简称为头脑风暴法)和质疑头脑风暴法(也称为反头脑风暴法)。前者是在专家群体决策中尽可能激发创造性,产生尽可能多的设想方法;后者则是对前者提出的设想、方案逐一质疑,分析其现实可行性的方法。例如,在美国国防部制定的长远科技规划中,曾邀请50位专家采取头脑风暴法召开了两周的会议。参与者的任务是对事先提出的科技规划提出异议。通过讨论,得到一个使原规划文件目标协调一致的报告。在原规划文件中,只有25%~30%的意见得到保留,其余则都是本次头脑风暴的成果。

但是,这种方法也有一定的局限性。第一,有些创造性强的人喜欢沉思,表现力和控制力强的人会影响他们提出设想。第二,讨论结果形成多条思路,难以及时对众多设想进行评价和集中,有的"可能"实施的成本(时间、费用等)很高,有

创意与创新

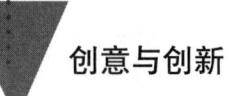

的优劣点各异，难以取舍。如果参与者抱有成见或固执己见，往往达不到头脑风暴法的要求。第三，头脑风暴要求创意数量要足够多，却会让企业因为陷于头脑风暴法的汪洋大海而错失了产品推出良机。第四，头脑风暴实施时环节较多，从创意到有效创意，再到方案的形成时间较长，过程比较复杂。有时人们会认为这种组织方法效率较低，一些紧迫的问题可能会因为头脑风暴法的步骤而延误最佳时机。第五，受权威等其他因素的影响，无法彻底地挖掘参与者的智慧。

为避免其缺陷，各国学者对该方法进行了改进，形成了本书所讲的多种头脑风暴法。也就是说，头脑风暴既是一种管理思想，也是一套管理方法，每个企业都可以根据自己的需要创造出新的头脑风暴法。

二、头脑风暴法的原则

（一）头脑风暴法的工作原则

头脑风暴法是组织同步思考的方法，它是一个关于组织思考的管理工具，是发挥群体正面作用、抑制负面影响的管理方法。实现这一目标需要严格的工作原则，有人把工作原则总结为七条，即：①禁止批评和评论，不要自谦；②目标集中，追求设想数量，越多越好；③鼓励巧妙利用和改善其他人的设想；④与会人员一律平等，记录全面；⑤主张独立思考，不允许私下交谈，避免干扰思维；⑥提倡自由发言，畅所欲言，任意思考；⑦不强调个人成绩，以小组利益为重。

为了让大家能够记住并可以随时运用，本书将上述原则简化为以下四条。

第一，庭外判决原则。对各种方案的评判必须放到最后阶段，在此之前不能对别人的方案提出批评和评价。认真对待任何一种设想，不管其是否适当和可行。亦称"不允许批评原则"。

第二，各抒己见原则。鼓励自由表达，通过创造一种自由的气氛，激发参与者提出各种荒诞的想法。

第三，追求数量原则。意见越多，产生好意见的可能性越大。

第四，取长补短原则。除提出自己的意见外，鼓励参与者对他人已经提出的设想进行补充、改进和综合。

（二）头脑风暴法的专家遴选原则

为创造一个良好的创造性思维环境，应确定专家会议的最佳人数和会议进行的时间。经验证明，头脑风暴参与者数量以10~15人为宜，会议时间一般以20~60分钟为最佳。

152

参与者的人选应严格限制，便于参与者把注意力集中于所涉及的问题。具体应按照以下三项原则进行参与者的选取。

第一，如果参与者相互认识，要从同一职位（职称或级别）的人员中选取。领导人员不应参加，否则可能对参与者造成某种压力。如果参与者互不认识，可从不同职位（职称或级别）的人员中选取。会议时不应宣布参与人员的职称，不论成员的职称或级别的高低，都应同等对待。

第二，参与者的专业应力求与所论的决策问题相一致，但这并不是专家组成人员的必要条件。专家中最好包括一些学识渊博，对所论及问题有较深理解的其他领域的专家。参与者应由下列人员组成：方法论学者——专家会议的主持者；设想产生者——专业领域的专家；分析者——专业领域的高级专家；演绎者——具有较高逻辑思维能力的专家。

第三，所有参与者都应具备较高的联想思维能力和集体主义精神。在进行头脑风暴（思维共振）时，尽可能提供一个有助于把注意力高度集中于所讨论问题的环境。有时某个人提出的设想，可能正是其他人准备发言提出的设想，自己在其他人提出想法以后，可以进一步深化其所提出的设想，经过"思维共振"，可能会发展出两个或多个设想，也可能会让想法更加完善。因此，头脑风暴法产生的结果应当被认为是集体创造的成果，即使某项创意是某参与者提出的，也是经过集体的启发后产生的。所有参与者要有为集体服务的心理素质和价值取向。

（三）系统化原则

会议提出的设想要有专人简要记载或录制下来以备查看，便于事后分析，并对会议产生的设想进行系统化处理，供下一阶段（质疑）使用。系统化处理原则如下。

第一，对所有提出的设想编制名称一览表。

第二，用通用术语说明每一个设想的要点。

第三，找出重复的和互为补充的设想，在此基础上进行分类，以形成有效的创意设想。

三、头脑风暴法与其他方法的区别

（一）与专家评估法的不同

虽然头脑风暴也需要专家，但参与头脑风暴会议的专家主要任务是产生创意，而不是论证创意。有时头脑风暴参与者要有一些外行，如客户或顾客。而专家评估法对工作原则没有过多的要求，其核心是专家参与，凡参与者都是专家。

创意与创新

头脑风暴法要求必须按该方法的工作原则进行，其核心是进入会场以后大家都是专家，但会议结束，人们恢复原来的身份。而在专家评估法中，与会者会前就是专家。

专家评估法的工作重点是讨论，是专家发表意见，专家要为自己的意见负责；而头脑风暴法的工作重点是相互启发，不存在想法的产权问题，只有团队贡献，产出是集体的，不存在个人私利。

头脑风暴法可以有结论，也可以没有结论。专家评估法的会议必须有结论。

（二）与德尔菲法的不同

德尔菲法是一种特殊的专家方法，因为专家存在着原始身份，会影响人们独立发表自己的见解。如何让人们畅所欲言，大家想了许多办法，其中，背对背开会，使参与者不知道对方是谁，隐藏个人身份是这种方法的核心。

该方法要求有一个会议中心，他们向专家发出问题，规定一个时间让专家进行回答，然后归纳总结意见并对大家的意见进行反馈，再请大家发表意见。2~3次反复进行纸面沟通以后，意见趋于统一。

头脑风暴法与这种方法的区别在于以下三点。

第一，目标存在着明显差异。头脑风暴法是为了提出创意，而德尔菲法是为了进行论证，以形成一致的判断。

第二，机制差异，两者都要避免专家地位的影响，但头脑风暴法更加强调现场氛围的启发性影响，德尔菲法不强调现场的影响，甚至还要间接地抑制这种影响；前者需要借助的是热情和激动，后者需要借助的是冷静和理智。

第三，它们都需要主持人，但头脑风暴法更看重主持人的现场能力，而德尔菲法则需要的是归纳能力。

四、头脑风暴的会议主持人

如果说头脑风暴的专家组是智能结构互相感染的集体，那么主持人则是这个集体的总指挥。

（一）主持人遴选

头脑风暴法对主持人的要求包括两个方面：一是他应该对问题的背景比较了解；二是他要熟悉头脑风暴法的程序和方法。如果能够熟悉创意方法，或者性格比较开朗、幽默，效果会更好。当然，为了应对不同的语言环境，他也应有较强的语言天赋。

（二）主持人的工作

头脑风暴的会议主持人是一台能激起参与者思维"灵感"的发动机，他要促使参与者立即回答会议提出的问题。

通常在"头脑风暴"开始时，主持人需要采取询问的做法，因为很少有主持人能够在会议开始5~10分钟内营造出一种自由交换意见的气氛，并激起参与者踊跃发言。主持人的主动活动也只局限于会议开始之时，一旦参与者被鼓励起来，新的设想源源不断地涌现出来时，主持人只需根据"头脑风暴"的原则进行适当引导即可。

不同头脑风暴法主持人的作用有所不同，需要根据不同的头脑风暴方法做适当调整。

第二节 会议型头脑风暴法

为了完成创意大赛，第一小组的12个人一起开会，组长略作了开场白。表明是为了完成作业，要给出新的创意设想，看大家是否准备好了，然后就让大家发言。组长看大家都不讲话，只好自己讲了想法，其他同学说同意，会议就结束了。

思考题
你觉得这个会议开得有意义吗？会议后会产生什么结果？

会议型头脑风暴法要基于头脑风暴组织，其目的就是利用高度紧张氛围和环境，诱导大家激发灵感，表达创意。

一、会议型头脑风暴的组织形式

（一）参加人数与分工

通常，会议型头脑风暴的参加人数在10人左右。其往往偏向相对较少的人数，如6~10人。人数不能太多，也不能太少。人数过多，人们就没有发言的机会，自己的灵感无法表达出来；人数过少，相互思想来源不够，启发不足。如果条件允许，最好以基本成员8人左右为宜。

对基本参会人员的要求是，最好来自不同专业或不同岗位，他们最好懂得头脑风暴规则和创意方法，如果不是全部参会者都懂得头脑风暴，也要至少一部分人懂得，即使另外一部分不懂得，下次参会他们可能就有所了解了。

除基本成员外，还需要一名主持人、一名记录员，有时也可以增加两位记录

创意与创新

人员，但他们并不是基本参会者。

（二）会议时长

通常为1个小时。时间并不是决定会议是否结束的根据，决定会议是否结束是根据创意的数量，如果完成了规定数量，可以提前5分钟结束，如果没有达到目的，也可以适当延长会议时间。如果1分钟之内没有新的创意，并且会议接近1小时，也可以结束；如果时间接近1小时，大家发言还很热烈，即使数量已经达到100条，也可以先不停止会议，适当延长会议时间。

（三）会议类型

头脑风暴可以分为设想开发型和设想论证型，目前以设想开发型为主。

1. 设想开发型

这种头脑风暴会议只提创意设想，是针对所提出的问题本身给出解决问题的构思。这种方法并不一定完全追求新颖，而是基于问题提出奇幻的想法。它要求参与者要有较好的想象力和表达能力。头脑风暴会议要求给出数量足够多的创意，如前面所说的要达到100条以上。会议结束以后，需要主持人做进一步工作，包括分类和对创意进行论证。

2. 设想论证型

这种头脑风暴会议是将设想所得到的结果进行论证，将方案逐渐实用化。在论证之前，先将开发出的创意设想进行分类，将原理接近的方案统计在一起；然后对设想的好处与坏处进行充分讨论，全面列举，在这一过程中需要以数量为原则，好处和坏处都要讲充分。也需要对相近的方案进行质疑、延伸，再补充完善。这种头脑风暴会议要求参与者善于归纳和分析判断，能转换视角，比较全面地看问题。

二、会议型头脑风暴的组织形式与工作流程

（一）准备工作

1. 明确主题

主题的确定很重要，应坚持下列原则。

第一，针对性强，着眼于所解决的问题。如果问题不清晰，需要事前做些分析，明确问题。

第二，问题要具体。例如，本章开始讲的解决高空电线积雪就是一个明确、具体的问题。

第三，问题不宜过大或过小，也不宜限制性太强，不能是选择题，而应是开放

性问题，给参与者足够的讨论空间。

第四，题目宜专一，不要同时将两个或两个以上问题混淆讨论。

第五，要利于书面表达，通常问题要提前通报，需要用文字发出通知，让大家提前做一些准备。

2. 选好主持人和参与者

其原则与一般头脑风暴一致。转换角色的参与者进入讨论之前，需要进行柔化训练：一是看对问题是否存在多义的理解；二是要懂得头脑风暴的原则和工作流程，强调可以改进别人的想法，不能评论；三是要强调这里没有专家和领导，大家一律处于平等的地位。

（二）会议实施

主持人检查会前准备的情况并自检。开始时主持人可以再次重申主题，也可以补充介绍相关情况，并带领大家做突破思维惯性训练，再考察参与者对问题的理解，包括任务、条件以及对主题现状与趋势的认识。这是例行工作，即使准备不充分也只能做现场弥补，但任务、人员、目标都不可能再改变。此后进入正式头脑风暴会议阶段。

第一步，启动思维。这是一个比较困难的阶段，大家如果准备得不充分，或者缺少主动发言的积极性，会出现冷场。主持人可先提出简单问题做演习，进行热身，切记不能着急，不能用主持人自己的想法来代替参与者的思考。

第二步，进入会议正常阶段。需要主持人掌握会议节奏，主持人要巧妙运用"行—停—行"的技巧：3分钟提出设想，5分钟进行考虑，再3分钟提出设想，反复交替，形成良好、高效的节奏。一定要按顺序"一个接一个"地轮流发表构想。例如，轮到一个参与者发言，但他暂时没有新构想时，可以先跳到下一个。如此循环。另外，要记录所有新的想法。

第三步，控制会议时间，通常在1个小时左右。

第四步，设想的分类与整理。将设想分为实用型和幻想型，以备后续进一步论证。也可以做二次开发，将实用型设想完善，将幻想型设想提炼。

三、主持的重点与技巧

（一）会议型头脑风暴的重点

会议型头脑风暴的重点在于激发成员思考，利用现场感，相互激发大家共同思考。头脑风暴没有预先设置的正确标准，因此，什么话都可以说，包括听起来荒诞的、不经过大脑脱口而出的、离奇的只言片语，只要是针对目标解决问题即可。强

创意与创新

调创意的数量，以创意数量为衡量会议是否完成和会议质量的标准。为此，应按照每条设想提出的顺序编出序号，以随时掌握提出设想的数量，并提出一些数量指标，鼓励多提新设想。

第一，重申会议原则。

第二，轮流发言。也就是说不能自由发言，不能一个人唱独角戏，也不能大家抢着发言，而是有秩序地发言，所有参与者都要发言。

第三，会上不允许私下交谈，以免干扰别人的思维活动，也避免形成小团体意见。

第四，倡导团队精神。

经常使用头脑风暴法，可以减少人与人之间的隔阂，增进工作的协同性，培养组织内的合作精神，倡导团队精神。主持人要有意识地倡导这样的精神。

（二）会议技巧

第一，参加会议的人员应定期轮换，应有不同部门、不同领域的人参加，以便集思广益。

第二，参加会议的人员应有男生和女生，以便思考结果更加全面。

第三，突破思维惯性训练。可用举例，例如，白炽灯还可以做成什么形状？大家都有什么资源？什么叫学习？用这样的问题加以引导。

第四，为使会议气氛轻松自然、自由愉快，可先热身活动一番，如说说笑话、吃东西、猜个谜语、听段音乐等。

第五，主持人要善于激发参与者思考，多使用激励的词句，如"太棒了""对，就是这样""好主意""有创见""有新意"；不作比较，以避免阻止人们思考。禁止使用下列词语："这点别人已经说过了""实际情况会怎样呢？""请解释一下你的意思""就这一点有用""我不赞赏那种观点""不够深入""不够新颖"等。

第六，遇到尴尬时，可暂时休息，听音乐、看图画等；遇到大家热烈讨论时，即使很累也不要停下来。

第七，要经常提醒大家运用工具进行移植、修改、放大、颠倒、替换、重组、组合、交叉等。

第三节　头脑风暴法变形

在教室里，老师提出了一个问题：暨南大学如何举办一次世界运动大会？老师提出问题以后，等待大家回答。教室十分安静。3分钟后，老师又说："说错不要紧，只要能表达自己的想法，就可以给平时成绩加分，这个加分是你们能够达到 90 分的前提。"一位同学举手说，苏炳添刚刚获得了田径比赛大奖，可以以他的名义举办世界田径邀请赛。老师说，可以加 2 分。又有同学举手说，可以举办华人运动大会，又有同学抢着说，可以举办华商运动大会，可以举办特殊比赛……同学们开始热烈讨论起来。现场没有记录，也没有结果。

思考题

这是一场头脑风暴活动吗？

头脑风暴法不是一种固定方法，而是有各种变形，通过方法论可以衍生出许多方法。这些方法是在不同环境下根据不同要求形成的，是基本头脑风暴法的变形。

一、635 法

（一）基本原理

针对德国人喜欢沉思的特点，德国创造学家荷立肯提出了默写式头脑风暴法。这种方法不需要记录员，现场大家也不需要讲话。该法规定，每次会议有 6 人参加，每个人在 5 分钟内提出 3 个设想，因而它又被称为"635 法"。它是一种会议形式，但它不要求参与者讲话，而是用纸张默写出自己的想法，通过填写卡片表达创意，再进行创意交流。

人们在使用口头表达时会存在许多问题。第一种情况，表达时口语中伴随许多其他信息，人们很多时候是一边思考，一边表达的，语意会表述不清、重复和不准确，这些都会给听者带来困难，也给记录人员带来很大的工作负担。如果不询问，也许记录的是相反的意思，或者是曲解的意思；如果询问，又可能会打断思考，违背头脑风暴的原则。第二种情况，有人口头表达顺畅，有人口头表达别扭，差异较大，这会造成讲话者的压力。如果要求本人用书面语言表达，就可以消除这种表达中的问题，同时人们在做书面表达时，遣词造句会比较慎重，表达会准确且简洁清晰。另外，这样做不需要介绍参与者，没有语气因素等干扰，也减少了参与者身份因素的影响，这种方法对主持人的要求较低。然而，这种方法无法利用现场制造人们的创意激情，它是在压力下，而不是在激情下完成的创意。

（二）主要流程与原则

1. 工作流程

第一，有 6 位参与者，可以没有主持人和记录员。

创意与创新

第二，提前布置问题。

第三，每人分派一组专用工具，如表 6-1 所示的专用卡片，每人一次填写 3 个不同的答案。

表 6-1 635 法专用卡片

	方案或想法 1	方案或想法 2	方案或想法 3
第一轮			
第二轮			
第三轮			
第四轮			
第五轮			
第六轮			

第四，5 分钟后大家同时移动专用工具。如此重复 5 次，共计填写 6 次。

全部答案 $3\times6\times6=108$（个），耗时为半小时。

2．专用工具

可以预先制作一种专用卡片，如表 6-2 所示。或者是一页 A4 的专用纸，如表 6-1 所示。

表 6-2 635 法专用卡片

	方案或想法 1	方案或想法 2	方案或想法 3
方案或想法			

如果觉得一张纸不方便，也可以使用专用的卡片夹，将每个想法插入卡片夹的袋子里。注意，如果使用 A4 纸，请将表格做得足够宽，留足写字的空间。

3．工作原则

第一，题目适中，可以适当减少人数。

第二，使用专用工具（卡片或表格）。

第三，顺时针传递。

第四，公告答案，进行商讨并将创意集中分类整理。

二、改进的头脑风暴会议法

前述的头脑风暴法存在的共同问题是没有办法开展批评，难以对设想进行及时的评价，这不利于论证和方向的集中。据此，日本创造开发研究所所长高桥诚提出了 CBS 头脑风暴法，日本广播电台开发了 NBS 头脑风暴法，日本三菱树脂公司改革创新出了 MBS 头脑风暴法，美国热点公司开发了逆 BS 头脑风暴法。

（一）CBS 头脑风暴法

这是一种允许质疑的头脑风暴，其原理是根据主题，每人把事前准备好的想法讲出来，听演讲的人会提出疑问，在质疑完成以后进行创意。会议时长一般为 1 小时。

全部流程有两个阶段。

1. 会前阶段

会前要明确会议主题，并告知参与者。每次会议 3~8 人，会场准备好 300~500 张卡片。每人配备约 50 张卡片，另一张桌子上放置 200 张卡片以备用。

2. 会议阶段

会议可分成三个阶段。

第一阶段，独奏阶段。每人持 50 张卡片，前 10 分钟为个人"独奏"，由每人在其卡片上填写设想，1 张卡片 1 个设想。接下来的半小时，按座位次序轮流发表意见，每次宣读 1 张卡片，宣读时将卡片放在桌子中央，让每个人都能看清楚。

第二阶段，质询阶段。在宣读后，其他人提出质询，此时所有参与者可以将受到启发的新设想填入备用卡片。

第三阶段，再创意阶段。在剩余的 20 分钟内，让大家互相交流和探讨各自的设想，从中再诱发新设想。

（二）NBS 头脑风暴法

NBS 头脑风暴法又称 NHK 法，是日本广播电台开发的方法。其基本原理和 CBS 头脑风暴法接近，只是不倡导直接批评，避免打消创意的激情。它强调提前布置任务，随时可以将受到启发的想法写下来。会议比较接近讨论会，因此用时较长，每次会议 2~3 小时。

会议准备。会前明确会议主题，每次会议 5~8 人，将卡片预先发给每位参与者，每人提出 5 条以上设想，要求每张卡片写 1 条。

会议开始后，各人出示自己的卡片，并依次作出说明。在别人宣读设想时，如果自己产生了新设想，应立即填在备用卡片上。

会议发言完毕，将卡片集中分类，在每类卡片上加 1 个标题，按序摆在桌面上，然后评价和讨论，从中挑选出可供实施的设想。

（三）MBS 头脑风暴法

这是日本三菱树脂公司开发的方法。具体做法分五步。

第一步，提出主题。

第二步，每人各自在纸上写设想，时间为 10 分钟。

第三步，轮流发表自己的设想，每人限 1~5 个。主持人记下各设想，其他人可填写受到启发的新设想。

第四步，将设想写成正式提案。

第五步，由主持人将每人的提案用图解方式写在黑板上，然后进行讨论，以获得最佳方案。

（四）逆 BS 头脑风暴法

逆 BS 头脑风暴法又称为反向头脑风暴或逆头脑风暴法，该法是由美国热点公司开发的。它不但不禁止批评，而且重视批评，对已有的设想大做文章，通过批评缺点，促进设想完善。头脑风暴法的其他原则该法均有采用。

运用该方法，要注意防止因只抓缺点或反面东西，导致会议参与者过于拘谨。

三、小型脑力激荡的方法

头脑风暴法的参与人数多为 8 人左右。也就是说，头脑风暴法只能适用于这样的人数规模，其工作原则是激发创造力。但当人数比较少时，如何激发人们的创造力呢？也就是说，头脑风暴是否适于人数较少的情况呢？小型头脑风暴就是在人数较少的情况下进行思维爆发的，也可称为小型脑力激荡。

（一）双人联想——乒乓法

乒乓法又称脑力乒乓法，其基本原理是两个人以对答的方式轮流发言、相互启发，形成有效的创意。主要流程如下。

第一步，问题形成。"为了什么做这件事情？""我们能够做什么？"根据作用是否明确、是否是真问题和是否为一个有意义的问题来判断，再一起修改问题、完善问题。

第二步，记录对方意见。双方各备卡片，倾听对方意见，准备为对方做记录。

第三步，讨论。针对问题，把对方的阐述进行整理，寻找一般观点，再进一步寻找特殊元素，从一般到特殊，把特殊元素加以明确。

第四步，讲出或发展对方的观点。将对方观点展开并深化，以对方观点向周围延伸，形成新的观点。

为使双方头脑动员起来，在该方法使用过程中，一定要建立时间观念，以时间压力形成紧迫感。虽然不一定需要仪式感，但它毕竟是头脑风暴，还是需要事先达成这样的约定，不能闲聊其他无关内容。

（二）个人联想法

个人联想法是将头脑风暴法用于个人领域，所以在本质上，是自由联想的方法。

从原则上讲，这是一种对考虑到的问题不受限制地进行联想的方法，使天马行空的思想得以自由奔驰。在本质上，就是让思想奔驰，随意奔放地联想，其场景多是在比较放松的环境下，睡醒后、如厕时、看书走神时。有人将其与列举二元坐标连对法、焦点法等结合，形成专门的自由联想的方法体系。

1．二元坐标连对法

第一步，将自己认为有必要的东西经过充分想象后，全部列举出来。

比如，把家庭中一般最常见的物品列成一张单子，列出内容越多越好。

例如：①桌子；②椅子；③电视机；④电扇；⑤冰箱；⑥压力锅；⑦影碟机；⑧日历表……

第二步，配对。

将列举出来的事物分别标在横坐标或纵坐标上，然后将其一一配对，看看结合起来会产生什么新构想。

打△的表示一般无法产生新构想的结合，打○的表示可产生新构想的组合。以椅子为例，依次可产生如下构想：①②形成带椅子的桌子；②③形成装在椅子上的电视机；②④形成带电扇的椅子……

第三步，进一步扩展思路。

上述构想并不是唯一的构想，如②③还可构想成可当作椅子的电视机、椅子形状的电视机等。思路越广越好，构想多多益善。

第四步，论证想法。

通过二元坐标连对法得出的新构想不一定都能产生实际的效果，但这些构想对激发灵感有巨大的作用。判断一个新构想要从可行性、经济性、时间性等多个角度综合考察，既不能轻易否定，也不能轻易采纳。

2．焦点法

通过二元坐标连对法也可以形成新的构思，即将现有事物进行交叉创造新事物。因所考虑的项目太过复杂，没有一个固定的研究主题，而且，所依据的只是物与物的组合而已，因此在思考上，很难发挥出应有的联想。

如果要创造一个跟原物风貌完全不同的事物，使创意变得有效和实用，就有必要使用"焦点法"。

第一步，决定要改造的目标，即焦点，然后围绕这个目标进行思考。也就是说，要把思考的焦点定位在一个已经决定好的目标上。比如，我们把目标定位为：新款式的椅子，即把椅子作为思考的基础。

创意与创新

第二步，接着随便拿出一个会变的东西，在此，我们暂时用"肥皂泡"来试试。把椅子和肥皂泡结合在一起，开始构想椅子的新款式，这就是焦点。

可以把思考过程分成两个阶段。

第一阶段：椅子和肥皂泡组合。

椅子和肥皂泡组合，将肥皂泡具有的特性融入椅子的设计中，可产生以下构想：轻而薄的椅子、球形的椅子、可飘浮的椅子、在阳光照耀下可呈现各种颜色的椅子、充气的椅子、由许多球形组成的椅子……

第二阶段：椅子和肥皂泡的变体联想相结合。

将肥皂泡经过联想法联想后，再与椅子的设计结合。

如肥皂泡—球形—橘子—球形水果—水果—果实—开花—花朵—花香—香味—香水—女人—女明星—电影……

思路越广越好。然后将它们与椅子组合，看能否构成新设想。

例如，思路发展到开花—花朵时，就可以以花为模型设计椅子，可把椅子设计成鲜花式样，或设计带鲜花的椅子，或把椅子腿设计成鲜花状，等等。

又如，思路发展到香味—香水时，可设计带香味的椅子，策划买一把椅子送一瓶香水的营销手段等。

再如，思路发展到女人—女明星时，可设计专门适合女性的椅子、有明星肖像或签名的椅子……

第一阶段的思考方式相当于坐标仅有一个元素的二元坐标连对法的应用。只有在第二阶段时，想象力才得以自由发挥又具有针对性，使人类丰富而强大的联想力与设计、创造的终极目标相结合。

实施要点可分为以下五点。

第一，不必担心自己的想象不能实现，这是以后的事。在联想时，任何想象都是受欢迎的，即使是自己认为荒谬可笑的想象也可以记录下来。

第二，想象要重量不重质，越多越好。

第三，在第一阶段，使用二元坐标连对法时，要横纵两轴均作为侧重点。如④⑧组合，可有两种类型，一种是带电风扇（功能）的日历，另一种是带日历（功能）的电风扇。这是从两个不同侧重点考虑的结果。

第四，第二阶段使用焦点法的好处是可以为联想提供一条思考的线索。

为了产生好的构想，就有必要让想象力更充分、更自由地发挥。但是在这一过程中自由发挥，往往不见得能联想到很多东西。所以在使用焦点法时，可以先提供可供联想的线索，如形状、颜色、气味等，然后再用强制意识根据这些线索进行联想。

第五，个人联想法强调的是综合运用、自由联想，而不是强制使用某种方法。

四、多人参与的头脑风暴

这是多人集体联想的方法，其基本原则与会议型头脑风暴一致。但由于参与者众多，没有可能充分讨论，没有机会重复发言，时间变得比较紧迫，每个人只有少数的讲话机会，需要利用时间紧迫感获得创意。

（一）压力提问法

压力提问法可运用在许多场合。面试一个人，在限定时间内给出答案，看被面试者的反应能力、灵活运用能力以及创新能力等。也可以运用在多人参与的创意环境中，如在课堂完成的创意活动中。其要点是，一个人主持（通常是老师，也可以是同学报名），其他人回答，主持人是这种创意组织活动的中心。

压力提问法不会先给出问题，而是现场向众人提出问题，可以将讨论分阶段，第一阶段是问题形成，第二阶段是创意应答。创意时不需要参与者的深思熟虑，而是需要他们的"急中生智"，在时间压力下，将个人的灵机一动汇集起来。为了让所有人的智慧都被调动出来，需要采用轮流发言的方式，也可以点名发言强制讲话。现场可以没有记录，但最好有一支录音笔，将大家的发言记录下来，以便在会议之后进行整理。

在使用这种方法时，不要预设答案，更不能通过提问把人们的思路引向无法思考的死角，或者变成表现主持人已经思考过，这样容易将这种讨论变成主持人秀。在进入创意阶段之前，要注意不能把问题定得过于含糊，那样会把话题终结。例如，"你觉得抖音的未来发展会怎么样？"这样的问题太大、太空泛，不能诱发人们思考。因为很多回答者会说："未来发展一定很好，用户一定会很多。"讨论就这样结束了。

不论是头脑风暴，还是面向众人的采访，都可以使用这样的方法来得到有用的结果。它要求，第一，明确你的目的，即把需要达到的目的写下来，分析并列出为了达到这个目的需要提出什么问题。通常想到的都是大问题，需要分解问题。第二，把大问题分解，变成更小、更具体的问题，并且写下来。比如"在幼儿园过得怎么样？"其中的关键词"过"是指什么，吃、睡、玩等，这就是可以分解的问题。第三，采用层层递进式提问和"还"式提问，用"还有什么"问句不让答案局限在现有答案上，以扩大答案范围。这要依靠主持人的不满足，实际上是否已经有了最好的答案，

创意与创新

主持人也不一定当时就知道,但一定要表现出不满足,以激发大家继续寻找新的答案。

(二)集合笔记本法

这是把问题确定以后公布,请大家独立思考,形成文字,再集中笔记提炼和梳理思路的方法。它有点像"众包",即将问题明确以后,把问题分发给个人,再由个人分别发表意见,最后进行综合。它广泛用于人们的社会活动中,许多饭局就是这样形成的,表面上是邀请朋友吃饭,但实际上是为了解决一个明确的问题,在此之前,已经通知大家有一个问题要解决。现在借助网络,把问题公开,邀请公众提出解决问题的方案,可以设奖,也可以不设奖,只要渠道合理,多会征集到有效的创意。

这种方法的关键在于能够把笔记中的文字归纳,清晰地概括笔者原意,同时,还要能够把不同的智慧综合在一起。因此,这种方法往往配合了专家会议,或者强有力的职能部门对创意进行筛查和整理。

第四节 综摄法

20世纪50年代的露天煤矿有一种装载用的电铲,到了20世纪70年代,露天煤矿出现了新的东西,人们纷纷议论说现在这个东西太奇怪了,就像人手一样是往回挖的。查阅资料后才知道,这个像人胳膊与手一样工作的东西叫挖掘机,它就是使用综摄法发明的机器。

思考题

为什么要模拟人来设计机器呢?

一、综摄法的原理

综摄法又称戈登法,是麻省理工学院教授威廉·戈登(W. J. Gordon)于1944年创立的创意方法,到1952年完善以后得到推广,对该学校形成了重大影响。

尽管头脑风暴法易于操作,但对复杂问题的解决效果往往不是十分理想。为了解决这一矛盾,人们先发明了德尔菲法,这样的创新方法要求明确提出主题并且尽可能地提出具体的课题,这限制了参与者的自由联想。为了解决这一问题,在头脑风暴法的基础上,戈登于1952年提出了一种由会议主持人引导进行集体讲座的技术创新技法——综摄法。其特点是,除主持人外不让参与者知道创意的真正意图和目的，而是把具体的问题抽象化后向参与者提出，引起参与者的广泛设想。

综摄法的基本原理是，采取自由比喻和正式交换创造性思考，将熟悉变陌生或将陌生变熟悉，通过运用熟悉的方法处理陌生的问题或运用陌生的方法处理熟悉的问题，使大家走出思维定式，发挥群体智慧，达到创意的目的，促使设想形成，它是一种组织联想和集体创造。从这个意义上看，它类似头脑风暴。通常，它需要由 6~8 人组成，有一位主持人，一位创意专家，以及各学科成员 4~6 人。

与标准的头脑风暴法相比，综摄法没有既定目标，如果说有目标，那就是创造一款新产品。事实证明，我们的许多发明创造、文学作品都是受日常生活中的事物启发而产生的灵感。这类事物，从自然界的高山流水、飞禽走兽，到各种社会现象，甚至各种神话、传说、幻想等，比比皆是，范围极其广泛。因此，这是一种利用现有的外来事物启发思考、激发灵感来解决问题的思维方法。例如，使用离心力就暗示能实现滚筒高速旋转。从这个暗示中，思考剪草机是否可以使用高速旋转的带锯齿的滚筒，或电动剃须刀式的东西。综摄法的工作流程如图 6-1 所示。

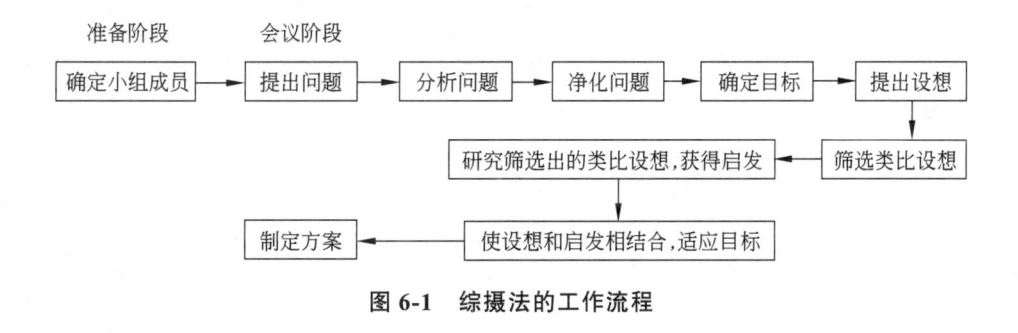

图 6-1 综摄法的工作流程

二、综摄法的两大思考原则

（一）异质同化

简单来说，就是运用熟悉的方法和已有的知识进行分析、比较，提出新设想，就是把不习惯的陌生事物当成早已习惯的熟悉事物。

（二）同质异化

从新的角度或运用新的方法"处理"一些早已习惯的熟悉事物，从而提出新的设想，就是把熟悉的事物当成陌生的事物来看待。

三、综摄法的具体实施

第一个阶段：提出问题，分析问题。创新就是不断提出问题并解决问题。这里

创意与创新

的问题既可以是外界提出来的，也可以是创意小组自己提出来的。分析问题就是对问题进行简要的分析，先由专家对问题进行解释和概要的分析，这个过程是将陌生的东西熟悉化（异质同化）。

第二个阶段：模糊主题，类比设想。主持人引导小组成员讨论，将与问题本质相似的同质问题在会议上提出，而把原本的问题隐匿起来。将具体问题包含在广义的问题中提出，营造一种可以使构思自发产生的条件，以引起广泛的设想，从而激发创造力，然后使广义的问题逐步清晰和具体化，最终完成创意。

第三个阶段：自由联想，无限延展。这一过程可以视为一段远离问题的"假日"，也正是综摄法的关键所在。因为目标十分抽象，参与者可以对问题的讨论进行延展。当某些见解对揭示主题有利时，主持人及时加以归纳、予以引导。这一阶段的目的是使熟悉变陌生。例如，弹簧的伸缩、拉紧，如线牵引放飞的风筝；编织中的毛衣，如字符结构的离散；线团的束缚，如伤口的愈合，等等。上述的类似联想还可以有更多，其目的是让思维的链条松弛。

第四个阶段：架构互传，牵强配对。这一步有两种做法，一种做法是把类比联想的事物与主题牵强地进行配对，在这种情况下，通常会激发出创意。而另一种做法是把两种元素牵强地联系在一起，同时与主题联系起来并展开幻想。不管采用哪一种做法，小组成员都需要围绕主题和类比元素展开讨论和研究，直到找出表现主题的创意为止。

这一阶段由分而合的目的是使陌生变熟悉。针对联想与主题进行链接：拉紧的橡皮筋可比喻为我们与家、与亲人的关系——"拉得越开，弹得越疼"；牵引放飞的风筝可叙述为"放线——父母让你闯世界，归根——你让父母享天伦"；"线团的束缚"延展为电话线缠绕双腿，诉诸"不要让电话线绊住你回家的脚步"。其中许多类比现象，均可发展为思维创新的立足点。

第五个阶段：实用配对，制订方案。在此阶段，要结合解决问题的目标，对上一阶段类比联想所得的启示进行艺术、技术、经济等方面可行性研究，将创意构思转化为问题的解决方案，并将方案图形化，拟定具体的方案。

也可以将其简化，我们以鼠标为例来说明简化流程。

第一阶段：像什么？是什么？由什么组成？

第二阶段：抽象化（不是什么），不是鼠，而是手持工具。

第三阶段：具体化，以手形来设计，适合女士的，方便大手使用的……

四、综摄法的技巧

（一）拟人类比

在进行创造活动时，人们常常将创造的对象加以拟人化。在机械设计中采用拟人化的设计，可以从人体某一部分的动作中得到启发，常常会收到意想不到的效果。现在，这种拟人类比方法还被大量应用在科学管理中。

（二）直接类比

从自然界或已有的成果中寻找与创造对象相类似的东西。例如，设计一种水上汽艇的控制系统，人们可以将它同汽车相类比。汽车上的操纵机构和车灯、喇叭、制动机构等都可经过适当改进，这样比凭空想象设计一种东西更容易获得成功。又如，运用仿生学设计飞机、潜艇等，也是一种直接类比的方法。

（三）象征类比

所谓象征，是一种用具体事物来表示某种抽象概念或思想感情的表现手法。在创造性活动中，人们也可以赋予创造对象一定的象征性，使它们具有独特的风格，这叫象征类比。象征类比在建筑设计和广告设计中应用较多。例如，设计纪念碑、纪念馆，需要赋予它们宏伟、庄严、典雅的象征格调，设计咖啡馆、茶楼、音乐厅就需要赋予它们以艺术、优雅的象征格调。

（四）想象类比

人类的想象力是无穷的，可以通过童话、小说、谚语等来激发人类的灵感，从中获得处理问题的方案。在科技迅猛发展的时代，人们利用幻想解决问题也可能成为现实。众所周知，著名科幻小说之父儒勒·凡尔纳有非凡的想象力，是个运用幻想类比法的大师。比如，100多年前还没有收音机，而小说中的人物却看上了电视。

本章小结

各种头脑风暴法都有共同的特点。

1. 时间上的限制造成了气氛的紧张，使参与者头脑处于高度的兴奋状态，有利于激发出创造性设想。

2. 参与人数较少，使得每个参与者都能充分发表自己的创意，提高了大家的创意激情，人们在这里体现了自我价值。

创意与创新

3. 不管是口头还是书面，大家都能充分进行交流，可以从各种角度、各个方面做到创意思路的碰撞，有助于创意思维在数量与质量上的提高。

4. 可以说，头脑风暴都是从"独奏"开始，到引起"共振"告一段落，既达到了创意的目的，又促进了人们创意能力的发展。

本章自我训练

1. 随时随地使用头脑风暴法，一个人的自由联想，两个人的乒乓法……

2. 在召开头脑风暴会议之前，再重新看看头脑风暴法的原理和原则，决定使用哪种头脑风暴法，思考其有什么特殊要求。

3. 自己归纳总结使用头脑风暴的经验，也可以提出自己的头脑风暴法。

本章思考题

1. 头脑风暴法为何不强调个人成绩？参考人数为何最好是8个人？

2. 组织思维的意义是什么？

第七章　知识产权化

章首语：人类社会的快速进步源于借助制度形成公众的创新力，知识产权制度是其中的核心制度。

关键词：知识产权，专利，商标，技术秘密

知识产权制度是人类的一大发明，企业的创新活动需要借助知识产权制度，让创新活动更加完整、充实。

引导案例

2006年，我国一家厂商在美国当地状告一家美国厂商侵犯其发明专利权，这在此前还没有先例，因此引起了广泛的关注。

1999年，朗科公司关于闪存盘的全球基础性发明专利——"用于数据处理系统的快闪电子式外存储方法及其装置"研发成功并提交专利申请，于2002年7月获得国家知识产权局授权。凭着这项专利，朗科发明的闪存盘在深圳迅速产业化，仅用两年时间朗科就实现了销售收入从"0"元到"亿"元的突破。在闪存盘专利的基础上，朗科又开始了新的技术创新。在不断创新的同时，朗科与众多厂家合作，共同促进闪存盘市场的发展，例如，与三星、IBM、明基等企业建立了长期的合作关系或专利许可的合作。此外，朗科还积极参与国家闪存盘产品标准的制定工作，并作为核心成员被吸收进国家信息产业部移动存储器标准工作组。他们认为，知识产权是企业自主创新的灵魂，企业一方面要不断推陈出新，另一方面要加强对自主知识产权的控制力，以增强知识产权保护意识和应用能力，只有这样企业才能保持旺盛的生命力。2004年12月，朗科发明的闪存盘专利在美国获得授权，这是我国计算机存储企业在美国获得的第一个全球基础性发明专利。时隔一年多以后，朗科远赴美国就闪存盘专利侵权事件举起了维权大旗。

思考题

1. 朗科为保护创新成果采取了哪些措施？
2. 保护创新成果对企业有什么意义？

创意与创新

第一节　知识产权制度

无论是哪种创新，都建立在新知识、新技术和新思想的基础之上。知识和技术创新是人类经济、社会发展的重要动力，决定了一个企业、一个地区甚至一个国家的创新能力。有人认为，人类社会在最近 200 多年中取得的巨大进步，最大的贡献者是知识产权，是知识产权将人们的创新思维调动出来并转化为实际的生产力。

一、知识产权制度的产生背景

知识越来越成为经济发展的核心要素，知识资源具有共享普惠、无限增值的本质特征，克服了传统物质资源排他性和消耗性的固有缺陷，并能引导物质资源的可持续利用。知识的生产是通过科学研究与经验积累形成的，包括基础研究和应用研究，是获得新的基础科学和技术科学知识的过程，其目的是追求新发现、探索新规律、创立新学说、创造新方法。知识创新为人类认识世界、改造世界提供了新理论和新方法，为人类文明进步和社会发展提供了不竭动力，是企业技术创新的基础与源泉。

知识创新形成知识成果，知识成果有三种表现形式：一是新知识，主要是指通过基础研究和应用研究而取得的新发现、新学说，主要体现形式为科学论文、科学著作、原理性模型或发明专利等；二是新产品或新技术，这是应用技术性成果，即以科学原理或技术原理为基础，通过开展技术发明活动而取得的新工艺、新产品、新材料、新设备，以及农业新品种、矿产新品种和计算机新软件等实验室产品；三是思想性成果，主要涉及管理方式及管理手段等的新观点、新理念和新思想，主要体现形式为研究报告、讲座等。第一种知识成果十分重要，它需要借助于知识产权制度加以保护。知识产权制度成为激发知识成果形成的重要工具，人类也因此步入快速发展轨道。

知识本身是有价值的，其对生产的贡献在于可以组合生产要素、形成生产方向、提升要素品质，在相同的要素投入下获得更高的效率和更大的价值产出。此外，知识的生产需要投入，需要承担风险，因此，知识要素有资格参与收益分配，在越来越借助知识组织生产的社会，知识拥有者还可以成为分配的主角。例如，现代制度下的企业不是由投资人作出企业相关决定，而是由具有专业管理能力的 CEO 作出包括利益分配的决定。CEO 的地位大幅上升，其原因是专业管理知识才是企业利润的源头；越来越多的创新创业者，尽管他们出资不多，却往往都是最大股东。他们决定着企业运行，因为他们是科技成果的拥有者，合伙制下他们的持股比例较大。

由于知识要素具有特殊的经济性质,当它与其他要素结合时,可以提升其他要素的价值,是价值创造的关键性因素。又因为它能够自由传播,造成了知识应用过程中的竞争,如果不采取人为限制的方法,创新知识会被人们随意模仿,从而降低知识生产者的积极性与主动性。知识产权正是在这样的背景下出现的。

二、知识产权的概念

(一)知识产权

知识产权是指人们对通过脑力劳动创造出来的智力成果和知识财产所依法享有的权利,是权利人享有的对某一特定知识的排他性使用的权利。发明人、专利权人、注册商标所有人、作家、艺术家、表演者等是知识产权保护的主体。新的技术方案、商标标识、文字著作、音乐、美术作品、计算机软件等是相应的客体。

(二)知识产权的特点

与一般有形财产权相比,知识产权有以下特点。

(1)知识产权的客体是智力成果,具有无形性,不具有特定的物质形态。

(2)智力成果体现在一定的物品上,可以通过一定的手段被复制和被利用。

(3)智力成果需经过法定程序被国家有关机关认可后才能受到法律保护(著作权除外)。

(4)知识产权具有排他性和绝对"垄断性",不经权利人许可,其他人不能使用或者利用它,也就是说"一物不能有二主"。

(5)知识产权有一定时间的法定保护期,过了法定保护期就进入公有领域,人们可以无偿使用。

(6)知识产权既具有人身方面的权利,又具有财产方面的权利。

(7)在一国所获得的知识产权,只在该国范围内有效,具有地域性。

(三)知识产权的分类

《建立世界知识产权组织公约》[1]将知识产权的范围概括为:①关于文学、艺术和科学作品的权利;②关于表演艺术家的演出、录音和广播的权利;③关于人们在一切领域的发明的权利;④关于科学发现的权利;⑤关于工业品外观设计的权利;

---

[1] 1967年7月14日,"国际保护工业产权联盟"(巴黎联盟)和"国际保护文学艺术作品联盟"(伯尔尼联盟)的51个成员国在瑞典首都斯德哥尔摩共同建立了世界知识产权组织(World Intellectual Property Organization, WIPO)。1970年4月26日,《建立世界知识产权组织公约》生效。1974年12月,该组织成为联合国系统的一个知识产权专门机构。

⑥关于商标、服务标志、厂商名称和标记的权利；⑦关于制止不正当竞争的权利；⑧在工业、科学、文学和艺术领域里一切其他来自知识活动的权利。《与贸易有关的知识产权协定》(Agreement on Trade-Related Aspects of Intellectual Property Rights，TRIPs)[1]也规定了知识产权包括7个方面：①版权与邻接权；②商标权；③地理标志权；④工业品外观设计权；⑤专利权；⑥集成电路布图设计权；⑦未披露过的信息专有权。

国际上通行的对知识产权的划分是以知识的消费方式为标准，包括工业产权和著作权两类。

工业产权主要存在并应用于商业领域，其保护对象有专利、实用新型、外观设计、商标、服务标记、厂商名称、货源标记或原产地名称和制止不正当竞争的权利。

著作权主要存在并应用于文学、艺术和科学等文化领域，指作者对其创作的作品享有的人身权和财产权。著作人身权包括发表权、署名权、修改权和保护作品完整权；著作财产权包括作品的使用权和获得报酬权，即以复制、表演、播放、展览、发行、摄制、改编、翻译、注释、编辑等方式使用作品的权利以及许可他人以上述方式使用作品并由此获得报酬的权利。《中华人民共和国民法通则》共规定了著作权、专利权、商标权、发现权、发明权和其他科技成果权6类知识产权。

三、知识产权的主体与客体

知识产权是权利人对智力成果或知识产品依法享有的权利，其法律要件包括知识产权的主体与客体。

（一）知识产权的主体

主体（权利人）即知识产权人，发明人、专利权人、注册商标所有人、作家、艺术家、表演者等均是知识产权保护的主体。

知识产权的主体既可以是自然人，也可以是法人和非法人组织，甚至可以是国家。

知识产权的主体分为原始主体与继受主体。原始主体资格的取得往往需要具备两个条件：创造者的创造性行为和国家机关的授权行为。比如，获得授权的专利发明人、核准注册的商标权所有人、著作权所有人等。知识产权的继受主体，系指因受让、继承、受赠方式取得知识产权的全部或部分权益的人。继受主体对于知识产

---

[1] 1994年4月15日，在马拉喀什举行的关贸总协定乌拉圭回合的外交会议上，缔结了《建立世界贸易组织协定》。其中有一份《与贸易有关的知识产权协议》(简称TRIPs协议)。

权的取得必须依赖前一权利人的知识产权。

(二)知识产权的客体

知识产权的客体是指人们在科学、技术、文化等知识形态领域中所创造的精神产品，即知识产品。知识产品是与物质产品（民法意义上的物）相并存的一种民事权利客体。其对象包括新的技术方案、商标标识、文字著作、音乐、美术作品、计算机软件等相应的客体。

权利的客体是指权利所依附的对象，知识产权也不例外。知识产权的客体为智力成果，这些智力成果分别体现为发明创造、作品、商业秘密、数据库等。若对这些智力成果进行研究，不难发现其本质是信息。

四、知识产权制度的作用

知识产权制度是智力成果所有人在一定的期限内依法对其智力成果享有独占权，并受到保护的法律制度，贯穿于智力成果权的取得、利用、管理和司法保护的全过程，涉及创新激励、资源整合、知识成果转化等内容。目前，以专利、商标、著作权、商业秘密[1]等为主要内容的知识产权制度在绝大多数国家已建立，知识产权的国内、国际保护已为知识经济的发展提供了有效的法律保障，并成为激励技术创新的根本制度。在国际上，发达国家及其跨国公司极力将其拥有的智力成果优势转化为知识产权优势，从法律上获得对创新成果的排他性使用，并由此形成国际市场的竞争优势。正如英国政府的一份白皮书所指出的那样，"竞争的胜负取决于我们能否充分利用自己独特的、有价值的和竞争对手难以模仿的资产，而这些资产就是我们所拥有的知识产权"。

知识产权制度的作用主要体现在四个方面。

(一)保障作用

保护创新、促进创新是知识产权立法的基本宗旨之一，如《中华人民共和国专利法》《中华人民共和国商标法》《中华人民共和国著作权法》等，其制度设计的出发点和最终目的都是保护创新。由于知识可以社会共享，有着极大的外部性，会促使跟随者搭便车。这会破坏知识生产者的利益，使知识生产者的积极性受损，抑制创新者的创新欲望，进而扼杀整个社会的创新能力。

---

[1] 商业秘密是指包括技术秘密在内的各种企业机密，它不以物质为载体，核心是智力劳动成果。保护内容由企业决定，以协议方式由参与方约定，除个别如职工离职需要遵守的商业秘密外，其他均无专门法律对其规定，其权利形成也不需要向国家机关申请。

创意与创新

知识产权制度的设计，重点在于让公众预见到知识生产的利益能够受到法律保护。这是专门的、明确的法律和法规保护知识产权人的特殊权益的制度，可以使公众明确所有损害知识产权人的行为都会受到法律惩罚。能够严格执行相关法律，会让社会公众预期到侵权将受到制裁，从而阻止自己的侵权行为；而那些创建知识的个人或组织能够预期到自己的利益可以通过法律途径得到保护，侵权的行为可以借助知识产权相关法律完成诉讼，以低的司法成本，为公众提供可靠的权益保障环境。

同时，知识产权制度也限制了知识产权人的权益。比如，规定了保护范围和保护时限。这意味着，人们可以在保护范围以外进行应用，这样就能促进社会进一步发展知识；也可以指导人们找到知识产权拥有者，运用商业方法获得所有权或使用权，推动社会的技术应用。

无论是率先的知识运用，还是跟随的技术运用，都在为改变社会作出贡献，只是前者具有独创性，实现了知识上的突破，并因此受到法律的保护。这样的法律和法治环境会形成相应的社会道德观，引导人们以创新为荣，以侵权为耻，构建起有利于社会进步的伦理。

（二）促进作用

知识产权制度的保障性体现在社会制度环境上，知识生产者可以借此保护自己的权益。第一，知识产权法赋予权利人的独占权，可以在一定时期、一定范围内形成市场垄断，预期的垄断利益会激发创新者的积极性，增强创新动力。第二，知识产权制度对促进创新具有效率性。一方面，表现为公开的知识产权可以促进知识转化，加速了知识成果的运用；另一方面，知识产权可以作为资产参与各项经营性活动，是创业发起的重要资源。

所谓的促进作用，既是指促进生产知识，也是指促进应用知识，两者都很重要。知识生产者基于利益的追求，需要有利益保障的制度，这是因为知识生产者要承担比其他经营者更特殊的风险，主要是技术在研发过程中有更多的不确定因素，大量的研发投入可能不会产生结果。在给定期限内对其利益进行保护，形成稳定的利益预期，才能够促使其作出研发决策。同时，知识产权制度不是装样子，而是真正能够保护知识生产者，能够让知识生产者相信的制度，才能够激发人们的创造热情。也就是说，知识产权制度建设的初衷是激励人们创造知识，以丰富社会知识促进人类进步。

知识的扩散和传播有利于社会整体的利益，使得知识发挥正外部性。例如，一项科技成果被成功地引入生产并获得了经营上的成功，既会改变产业结构，让公众受益，也会改变同行的行为和要素市场的结构。反应敏感的企业跟随创业者受益，一些反应迟钝的企业会被挤出市场。积极主动推广知识运用，真正让知识造福于社会，既是知识生产者的责任，也是全社会的责任。积极推动人类已经积累的知识运用，促进知识更多地造福于人类，也是知识产权制度的追求。

（三）资源配置作用

知识成果与一般产品不同，一般产品的重复生产可以增加社会福利，但知识生产的重复不仅不会增加社会创新知识的总量，还会造成社会资源的浪费。例如，1个人完成某一发明创造和10个人各自独立完成同样的发明，对知识财富的贡献相同，但绝对要投入多倍的资源。由于信息隔绝，人们经常并不知道谁在进行知识创造，使分散的研发活动效率下降，也是一种市场失灵。有人认为，正是这种分散的知识生产降低了知识生产的风险，因此，知识产权制度并不会彻底阻止由此带来的资源浪费，而是采取知识产权权益所有人在获得产权之日，就要公开知识内容，却要保留知识使用权。其结果，在有限范围内限制了知识产权的重复生产，让已经投入研发者或即将投入研发者中止投入，可在一定程度上减少资源浪费。

在知识的创造活动中，知识产权制度规定的权利人对知识产权的独占权会与权利登记、技术内容公开等责任相配合，从而强制实现创新信息的公开化，为避免创新资源的重复投入和无效投入提供了充分可靠的信息保障。公开的、大量与创新有关的信息，可以为整个社会的创新活动提供丰富的、可供利用的知识资源，也为后续应用这一知识成果进行创新提供了便利，节约研发时间和研发经费。

知识产权制度的设立可以明确创新知识的权利类型、权利界限，制止未经权利人许可的共享行为，但是允许运用使用权制度在所有权不发生转移情况下为创新者使用，形成所有权与使用权最大限度的分离，创新者可以通过购买、兼并、协议等方式获取外部技术，而不需要自己独立研发，也可以协议转让所有权。一些知识产权经营能手把研发知识从所有权人手中拿到以后，再把知识成果进一步成熟化，变成实用的技术，将技术出让给创新者，也可以获得巨额收益。这些都可以通过知识产权制度激发出来，在知识转化为实际生产过程中形成各种类型的社会分工，形成各种形态的知识产权。

知识产权制度还派生出虚拟资产，虚拟资产具有与实际资产相同的价值属性。在大多数国家的法律制度中，知识产权作为资产具有价值，它可以入股、质押、证券化，并且通常会有具体的法律、法规作为制度保障。由于知识产权衍生出的活动

创意与创新

范围更加广阔,知识产权拥有者可以据此参与创业,也可以将其作为质押进行融资等金融活动,从而放大知识产权拥有者的个人能力,扩大资源配置范围。

(四)平衡和规制作用

许多人对知识产权都有时限要求没有给予充分重视,其实,这是一个重要的利益分配变量,也是国家在知识创造与知识运用之间进行利益平衡的工具。

知识产权制度旨在激励知识创造,但它并不是此项制度的根本目的所在,其根本目的在于使知识获得充分合理的运用。没有被运用的知识,便无法成为生产力,"知识就是生产力"便成为一句空话,运用知识才是社会进步之本,财富创造之源。然而,只用来获利就会影响到知识生产源头的积极性,导致来源枯竭,会影响到长期的运用。因此,知识产权制度必须兼顾知识生产与知识运用之间的利益平衡,知识产权相关制度都需要以此为原则进行设计,既要保护和鼓励知识生产,也要促进知识成果的转化与运用。主要体现在四个方面。

第一,知识产权法赋予权利人的独占权,实质是一定时期、一定范围的市场垄断,其潜在的垄断利益会刺激创新者的积极性,也为自由使用知识之人提供了信息便利,节约了知识运用者对知识的搜索成本。

第二,知识产权法赋予权利人的潜在垄断利益必须通过实施才能变为现实,这一制度本身对知识产权的实施是借助缩短保护期、限制保护范围加以推动的。

第三,知识产权制度在赋予权利人独占地位的同时,还辅以必要的配套措施,以化解垄断所带来的弊端。以《专利法》为例,包括专利的公开制度、专利权期限制度、专利强制许可制度、专利侵权的特殊豁免制度等,给知识运用者以更大的权利,鼓励知识的运用。

第四,知识产权制度追求创新效率最大化。不论哪一类知识创造,最终能够给人类带来享受的是真实的商业活动,不论科技创新,还是文化创意,都需要知识要素的组合才能够取得商业上的成功。知识是人类共同财富,在公开免费的自由运用中,人们可以充分挖掘知识的潜力,通过创新将其变成社会福祉,所以,保护知识产权不能给予无限利益,而是在权利范围以外,如保护期限以外,将知识所有权归还给全社会,使其他创业者可以随意使用。

尽管所有国家都在鼓励创新,但是知识产权法禁止或不认可违反法律、损害公共利益的知识创造与运用的行为,对以不正当手段或侵权方式利用他人成果的行为进行制止,对过度利用知识垄断地位的行为也给予了限制,目的在于让知识生产与运用平衡,从而实现长期的社会福利最大化。对符合社会利益和能够促进社会进步的重要创新行为予以激励，对借助知识产权制度实施长期垄断、滥用垄断权、在面对整体危机时利用权力谋利等行为保持警惕，避免给社会公众造成损害。因此，知识产权制度在充分肯定和保护创新者权利的同时，也对其权利进行限制，以防止私权膨胀损害社会公共利益。目前，权利人滥用独占权进行捆绑销售、掠夺性定价，以技术联盟规避竞争以及滥用诉讼权等行为，已成为部分西方国家经济生活中新的突出问题。因此，探索并形成各种知识产权规制，借此营造出健康有益的创新环境，对我国建设创新型国家有十分重要的意义。

第二节 专利权与技术知识管理

2009年，美国的一家公司经过10年的努力成为市值8 000亿元的企业。当我们的学生去访问时，他们说，如今的战略是因为他们曾经有过一次惨痛的教训。最初是他们发明了"显示系统纵横位置指示器"，把这项技术出售给了日本一家公司，虽然挣了几百美元，但日本这家公司将这项技术再开发，变成了市场广泛接受的鼠标，每年的专利使用费就高达上亿美元。他们追悔莫及，从此不再出售专利所有权，转而变成了应用技术研发公司。

他们现在公司的结构是1 000人做科技情报，面向全球搜寻最前沿的科技信息，重点是基础研究的重大突破。他们从论文中发现线索，再通过论文作者查询团队成员，根据论文、课题、报告等确定他们的突破内容，形成报告后提供给公司第二个1 000人的团队，他们负责应用技术开发，直到做出市场可以接受的实用技术，再将这一技术给最后1 000人的团队，他们负责面向全球出售专利使用权。

思考题
美国这家企业的经历有什么值得思考的地方？

一、专利与技术秘密

（一）专利

"专利"一词源于拉丁语，意为公开的信件或公共文献，是中世纪的君主用来颁布某种特权的证明，后来指英国国王亲自签署的独占权利证书。在现代，专利一般是由政府机关或者代表若干国家的区域性组织，根据申请而颁发的一种文件。这种文件记载了发明创造的内容，并且在一定时期内产生这样一种法律状态，即获得专利的发明创造在一般情况下他人只有经专利权人许可才能予以实施。在我国，专利分为发明、实用新型和外观设计3种类型。

专利是受到《专利法》保护的发明创造，即专利技术，是被国家认可并在公开的基础上进行法律保护的专有技术。专利在这里具体指的是技术方法——受国家法律保护的技术或方案。某些不属于专利和技术秘密的专业技术，只有在某些技术服务合同中才有意义。专利是指一项发明创造向国家审批机关提出专利申请，经依法审查合格后向专利申请人授予的该国规定的时间内对该项发明创造享有的专有权，并需要定时缴纳年费来维持这种国家的保护状态。这种状态是以确认的申请人对其发明创造享有的专利权的专利证书或指记载发明创造内容的专利文献，指的是具体的物质文件。

与所有知识产权一样，专利的两个最基本的特征仍然是"独占"与"公开"，以"公开"换取"独占"是专利制度最基本的核心，这分别代表了义务与权利的两面。

"公开"是指技术发明人作为对法律授予其独占权的回报而将其技术公之于众，使社会公众可以通过正常渠道获得有关专利信息。据世界知识产权组织（World Intellectual Property Organization，WIPO）的有关统计资料表明，全世界每年90%~95%的发明创造成果都可以在专利文献中查到，其中约有70%的发明成果从未在其他非专利文献上发表过。科研工作中经常查阅专利文献，不仅可以提高科研项目的研究起点和水平，而且还可以节约60%左右的研究时间和40%左右的研究经费。

专利制度旨在保护技术能够享受到独占性、排他性的权利，权利人之外的任何主体使用专利，都必须通过专利权人的授权许可。随着法律制度的不断完善，专利的使用呈现出多样化趋势，专利无效、专利撤销、专利过期等一一被列入专利法律范畴。只有充分地认识诸如此类的法律制度，才能够充分地利用专利资源，为企业创造更大价值提供思路。

（二）技术秘密

技术秘密主要是指凭借经验或技能产生的，在工业化生产中适用的技术情报、数据或知识，包括产品配方、工艺流程、技术秘诀、设计、图纸（含草图）、试验数据和记录、计算机程序等，而且这些技术信息尚未获得专利等其他知识产权法的保护。

1. 技术秘密的特点

（1）秘密性（新颖性的最低要求）。技术秘密必须具有实质上的秘密性或秘密因素，也就是"不为公众所知悉"。技术秘密的核心只有技术秘密的权利人或相关具有保密义务的人或组织才能知悉，其他组织或人员要想获得此技术秘密就只能花费相应劳动去探究或付出足够的酬金去得到权利人的许可。

（2）实用性。技术秘密具有实用性，这是技术的基本特征，可以为技术秘密的拥有者带来相应的经济利益，没有实用性的技术不能成为技术秘密。

（3）保密性。技术秘密的合法控制者必须针对技术秘密本身采取相应的保护措施，技术秘密一旦公之于世就失去了存在的价值，重要的是单位或组织能否对技术秘密采取保密措施，它属于管理范畴，而不是法律范畴。

2．技术秘密的保密管理

技术能够为企业带来利益，因此，企业需要进行秘密管理。与专利技术不同，其管理特点包括以下6点。

（1）自主性。技术秘密如同个人隐私，要靠权利人主动、自觉采取强有力的保密措施，确保保护对象处于秘密状态。

（2）无期限性。技术秘密不存在保护期限，可能是永久性的，也可能随时结束，这完全取决于持有人保密措施的实际效果，法律没有也无法做出规定。

（3）无地域性。技术秘密性本身就是对外界而言，其范围可以大至整个世界。

（4）相对安全性。技术秘密的保护针对性较强，通常只需考虑那些有机会接触技术秘密的人。但它不涉及法律，主要依靠自身的管理水平，安全性没有法律保障。

（5）内容可变性。专利在专利局公开和授予专利证书后，其内容是不允许改动的，而技术秘密不存在任何限制，只要权利人有新的思路、新的实施办法，随时可以改变一项技术秘密的内容，无须经他人同意，包括被许可使用人。权利人对新的技术秘密实施保护后，许可原被许可人使用新的技术秘密，仍可要求其另行交纳使用费，以协议为准。

（6）高风险性。技术秘密的保护必须是万无一失的，一旦被公开或被泄露，技术秘密的实质专有权就可能丧失殆尽，并且无可挽回。

3．技术秘密的积极保护

技术秘密有以下4种积极保护措施。

（1）预防性保护。技术方案形成以后，在实施之前，要充分考虑方法或产品进入市场后他人最可能采用的一些解密行为，尤其是对反向工程的预防，有针对性地采取保密措施。例如，在方法上增加破坏性前置程序，在配方中加入中性无害成分，在产品上增加防拆装置等，目的在于迷惑他人的视线，加大他人反向研究的成本，迫使他人放弃研究。

（2）保密条款。技术秘密实现其价值的重要方式之一就是进行技术使用许可。在签订许可合同时，从理论上讲，技术秘密每经一次许可，失密的风险就会加大，尤其是国际技术许可贸易合同，保密条款无疑是合同的一个重要部分。条款应当包括保密的内容和范围、保密期限、保密措施、失密责任等。对于故意泄密的，还应当约定惩罚性赔偿。广义的保密条款还包括权利人单位与职员劳动合同中的保密约定和单位制定的保密规定。

（3）升级式保护。对技术进行更新改进，使之不断升级，既能适应市场的要求，也不失为技术秘密保护的良策，这样可以使窃密者望尘莫及。对于投入市场后发现有可能已被侵权、有失密风险的技术秘密，权利人应当果断选择申请专利，以防被他人抢先申请而使自己陷于被动。

（4）其他保护形式。包括技术秘密与专利、商标等知识产权相结合的保护，以及与有实力的公司进行合作保护等。

二、专利申请

专利权必须经过主动申请并获得批准才能形成。

（一）专利权授予的条件

第一，新颖性或首创性。

第二，公开信息。

第三，经济性，也称收费性。它要求专利持有人在专利申请和专利持有阶段必须向专利管理部门支付必要的费用。

（二）专利类别与申请

不同的专利有着不同的申请流程，专利分为外观设计专利、实用新型专利和发明专利，相应的申请流程有所差别。

1. 外观设计专利申请

第一，文件准备。

需准备好产品六个面的外观视图，并填写《外观设计专利申请书》连同外观设计简要说明，向国家知识产权局提交申请文件。

第二，申请流程。

提交申请后，一个星期左右可以拿到《专利受理通知书》；3~5个月专利局发出《授予外观设计专利权通知书》及《办理登记手续通知书》；缴纳专利登记费及年费后，两个月左右发证。

2. 实用新型专利申请和发明专利申请

第一，文件准备。

实用新型专利和发明专利需要撰写好专利说明书，连同专利的申请文件一同向国家知识产权局提交。《中华人民共和国专利法》规定，发明专利是在申请的专利说明书公开后才进行实质审查，提交提前公开声明是为了尽快进入实质审查，以缩短专利申请的周期。所以发明专利还需要提交《请求提前公开声明》和《实质审查请求书》两份文件。

第二，申请流程。

实用新型专利提交申请后，一个星期左右可以拿到《专利受理通知书》；六个月左右专利局发出《授予实用新型专利权通知书》及《办理登记手续通知书》；缴纳专利登记费及年费后，两个月左右发证。

发明专利提交申请后，进入初步审查阶段，审查合格，按照提前公开声明公开所申请专利的说明书，即进入实质审查阶段；实审合格即发出《授予发明专利权通知书》及《办理登记手续通知书》。及时缴纳费用后，两个月左右即发证。发明专利申请流程需要三年左右。

以上三种专利若为个人申请（仅限于中国大陆的个人），可以一同提交一份《费用减缓申请书》，请求减缓申请费用及前三次年费。企业可以提出减免专利申请费用，经过知识产权局审核，可以向国家知识产权局提交，一般都给予一定减免，费用一般在 300~1 200 元。

三、专利申请文件

专利请求书是要求授予专利的主要申请文件之一，一般按照专利局所提供的标准表格进行填写。主要项目有以下几点。①发明、实用新型或设计名称。填写名称要求简短、扼要、准确。②发明人或设计人姓名。姓名一般要求用真实的全名，姓名后面不加"同志"或其他职务称谓。③申请人姓名或单位名称。申请人为个人时，应写出姓名；申请人为单位时，应写出单位名称，单位名称不要用简称。如果专利申请是由几个人共同提出的，则要指定一个共同申请人或代理人为其代表人。没有指定的以第一署名人为代表。④申请人地址。⑤申请日。申请日是申请专利的日期，通常是以专利局收到专利申请文件之日来确定的；如果申请文件是通过邮局

创意与创新

寄发的，则以寄出的邮戳日为申请日。⑥优先权。优先权即享受优先待遇的权利，有优先权日的应注明第一份专利申请提交国、申请日期、申请号。

专利说明书是详细阐述发明技术实质的文件，供专利机构审查、印刷、公布并征询意见。说明书应当对发明或者实用新颖性作出清晰、完整的说明，以所属技术领域的技术人员能够实现为准；必要的时候，应当有附图以及专利请求书。

专利说明书要标清权利要求。权利要求分为独立权利要求和从属权利要求两种。独立权利要求是从整体上反映一项发明或实用新型主要技术特征的权利要求。从属权利要求，是就前一项（或多项）权利要求所提出的权利要求。

四、专利策略

（一）申请决策

所谓申请决策就是企业需要作出申请专利或者是采取非专利手段保护自己或其他策略的决定，主要包括以下策略选择。

1. 是否申请决策

专利申请是企业核心竞争策略。企业抉择时，需对比专利申请与技术秘密保护策略，通常优先采用技术秘密，仅在无法保密或保密成本过高时，才转向专利申请。这两种策略均以完成技术研发为前提，而在此之前，企业已就技术自研或外购做出决策。企业选择专利申请，主要源于技术秘密保护存在障碍，此时通过公开技术并借助法律保护，形成主动防御。同时，技术是否具备新颖性、创造性、实用性，以及专利与企业战略的契合度，也是重要决策依据。与专利申请类似的还有技术成果公开策略。企业选择不申请专利，往往出于经营或社会价值考量。例如在人工智能领域，谷歌的 TensorFlow、Meta 的 PyTorch 等深度学习框架选择开源，吸引全球开发者协同创新，加速图像识别、自然语言处理等技术突破。企业借此构建开发者生态，提升行业话语权，推动产业发展。此外，部分企业公开 AI 伦理评估模型，共同应对技术伦理挑战，塑造责任形象，增强公众信任。

2. 专利申请时间决策

在决定申请专利以后，企业还需作出何时申请专利的决策。

第一，抢先申请专利，目的在于抑制或削弱竞争对手的优势。

第二，企业也可以选择拖延申请，以延长专利有效时间。

第三，企业可以使用起诉等法律手段，使竞争对手申请无效，以干扰竞争对手。

3. 专利申请类型决策

相同的技术内容可以申请不同的专利，包括发明、实用新型和外观设计三种专利。不同类型专利的申请难度不同，受理流程不同，保护期不同，费用多少也不一样。在不同的政策背景下，获得优惠的程度也有很大差异。这让专利申请在相近的两个级别之间，如发明专利与实用新型专利、实用新型专利与外观设计专利之间存在着策略性选择。如果企业为了急于获得保护并开发出产品，可以申请低级别的专利；如果企业希望获得更长时间的保护或获得更多、更大的政府优惠政策，需要提高专利级别。但这些决策需要考虑相关的费用情况。

4. 专利申请内容决策

技术是多种技术原理的组合，专利申请人可以根据自己的战略需要确定下列决策。

第一，全部内容申请还是部分内容申请。

全部内容申请可以节约申请的直接成本和间接成本，包括文书拟定、申请流程的时间成本以及申请与管理的费用。这样的专利因其覆盖范围大，保护内容多，不利于转让使用权，也经常会引起法律纠纷。部分内容申请有两种情况，一是有意识地拆分技术，分别进行申请，这可以促进转让，但这种方法需要支付较多的专利申请费用；二是将一部分技术用技术秘密保护起来，形成专利与技术秘密组合，既给不容易保护的技术增加了保护措施，又可以促进技术转让。

第二，对基本技术进行申请还是将基本技术和与之配套的外围技术一起申请。

与前述原理类似，专利申请可以用更大的技术概念加以保护，这使技术更接近产品技术。但是任何产品技术都需要借助现有技术来确保功能，申请专利时，可以只申请保护基本技术，也可以申请保护全部产品技术，实际情况应根据企业的需要作出决定。

第三，储备性技术是否申请专利。

由于专利具有垄断性，一旦获得专利权，便可以阻止其他人再获得这一权利。为了强化自己的技术垄断地位，一些企业从长期利益战略考虑，把目前不适于开发成产品的技术申请了专利后，封存起来，为自己的未来做技术战略储备。

第四，确定专利申请的地域，即对专利申请的国别进行选择。

企业可以根据自己经营的目标和本国的知识产权政策决定是否在其他国家申请专利。在这里，企业可以利用国际专利组织的一些条款，获得多国专利资格，这可以节约申请时间与费用。

（二）企业的专利策略

企业可以借助专利制度为自己制定专利管理策略，主要策略包括以下几种。

1. 专利文献策略

以企业自己专门建设的专利文献库形成自己的技术开发优势，以掌握最前沿的技术信息为目标，避免与外部重复开发，形成对技术发展趋势的跟踪，也可以减少利用外部文献带来的种种不便，节约相关费用。

2. 专利引进策略

引进专利包括购买专利所有权和使用权两种情况，两种情形都可以减少自己独立研发的风险，节约研发投入，形成快速进入市场的优势。在进行二次技术开发时，可以将自己独立研发的技术与引进技术加以捆绑、组合，形成新的技术，通过申请专利加以保护，形成后发优势。

3. 利用和开发失效专利策略

一些专利申请时间过早，虽然已经超过了保护期，但是没有得到有效开发。此时，一些技术仍然可以用来进行二次开发。这样的技术可以不需要支付专利使用费。这对于开发应用性强的产品而言，往往是重要的产品开发思路来源。

4. 基本专利权及保护网络策略

以产品为中心，形成一系列知识产权，以基本专利权为核心，将其他技术以低级别专利，或者以其他知识产权方式，如软件著作权等加以组合，形成知识产权的网络，合理合法地对自己的基本技术加以保护。

5. 专利异议策略

为了在市场上获得竞争优势，企业可以对已经申请的专利提出异议，以保护自己应得的利益。

6. 专利许可及交叉许可策略

将所持有的专利以特许权的方式转让，特别是与经营业务存在往来的企业形成专利许可的交叉，其本质是达成了竞争对手的市场协调。这可以减少自己的专利研发费用，也可以通过协调建立企业间的合谋，产生垄断效应。只不过这种方法在反垄断法严格执行的国家经常会受到调查。

7. 专利与商标相结合策略

对产品技术而言，既可以申请专利，也可以在开发产品以后申请产品商标，将两者加以结合，企业可以同时推广产品和自己的技术。

第三节　商标权及管理

2002年,一位在深圳工作的女孩,偶然中注意到国家商标管理办法出现了变化,个人可以申请和持有商标了。她一边工作一边申请了以电影《飘》片名命名的洗发水商标,人们对这个名字太熟悉了,却没有人进行注册。她把商标拿到网站上,没有想到,只隔了5天,中国香港一家公司就用12万元港币把商标买走了。她受到启发,辞掉了工作,创办了一家专门开发商标的企业。

思考题

你认为什么是商标开发？能否以此加深对"开发"两个字的理解？

一、商标权

（一）商标权的概念

商标权是商标专用权的简称,是指商标主管机关依法授予商标所有人对其注册商标受国家法律保护的专有权,是商标注册人拥有依法支配其注册商标并禁止他人侵害的权利。

（二）商标权的外延

1. 权利内容

权利内容包括商标注册人对其注册商标的排他使用权、收益权、处分权、续展权和禁止他人侵害的权利。

2. 权利期限

根据《中华人民共和国商标法》规定,商标权有效期为10年。自核准注册之日起计算,期满前12个月内申请续展,在此期间内未能申请的,可再给予6个月的宽展期。续展可无限重复进行,每次续展注册的有效期为10年。自该商标上一届有效期满次日起计算。对于期满未办理续展手续的,将注销其注册商标。

二、商标及商标权特征

（一）商标的概念

商标是用以区别商品或服务不同来源的商业性标志,由文字、图形、字母、数字、三维标志、颜色组合、声音以及上述要素的组合构成。

创意与创新

商标的起源可追溯至古代，当时工匠将其签字或"标记"印制在其艺术品或实用产品上，时至今日，这些标记演变成为世界通行的商标注册和保护制度。

商标可以有不同的分类。

第一种分类，按结构的标准，分为以下几种。①文字商标，包括中国汉字和少数民族文字、外国文字或以各种不同文字组合的商标。②图形商标，包括记号商标，即指用某种简单符号构成图案的商标；几何图形商标；自然图形商标，包括经过加工提炼、概括与夸张等手法进行处理的自然图形所构成的商标。③字母商标，包括拼音文字、外文字母如英文字母、拉丁字母等所构成的商标。④数字商标。⑤三维标志商标，以立体物质形态出现，这种形态可能出现在商品的外形上，也可以表现在商品的容器或其他地方。⑥颜色组合商标。⑦组合商标或复合商标。除此之外，还包括音响商标、气味商标和以商品特定部位的立体形状、图案、颜色以及它们的组合形成的位置商标。

第二种分类，按使用者的标准，分为以下几种。①商品商标。②服务商标，即在航空、导游、保险、金融、邮电、饭店和电视台等单位使用的标志。③集体商标，供某组织成员在商事活动中使用的标志。

第三种分类，按用途分类的标准，分为以下几种。①营业商标，是指生产或经营者把特定的标志或企业名称用在自己制造或经营商品上的商标，这种标志也有人叫它"厂标""店标"或"司标"。②证明商标，如绿色食品标志、真皮标志、纯羊毛标志、电工标志等。③等级商标，指在商品质量、规格、等级不同的一种商品上使用的同一商标或不同的商标。④组集商标，把几个商标作为一个组集一次提出注册申请的商标。⑤亲族商标，是以一定的商标为基础，再把它与各种文字或图形结合起来，使用于同一企业的各类不同商品上，也称"派生商标"。⑥备用商标或贮藏商标，是指同时或分别在相同商品或类似商品上注册几个商标，注册后不一定要马上使用。⑦防御商标，防止他人在不同类别的商品上使用其商标。⑧联合商标。

第四种分类，按享誉程度的标准，分为以下几种。①普通商标。②市著名商标。③省著名商标。④驰名商标。

（二）商标权的特征

1. 独占性

独占性又称专有性或垄断性，是指商标注册人对其注册商标享有独占使用权。通过注册建立特定商标与特定商品的固定联系，从而保证消费者能够避免混淆并能接受到准确无误的商品来源信息。

2. 时效性

每次续展注册的有效期为 10 年。续展注册经核准后，予以公告。

3. 地域性

地域性指商标专用权的保护受地域范围的限制。注册商标专用权仅在商标注册国享受法律保护，非注册国没有保护的义务。

4. 财产性

商标专用权是一种无形财产，如"全聚德"商标 2005 年的评估价值为 106.34 亿元。常见的价值判定通常取决于商标的认知度、认可度，以商标能够为企业带来的预估价值来评测。

5. 类别性

国家知识产权局商标局依照商标注册申请人提交的《商标注册申请书》中核定的类别和商品（服务）项目名称进行审查和核准。

注册商标的保护范围仅限于所核准的类别和项目。以世界知识产权组织提供的《商标注册用商品和服务国际分类》（尼斯分类）为基础，国家知识产权局商标局制定的《类似商品和服务区分表》将商品和服务总共分为 45 个类别，在相同或近似的类别及商品（服务）项目中只允许一个商标权利人拥有相同或近似的商标，在不相同和近似的类别中允许不同权利人享有相同或近似的商标。

三、商标的作用

（一）标识性

商标通过确保商标注册人享有用以标明商品或服务来源，或者许可他人使用以获取报酬的专用权而使商标注册人受到保护。商标是对商标注册人的一种奖励，鼓励其对无形资产的投入，促进其积极和进取的精神。商标的标识性主要是为了帮助消费者对商品、服务和企业加以区别，同时，商标也可阻止诸如假冒者之类的不正当竞争者用相似的区别性标记推销低劣商品的行为。

（二）资产性

商标是企业无形资产的载体，商标的价值多少，没有一个非常固定的判定标准。正因为如此，商标在经营过程中的地位越来越高，因为投资或经营过程的全部努力都会集中在这一影响企业价值、企业资本、企业声誉的法律工具上，并且没有资产积累的上限，从而成为企业资产的重要载体。

创意与创新

（三）美化性

人们经常把商标看成产品的一个组成部分，因为其美化而形成感官冲击。同时商标也是一种企业伦理文化的表现，形成对市场需求的呼唤、动员，用于倡导正面社会行为。"老干妈"创始人陶华碧以其个人头像作为商标，追求诚实经商；以个人信誉进行抵押，保证整洁、干净。其商标隐喻了一位家庭主妇自强不息的创业精神。

（四）营销性

商标是产品包装装潢画面的重要组成部分，设计精美、寓意深刻、新颖别致、个性突出的商标，能很好地装饰产品和美化包装，使消费者乐于购买。

四、商标名称的创制原则

给商标命名，除了要符合商标命名的法定要求，还应该注意遵循下列创制原则。

（一）易认、易读、易懂、易记、易写

商标的名称首先要明白简洁；用词要通俗易懂，不要用生僻晦涩的词；用字要力求笔画简单，易于书写印刷，不要用笔画繁杂、难于辨认或已被淘汰了的古字、废字；读音要响亮顺口有音乐美感，要避免平仄不分、饶舌。此外名称的文字也不能过长。

（二）把握特征，突出重点

商标名称很简短，只能显示商品某一方面的特点，要把握特征、突出重点，可以侧重展示身份、技术、用料、价值、效用，或勾画形象，或抒写情趣，或显示气派，或表达产品品类等。

（三）名实一体

商标要从某一个侧面反映出商品的某种特征，这种特征应该与商品有一定联系，而不应出现商品的名与实不相符或有损商品形象的现象。

（四）要考虑消费对象的心理，特别是群体文化

商品有一定的消费对象，商标要考虑消费对象心理才能赢得市场。

（五）商标要有美感，有寓意

所谓有美感是指名称形象鲜明，能使人产生美好的联想，有寓意的商标名能包含较多的信息，令人富于联想。

五、商标创意的主要方法

商标和品名既是企业的招牌,也是企业家必须思考和决策的重要内容。好的商标创意能发挥出优秀管理者的创意能力,让企业事半功倍。商标的创意模式或方法如下。

(一)介绍说明式

这是一种最常用的方法。这种商标用语平实、通俗,有的介绍产地,有的介绍功效。但县级以上行政区域的地名和具有夸大宣传的词语不得作为商标使用。

(二)比喻式

这种方式的商标名称是喻体,喻指商品某方面的特点。

(三)暗示式

这种方式的商标特点是名称虽然不是喻体,但它能隐隐约约地透出较多的其他信息。可以是产地、技术水平、某种风度标准以及特别强调的价值取向,如民族自强。

(四)象征式

这种方式的商标特点是名称能使人产生很丰富的联想。比如,"长城""黄河"等形象比较具体的象征物,也有抽象的商标;又如,"双环""三角",能让消费者产生自由联想。

(五)权威式

这种方式的商标特点是用权威命名,或借用名人姓名,或借用其他元素,如"天王""霸王"等。

(六)祝愿式

这种方式的商标特点是名称有吉祥喜庆色彩,如"吉祥航空"。

第四节 企业知识产权的管理

老王擅长工艺美术设计,他设计了多款酒具,这些酒具特别具有中国古典风格,蕴含了中华优秀传统文化。最初,大家建议他申请外观设计专利,但经过反复思考以后,他申请了著作权,原因是著作权比外观设计专利保护期更长,也更容易申请。

思考题

什么是知识产权管理?

创意与创新

一、知识产权化的管理思维

知识产权化包括两个意思，一是尽可能地将企业创造的知识借助知识产权加以管理，二是把知识以不同的形态进行表达、转换，让知识产权增值。

在今天的社会，有许多可以产权化的知识形态，除著作权与邻接权外，还有一些类似的知识产权，即使是著作权也有许多分类。人们可以借助不同类型的知识产权为自己创造资源、维护利益，也可以通过不同类型知识产权间的转换维护自己的利益。

（一）著作权与邻接权

著作权也叫版权，是作者、著作权人依法对作品享有的权利，包括人身权和财产权，前者有发表权、署名权、修改权和保护作品完整权；后者有复制权、发行权、出租权、展览权、表演权、放映权、广播权、信息网络传播权、摄制权、改编权、翻译权、汇编权等。《世界版权公约》是著作权国际保护的重要规则，中国于1992年加入。

软件著作权是一种特殊的著作权，是指使用计算机语言编写的程序，即软件的开发者或者其他权利人依据有关著作权法律的规定，对软件作品所享有的各项专有权利。在智能化社会快速发展的今天，软件著作权越来越受到人们的关注。软件著作权与其他著作权一样，也无须经过个别确认，以"自动保护"为原则，但需要经过软件登记。软件著作权人享有发表权、开发者身份权、使用权、使用许可权和获得报酬权。

邻接权的原意是指与著作权相邻的权利，其确切含义为作品传播者所享有的权利。在《中华人民共和国著作权法》中，邻接权包括版式设计者权、表演者权、录音录像制作者权和广播组织权。

邻接权保护的是作品传播者的权利，即作品传播者在原作品的基础上创造、加工，而对其创造、加工后的劳动成果享有的权利，如表演者的表演者权，它也具有权利的专有性。邻接权以著作权为基础，同样要受到保护期限的制约，因而《著作权法》应当先保护著作权人的合法权益。邻接权与著作权有属性上的区别：邻接权的主体多为法人或其他组织，而著作权的主体则多为自然人；邻接权的客体是传播作品过程中产生的成果，而著作权的客体是作品本身。传播者享有的邻接权，更多的是一种禁止权，即有权禁止他人在未经授权时使用著作内容。

（二）类知识产权管理

1. 域名

域名权是域名所有者针对域名享有的各种权利，虽然它作为知识产权存在学术争议，但仍然可以看成具有知识产权属性，即域名权的权利人享有使用、收益并排除他人干涉的权利。

域名也称网址，是连接到计算机的数字化地址，代表着入网申请者的身份，是互联网中用于解决地址对应问题的一种方法。域名作为一种在互联网上的地址名称，成为代表一个单位形象的标志。

域名具有专一性、资产性和文化性。域名的专一性决定了其资产性，许多域名经过多年经营成为承载资产的工具。一些经营能手也会将一些可能形成知名度的商标注册成域名获利。

域名需要定期年检，否则便会被撤销。《中国互联网络域名注册实施细则》规定：域名注册后每年都要进行年检，享有续展权，自年检日起 30 日内完成年检及交费的，视为有效域名。

2. 博客和工作论文

从严格意义上讲，博客和工作论文不享有知识产权，它们只是一种公开探讨的声明，是一种交流方式，也是征询研讨合作的信号与过程。但在现代诚信环境下，在网络上公开的信息需要通过网管审核，这类似于著作登记，有一定的版权性质。

3. 商业模式

商业模式不享有知识产权，无法受到知识产权的保护，如果将商业模式与软件加以捆绑，则可以享受著作权，单独时也可以申请专利，如自动售卖机、充电桩、换电装置等。

二、知识产权管理的职责

管理的重要维度之一是知识产权管理，这是因为企业的许多投入最后都要转化为无形资产，而无形资产的重要形式是企业的知识产权。

知识产权管理是企业的一种新的管理职能，是借助法律环境和市场对其所拥有的知识产权资源进行计划、组织、领导和控制，是以建立企业资产、保护企业权益、为企业创造利润，实现最佳经济效益和提高竞争力为目标的过程。

创意与创新

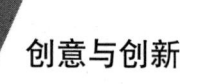

（一）知识产权管理系统

知识产权管理主要包括如下 6 个系统，即知识产权数据信息系统、企业知识产权策略系统、企业知识产权创建系统、企业知识产权开发系统、知识产权保护系统和知识产权运营系统。

（二）知识产权管理职能

企业知识产权管理是一个系统活动，几乎涉及企业所有岗位。专利型知识产权主要涉及研发机构、设计机构，商标型知识产权则涉及销售、品牌与公关管理，由于这两种基本的知识产权牵扯采购物流、生产组织、资本运营等环节，所以一旦知识产权发生改变，企业流程会发生重要改变，而知识产权的形成，也是企业各方面合作的结果，不仅需要研发与设计人员以及企业高层战略管理者的参与，还需要外部法律机构的协作。因此，企业要形成以知识产权管理为核心的管理职能，需要建立有效的知识产权管理系统，履行相应的管理职能。

（1）知识产权数据信息管理。其功能在于掌握知识产权信息，搜集知识及技术的进展方向，帮助企业识别知识产权机会，为知识产权决策和策略的制定提供依据。例如，企业可针对专利权建立一个基于区域、技术、类别和时间的专利数据库，为企业提供明确的受保护专利、过期专利和受理专利状态的数据。根据自身情况，企业可独立构建数据库，也可以和外部企业合作，将自己需要的数据通过外包从外部订购，以节约费用，实现资源共享。

（2）企业知识产权策略管理。该职能主要为企业是否需要拥有知识产权、拥有什么样的知识产权、如何拥有知识产权、发生知识产权诉讼该如何应对等问题提供策略选择和发展路线。主要包括分析知识产权数据信息，发现知识产权相关机会，规划知识产权，优化知识产权结构，确定知识产权分布时空以及范围策略、监管知识产权漏洞等管理职能。

（3）企业知识产权创建管理。该职能主要帮助企业增强知识产权形成能力，将员工的创造性集合成企业智慧，将企业的创造发明上升为知识产权提案，并通过一系列提炼、整合、协调等活动，完成知识产权申请，从而形成一条知识产权生产线。

（4）企业知识产权开发管理。该系统是在企业获得知识产权后，借助通用技术、外协部件和外包服务等完成新产品的开发，由此将知识产权引向生产和市场。这一管理职能以挖掘技术的市场前景为主要工作内容，将知识产权进一步变成产品、服务和客户价值，进一步变成企业的利润和价值，使知识产权效益显性化，因此是对知识产权资源的深度利用，也是知识产权管理的高级形态。

（5）知识产权保护管理。该职能是将知识产权保护管理职能化，主要是针对如何避免侵权，如何应对和处理产权纠纷，如何保护自己的权益等问题，设置可以承担知识产权保护分析、知识产权申请受理、知识产权侵权分析和知识产权纠纷处置等的职能岗位与工作机制。

维权意识与决心是知识产权保护管理的关键，每个企业都应该主动建立起相应的职能，特别是主要领导人，要勇于打官司，用法律武器维护利益。中国市场在低端竞争中对创意抄袭现象比较普遍，这严重地打击了创意和设计等知识产权拥有者的积极性。其实，有一些企业能够做大，其强烈的维权意识起了关键作用，如果陶华碧没有每年花2 000万元打官司，中国就不会有"老干妈"这个享誉国际的品牌。社会需要树立这样的典型，因为它们的行动保护了创新。

（6）知识产权运营管理。该管理职能主要完成寻找外部有关的知识产权生产、开发的合作者，共同完成知识产权的价值发掘，形成企业外部创建、内部开发知识产权的企业内外交叉的作业活动。为了获得某些特殊的知识产权而出现收购行为，也属于知识产权运营范畴。例如，联想公司收购IBM的PC部门后，就拥有IBM的2 000多项PC专利，这些专利除了用于电脑的生产，每年创造的授权收入就高达3 000万美元。知识产权运营的基本理念是企业对外部资源的再利用，当企业确定了自己的知识产权战略，却难以达到某种知识产权创建能力或者已经为知识产权独占性所控制时，企业可借助市场手段从外部购买知识产权，利用他人的知识产权生产能力实现知识产权的创建。企业也可以通过转让知识产权或合作使用知识产权，以达到放大资源利用效果的目的，还可以将持有的知识产权作为抵押，进行担保融资等，将知识产权与自己的某些能力整合起来，形成更强的资源能力。

本章小结

1. 知识产权制度是借助人的私利追求形成的推动人类进步的制度。
2. 知识产权制度是一套近200多年来形成的体系，也是人类智慧的结晶。
3. 企业内部的知识产权管理一定要基于外部的知识产权制度。
4. 内部职能化的知识产权管理非常值得重视。

创意与创新

本章自我训练

1. 你遇到过不舒服的生活状态吗？有什么不满、不方便？你有没有找到解决问题的办法？有没有想到可以利用知识产权制度？

2. 如果你已经形成解决方案，你觉得是否值得申请知识产权？为什么？

3. 如果知识产权的转化没有做到位，会产生什么结果？

本章思考题

1. 什么是知识产权和知识产权制度？知识产权制度对创新及知识成果转化有哪些作用？

2. 哪些专利策略适用于中小企业？你可以举例说明吗？

第八章　企业创新的管理

章首语：没有创新的管理，就没有创新的行为。

关键词：创新管理，创新战略，组织创新，创新文化

企业是创新的主体，企业大量的创新是技术创新，即使是管理创新，也是为了推动企业的技术创新，为市场提供新产品或为企业提供新工艺。当企业出现极大惰性时，需要通过组织创新为企业找到创新的动力。当外部技术与制度环境发生改变时，也需要企业改变自己的管理理论与方法，以提高企业生产经营效率。一家成熟的企业，不同于新创业企业可以依靠创业者的灵感来改变组织，而是需要采取新的管理措施。同时，企业技术创新活动需要借助研发成果，企业也面临着如何制定自己的战略，配置好自己的资源等问题。

引导案例

电脑进入笔记本时代以后，有一家企业决定进军电池领域，分成两支团队分别以不同的技术轨道开展研发，一支是以王传福为首的团队，负责研发如何降低电池成本；另一支团队负责研发如何让电池容量更大。王传福这支团队并没有独立研发，而是引进日本生产线，但并非全部引进，只引进关键部件。美国从日本引进的则是全部生产线。美国的生产线上空无一人，而王传福团队的生产线挤满了操作工人。以这样的工艺建立的生产线，带来了全世界最便宜的电池，市场订单纷至沓来，规模经济发挥了作用，成本进一步降低。一些原来因为电池太贵不能大量生产的电器，也由于电池价格下降得以大量生产，市场上出现了各种使用电池的电器，他的团队取得了巨大成功。而另一支团队因没有得到市场的响应，不久便解散了。

思考题

从这家企业的决策中你能看到什么？

创意与创新

第一节　企业创新的战略

一、创新是企业生存的一种方式

企业有多种生存与发展的方式，那些百年老店并非只以创新作为唯一的生存方式，有许多企业经历了几代，即使战争，也没有让它们停止生存。

（一）保持特色和规模的百年老店

在世界各地都能够看到许多百年老店招牌一直没有改变，其产品设计与生产方式，甚至商业模式也没有变化，现在几乎和几百年前完全一样。有些企业的规模不大，但在全世界闻名。西班牙有一家牙钳生产企业，每年只做800把牙钳，却能销售到全世界，中国企业打算入股，想在中国扩大销售量，但被拒绝了。对许多人来说，企业是赚钱的工具，但这家企业的做法说明企业只是一种活法，有人用企业代表着家族，其业务内容与标识是家族的遗产。

（二）做好服务的世界级企业

在美国的服务业中，有许多企业具有百年老店的基因，它们深深融入人们的生活，人们也依赖于它们。虽然它们没有将赚取的利润用在华尔街的投资上以获得更大的利益，却通过服务大众赢得了良好的口碑。麦当劳、肯德基、固安捷都是其典型代表，它们能够做大是全世界人民的选择。因为它们在进步，并且时刻把进步变成了顾客的好处。

（三）安心做好制造业，也可以变成世界级企业

在现代世界经济体系高度分工的背景下，以研发为主的企业将会把面向世界的制造企业作为伙伴，这就需要有稳定的世界级生产制造企业，甚至是专业的加工企业。富士康无疑是它们的代表。有许多人给原始设备制造商（Original Equipment Manufacture，OEM）出主意，建议它们向"产业微笑曲线"的两端转移，但它们多面临转型的困难。在这个过程中，一些企业强化了自己的设计、调试等与生产加工相关的产业能力，从而将可以为研发企业服务作为自己的竞争力，不断扩大定制生产，成为世界级企业。

（四）以品牌经营能力生存的百年老店

欧洲有许多企业，经营着百年以上的品牌，虽然其款式不一定能被所有人欣赏，但因为长期积累获得了人们的高度信任，逐步升级为一种身份标识，成为人们向往的消费品，在生产手袋、手表、首饰之类的企业十分集中，在食品饮料类企业也比较集中。

（五）持续创新的巨型企业

尽管如此，世界经济发展的主流仍然是创新：一方面，在创新上竞争的企业意识已经形成；另一方面，支持创新的产业体系，如创业投资、创业孵化器、创客空间与各类中介机构都在助推着社会生产方式向创新转变，越来越多的企业把创新当作自己的生存之本。主要模式有以下两种。

1. 平台企业

不论是传统的商业平台（如沃尔玛），还是新型购物平台（如淘宝），以及各种服务平台（如饿了么、e代驾），甚至是导航软件以及微信这样的社交软件等都是平台，它们不断创新商业模式，为平台客户服务，也为自己挖掘出资源和利润空间。

2. 制造企业

以特斯拉为代表，苹果、微软、通用电气等企业均以科技创新为主导，它们的基本生存方式就是不断提出新的产品概念，研发并给出新的技术原理，面向全球市场提供新的产品。

在这些企业的带动下，大量的制造企业逐步走上了以创新谋生存之路，它们既是科技创新的推动者，也是被科技创新推动的对象，它们处在产业链的不同环节。那些拥有自主研发能力的企业要求它们按不断技术更新的产品设计进行生产，它们也对其合作企业采取这样的态度，形成了不断创新的制造业产业体系。

二、企业创新战略选择

（一）创新战略的概念

企业创新战略又称"结构性战略"或"分析性战略"，是企业根据多变的环境，积极主动地在经营战略、工艺、技术、产品、组织等方面不断进行创新，从而在激烈竞争中保持独特优势的战略，也是企业获得长期发展能力的战略。

创新战略是企业的发展战略，是企业生存与发展的保障性战略，从这个意义上，也可以把它看作业务战略。如前所述，企业获得生存与发展的途径并不一定只有创新，创新只是其中的一个选择。企业一旦把创新作为自己的发展战略，就要制定愿景、目标、战略内容和措施。有人把创新战略看作竞争策略，是企业应对激烈竞争环境的一个保障，其含义是当竞争环境不激烈时，企业可以不创新。这也存在着一

创意与创新

定的逻辑上的问题。创新是企业的战略性选择，既是为了推进社会进步，也是为了让自己获得更高的收益，是成就事业的方法，而不是不得已而为之，也不是主动攻击对手的手段。创新可以有增强竞争优势的作用，但是其性质决定了率先者一定要有宽广的胸怀，为人类、为社会进步提供内在动力，同时也可以彰显企业及企业领导人的杰出和伟大。

创新战略可以分为商业模式创新和技术创新，这是对现今世界影响最大的两类创新。除此之外，还有大量的组织创新、制度创新，它们是基于挖掘企业内部潜力，调动企业资源，它们也经常会引发企业变革。进入21世纪以来，越来越多的创新集中在商业模式创新和技术创新上。

商业模式不需要过多地改变业务，只需要改变商业逻辑，用以增强商业驱动力，从而跳出原来行业流行的商业模式。虽然这种创新没有多少投入，但可能引起行业发生根本性改变，创新的激进程度很高。商业模式创新是对传统行业的变革，是基于现有行业的创新，它与商业设计的区别在于商业设计把商业模型设计看作一个理论推演活动，可以根据需求进行设计，不需要考虑现有商业中的问题。而商业模式创新是基于现有商业存在的逻辑上的困难提出解决方案。例如，钱大妈的商业设计是凭借食品的新鲜和健康进行的；而千鲜汇的商业模式创新，凭借的是顾客近距离的取菜方便。商业模式创新是利用挖掘资源、创造价值的思维，它可以用于竞争，而商业设计则是创立一个全新的商业。商业设计可以用于商业模式创新，因为从一般意义上来讲，经过商业模式创新，行业的运行规则会发生改变，形成全新的行业，商业设计也可以做到。

企业的科技创新包括产品创新、服务创新、工艺创新和原料创新，其本质是将技术引入生产并实现商业化。技术的来源经常在企业之外，企业并不负责研发技术。技术创新强调的是将技术功能引导到市场需求之上，其中包括技术组合。这样的技术可以是技能，更多的是自由发明人（包括大学教授和专门的科技工作者）出售的技术原理。但是随着科技的发展，企业需要的科技与生产活动的结合越来越紧密，商品试错带来的信息沟通需求越来越急迫，消除科技不确定性的需求越来越强烈，企业通过控制知识产权实现战略控制的需要越来越大，大量的企业在内部设置研发机构并不断强化研发机构的地位，采取各种组织方法控制技术来源。

（二）企业创新战略路径

企业创新战略一般有三种路径可供选择。

第八章 企业创新的管理

1. 技术领先战略

技术领先战略是以持久、广泛的研发活动为后盾获取革命型或突进型创新，并领先于其他企业把以革命型或突进型创新为基础的全新产品投放市场，从而占据技术和市场的领导地位；设法把自己的产品设计确立为产业的主导设计；不断向市场推出渐进型产品创新以及重大的过程创新成果，维持和巩固自己的技术和市场领先地位；在产业主导设计、市场提升品牌认知和保护知识产权等方面处于有利地位。这样的企业需要较强的研发实力，但在技术和市场等方面则面临巨大的风险。波音公司的707型飞机、索尼公司的"随身听"、杜邦公司的尼龙、3M公司的"即时贴"、英特尔公司的微处理器等产品技术均奉行此战略。

基于技术变革领先、借助技术的重大突破发展最有可能为企业实现全面创新，从而创造全新的整体服务体系。在这一战略细化过程中企业产生了主动求变的领先观念，不仅领先竞争对手，还要领先消费者，其宗旨是创造全新的需求。这种创新尽管在所有创新活动中所占比例最低，却常常是服务观念革新的动力，也经常能够为企业创造更大价值。

2. 技术跟随战略

技术跟随战略是通过密切监视技术和市场领导者的研发动态，从中选取某些技术主题自主地开展相关的研发活动。企业紧跟领导者，在新产业成长的初期——产业的主导设计尚未确立之前，将自主创新的产品投放市场；设法把自己的产品设计确立为产业的主导设计；不断向市场推出渐进型产品创新以及重大的过程创新成果，争夺技术和市场领导地位。这样的战略需要企业拥有雄厚的自主研发力量，其将有机会夺取产业的主导设计地位，在技术和市场等方面可避免巨大的风险，但在获取知识产权方面处于不利地位。例如，欧洲空中客车飞机公司的"空客"型飞机、松下公司的家用录像机、IBM公司的个人计算机等产品技术均奉行此战略。

通过技术跟随，更有可能实现局部革新。比如，利用小发明、小创新或通过构思精巧的设计，使原有的产品或服务得到改善或具备与竞争者的差异和特色，从而打动消费者。

3. 细分市场战略

细分市场是由一群有相似需求和欲望的顾客组成的，受地理、人口统计特征、心理统计特征和行为因素这些市场细分变量影响。以地理细分为例，可参考国家、省、地区、市县等，按公司来说，可以是在一个或几个区域的经营场所的当地差异。例如，耐克公司最初是通过赞助当地校队，向年轻运动员提供鞋子和衣服。当然，还

创意与创新

可以根据集群分类方法，按照受教育程度、富裕程度、家庭的生命周期、城市化程度、种族、流动性等来进行划分，企业可以根据方案来判别哪些是最具有价值的消费者，从而在技术层面更好地满足这一细分市场顾客的需求。

任何市场中所包含的需求都不会完全相同，用相同的产品满足不同人的需求是假设人们可以强制替代，实质上是让顾客勉强接受。细分市场，就是根据细化需求为满足某类人群的特定需要而开发产品，如老人用品、儿童用品等，以实现创新。

（三）创新及创新战略选择

1. 创新及创新能力

创新行为需要以创新能力为依托，总体上，不存在没有创新能力的创新行为。创新能力具有进利废退的特征，只有通过创新才能够培养起创新能力。这样就形成了一个循环，创新依赖创新能力，创新能力寄托于创新行为，它们相互加强，使创新在参与分工过程中，存在着强者恒强、弱者恒弱的局面。并且因为创新控制着产业链并由此形成利益分配，那些拥有创新能力的国家和企业会处于主动地位。所以，弱者如何避免受到这一原理束缚变成了重要课题。

创新发生在产业中，创新是对产业整体的重构，因此，在产业分工的环境下，会形成一些国家在某些产业占据优势的情况。然而，产业技术并非一成不变，而是受到外部环境的影响，特别是受到资源环境、科技进步、制度变化的影响，一些原来没有优势的国家或地区会显露出优势，对新的环境条件的深刻理解，为弱者提供了建立创新优势的机会。如果能够意识到这样的机会，则可以形成新行为与能力积累的循环，比如，世界能源价格在20世纪70年代上涨以后，因为日本一直以岛国为本，技术积累偏向节能、节约资源，使其在进入20世纪70年代以后的世界能源危机中积累起创新能力。

强迫自己进入创新轨道，用创新行为推动创新能力形成，也被证明是一种发展模式。例如，德国从农业国转变为工业国的过程，苏联用举国之力发展工业和科技的行动，都说明了这一原理的应用。但是如果停止了积累的循环，创新能力会迅速耗散。中国香港曾经有过很高的创新地位，因为受到房地产发展的影响，创新受到打压，经济转型为金融与地产。

对企业来说，要意识到强迫自己进入创新能力积累循环是一个重要的战略步骤，这一战略的含义是，尽管现在没有创新能力，但要抓住机会努力从低技术创新起步，尽快获得创新成就，并以此为基础形成有利于创新的组织与制度，推动企业进入创新能力积累轨道。

2. 创新的不确定性

创新与日常经营活动的最大不同之处是它的不确定性，主要有两个方面：一是技术的不确定性，二是市场的不确定性。

第一，技术的不确定性是指把技术原理变成企业正常生产中的不确定性，主要有：①技术原理下样品的不确定性，这主要体现在能否真实地实现功能，因而需要相关人员具备对技术原理的理解能力与产品设计能力；②样品在生产线上生产的不确定性，这主要体现在生产线设计能否按时可靠地完成产品的生产；③量产的不确定性，这主要体现在外部资源环境条件能否满足规模生产的要求，包括关键原料的供应、能源动力的供应以及污染的排放问题。

第二，市场的不确定性是指把产品投放市场以后，市场对产品的接受程度与竞争者的追赶程度。①新产品问世，经常面临与消费者最后的接触、接纳和购买的机会是否存在的问题。消费者要能接触到新产品，能够理解产品所带来的好处，才能采取购买行动，这样就可能让创新者面临自己认为好的产品却没有销路的境遇。②产品开发虽然获得巨大成功，但仍然要面临跟随者"抄袭"的问题，他们投入市场所需的研发费用少、成本低。节约的成本可以用来投放广告和打价格战，从而让创新者面临竞争带来的风险。

不确定性会让创新者感受到创新的风险，它经常是企业创新战略的重要影响因素。

3. 创新战略选择的评估

有所为，有所不为。面对政府的号召和政策中包含的利益，企业应该创新还是不应该创新，应根据自己的愿景和目标作出决定。企业需要对自己的创新战略进行评估，以此来判断是否应该创新。

第一，创新能力的利用与培育。

由于创新是企业的一种活法，不应该只考虑一次性创新，而不管企业以后的经营活动。以让企业永远走创新之路为目标，既需要有保障的创新能力，也需要通过锻炼创新队伍，提升创新能力。因此，把这项指标作为第一个评估内容，凡有助于创新能力提升的，都可以作为创新战略行动，否则舍弃。

第二，与企业愿景一致。

企业愿景的内容很多，当企业决定以创新作为自己的活法时，就要明确赶超的愿望，以及未来所能够达到的状态与境界。当创新战略与愿景不一致时，应该放弃这一战略。日本的一些企业，如东芝，在面对中国和美国同类企业大量出现并且处于终端发展阶段时，它们转移到上游，做组件研发和生产。

创意与创新

第三，关键技术取得方式。

是否拥有关键技术经常是科技创新能否成功的根本。企业能够独立研发并能够确定其具有合理的研发性价比，就可以独立研发，否则企业只能采取收购、兼并、重组企业，或者与拥有专利的企业或个人、机构合作。如果不能取得关键技术，企业就会冒很大风险，此时就应该放弃创新战略。

第四，投入的承受能力。

企业需要估计创新的研发投入，特别是后期研发投入的承受能力，如果缺少这种能力，可能导致创新企业被收购，这样的创新战略需要被打上问号。

第二节 企业组织创新

很多人都知道，谷歌上班不打卡，工作自己安排。这样的组织管理显得十分不严格，但却成为谷歌创新的原动力。谷歌倡导的是无计划组织，认为互联网是一个快速发展的领域，停止了创新，公司将面临灾难，所以谷歌不倡导长期计划，也不倡导短期计划，而是任凭员工个性发展，讲清楚意义就上马项目，万一成功了呢？

思考题

谷歌是以什么为导向制定的组织创新措施？

一、组织创新的含义

任何组织机构都必须如同生物的机体一样，随着外部环境和内部条件的变化而不断地进行调整与变革，才能顺利地成长、发展，延缓老化和死亡。使组织能够适应外部环境及内部条件的变化从而提高组织活动效益的过程就是组织创新，亦称组织开发。

组织创新并不会直接影响产业，它是企业新目标的组织保证，因此，会改变企业业绩。本节例子中所讲的谷歌，它的组织方式前所未有，这保证了谷歌的持续创新，维持着其互联网巨头地位。

组织创新会诱发组织变革，即传统组织要转型为新的组织形式，需要组织变革。组织变革发生在组织内部，要动员员工积极参与、克服困难。但是如果组织变革成本过高，存在着组织变革的困难，多会爆发内部创业。此时，组织变革会演变成组织设计，重新建立一个全新的组织。从这个意义上说，创业是一种回避组织变革的方法。

二、组织创新的原则

组织创新就是从组织结构角度寻找新的发展动力，是在保持组织不发生股权变化的前提下，进行的组织机构调整。通常，它遵循下列原则。

第一，与时俱进原则。

把组织结构作为企业获得发展的战略变量，使其最大限度利用已经出现的组织理论与观念、组织创新经验以及科技进步，使企业能够适应新时代的要求。谷歌的组织理念并不是一个封闭的构思，而是基于年轻一代需要更加自由的创造环境，基于及时、方便的网络沟通，谷歌的组织是扁平化组织的一种形式，兼顾了学习型的组织形式，这些都是新时代的观念与做法。仔细对比不同公司的组织结构就会发现，不同的企业以相同的理论可以做出不同的组织结构设计。这是企业内部组织结构的再创新，而非照搬照抄。

第二，与愿景、目标一致原则。

每个组织都要有自己的愿景和目标，否则就没有可以左右未来的发展战略。组织创新也是为了强化这些愿景和目标。如果组织创新对愿景和目标有重大冲击，在作出组织创新的决策时就要修正组织的愿景与目标，不可以使两者发生冲突。

第三，动员内部资源原则。

尽管组织创新有多种形式，但是组织创新仍然基于动员组织内部资源，旨在将内部资源引导到企业的目标上。

第四，减少创新成本原则。

组织创新经常引起组织变革，并由此产生创新成本，企业需要在创新过程中，尽最大可能减少成本，特别是要避免矛盾冲突。

三、以创新为导向的组织创新

组织创新可以有多种导向，分别为品牌导向、服务导向、生产导向、创新导向，还可以进一步分为社会责任导向、发展导向、竞争导向。不论哪种导向，都必须本着调动内部人力资源动力的原则，不应把企业原子化，看不到人，认为人的行为完全具有一致性，或者由个人完全自由发挥，也不能任由情感因素成为组织的重要联系纽带。好的组织应该具有人文关怀，更重要的是要基于个人成长进行组织创新。

创新战略一旦为企业所选择，发挥员工创造性将成为组织设计的基本目标。如

创意与创新

果把创造力作为目标，就需要特别的组织设计。

（一）以执行为目标的组织

这样的组织目标是绝对执行。它的组织目标固定，需要每个岗位绝对执行命令。典型的组织形式是直线制，在这样的组织机构中，所有员工都是执行者，不折不扣地执行类似军事化队伍的要求。员工只完成自己的本职工作，而不需要灵活机动，也不能变通，即使领导想通过某些权势或地位进行变通，也不能随意破坏规则。其工作就是完成自己的职能，不能有任何偏差。

（二）以灵活协调为目标的组织

这种组织仍然以效率为目标，但为了允许和鼓励实现效率而做出内部协同，以减少应对各种情况下的指挥错误。在军队中它是团队作战，在企业内部是项目制。这一组织是以完成任务为职责，以给定资源条件，自主组织方式工作。

（三）以创造力发挥为目标的组织

当不再给定团队工作内容目标，只规定其工作大致方向，甚至不需要考核业绩目标，只考核团队努力的程度时，便形成了以创新为导向的组织设计。这种组织不会规定业务实现方式，也不会规定业务数量要求，因而可以没有数量上限，也可以没有工作内容界定。如果对所需要的资源给予足够的支持，组织的创造力便主要依赖于团队成员的事业追求。

1. 宽松

自由是创造的前提，资源过度紧张、目标过于专一和思想过于僵化都会限制创造力。建立宽松的氛围和环境为创造力的发挥创造了条件。宽松会影响组织绩效，如果考核指标不清晰，会被认为组织没有目标，会造成各种情形下的成员紧张。例如，中国大学生的创造力不高，许多人认为是考核的指挥棒出了问题。把发表论文数量和发表的期刊层次作为考核指标，过短的考核期，以及把资源与考核联系过多、过紧的做法是其主要原因。表面上宽松，实际上紧张，让中国学生的创造力迟迟不能提高。所谓宽松应该是指更明确的创造性目标与更直接对创造力考核的方法。

2. 激励

组织的作用并不只是制定并实施职责，使工作通过岗位的实施得到推进，同时，组织还要能够完成激励，通过激励人们的行为实现组织目标。创新导向的组织应该强化创新激励。对创新而言，人们主要追求的并非经济利益，而是事业的实现，是创造性工作的成就感。因此，组织所提供的激励不能过于利益化，即使是利益，也不是短期利益，而应该是长期利益。因为创新能力可以为企业贡献长期利益，从而

间接地激励人们的创新行为。

3. 自主

组织将每个人固定在职责范围内,并鼓励其认真履行职责。但是创造力要求每个人不仅要完成本职工作,还要开发创新的工作内容。过多地要求履行规定的职责会限制创造力。只有给予足够的自主权,才可以推进创新,这是创新导向的组织基本特征。

4. 发现、固化、复制

以创新为导向的组织需要能够发现人才与组织创意,因而需要对新型组织进行探索,只要是有利于创造力发挥的组织都应该进行动态化处理,即发现、做理论总结,将模式固化,再进行复制与推广。

四、构造组织的创新流程

好的创新流程应该带给组织自由发挥的空间,并能促进创新。美国学者皮特斯·T 在《第六项修炼》一书中提出了"7R"的创新流程。"7R"的核心思想是通过创新流程来实现组织的创新功能。"7R"含义如下。

(1)重新思考(Rethink),它考虑的是"为什么/Why"的问题。

(2)重新组合(Reconfigure),它所关心的是流程中的相关活动,为与"什么/What"有关的问题寻找新的答案。

(3)重新定序(Resequence),它所关心的是工作运行的时机和顺序,它的创新则来自提出"何时/When"的问题。

(4)重新定位(Relocate),它所注重的是活动的位置,是与"哪里/Where"有关的问题。

(5)重新定量(Reduce),它所牵涉的是从事特定活动的频率(How many or How often),例如,"活动量要达到多少,要多久做一次"等。

(6)重新指派(Reassign),它是指工作的执行者由谁(Who)来担任更好。

(7)重新装备(Retool),它关注的是完成工作所需要的技术与装备,为与"如何/How"有关的问题寻找新的答案。

通过回答关于企业现状和流程的 7 个问题,从而产生新的观念,形成求异思维。求异思维总是生发于疑,见思于疑,突破于疑,试图突破现状,最后形成新构思、新思想、新方法,并由此带动对最具稳定性的企业组织产生的冲击。求异思维要求

创意与创新

组织成员敏于生疑、敢于存疑、勇于质疑。在流程执行过程中，应强调企业高管的参与，因为高管掌握着企业的主要资源，决定着企业组织未来的发展方向，所以全部流程应该从高阶团队开始发起，再向下逐级展开，层层动员与发动，进行组织创新的推进。

五、新型组织的结构

所谓组织创新是指在创新竞争日益激烈的情况下，特别是在互联网出现以后，企业在组织结构上的应对行为。

（一）组织创新的四大趋势

1."下沉分权"的趋势

由于互联网的普及，企业内部实现管理扁平化具备充分条件，越来越多的企业通过分权实现职能下沉，把管理的触角延伸到每一个员工，让每个人都成为管理者，使个人发挥自主权成为可能。

2."柔性灵活"的趋势

面对市场的灵活多变，企业需要大量的外部沟通，需要企业不同部门的协同和及时沟通。它要求企业根据不同的项目、重大事件灵活地设立新的组织机构，甚至有可能要求全体员工参与。过去，传统"僵化固定"的组织模式过多地强调岗位责任，形成了僵化的体制，而以人为核心的"柔性组织"通过"以人（的创造性）为本"的人性化运营及管理，给人以更多的自由和创造空间，充分发挥了每一个人的智慧，因而具有更大的能动性、灵活性与应变力。

3."微创新"的趋势

在企业组织架构相对成熟稳定时，却可能有规范和制度导致了本位主义的形成和山头现象的出现。如果不能打破不同职能部门之间的壁垒，内部的摩擦、消耗将会赶跑所有客户，低效率将蚕食企业的利润，甚至拖垮企业。解决这个问题就需要对某一个部门组织结构或某些流程进行"微创新"，打通组织机体的微循环。

4."集团军作战"的产业联盟趋势

越来越多的产业形成了由一家龙头企业带动一群中小企业而形成的产业集群，以应对市场的变化，此时企业的边界更加模糊，不同类型企业间的关系更加紧密[1]。

---

[1] 孙兵，梁利峥. 2011中国管理创新年度报告组织创新篇：打造零时间的组织，让每个人都成为管理者，实现高效运营[J]. 经理人，2011（9）：80-82.

（二）矩阵式组织

典型的组织结构有直线制、职能制、直线职能制、事业部制，它们都以执行和效率作为目标，岗位职责容易界定，易于监督和控制。然而，由于缺少自主协调性，直线制的职能部门各自工作，容易形成矛盾，造成协调困难，也不利于创新性任务开展，进而形成了矩阵式组织结构。典型的矩阵式组织结构是在直线职能制垂直形态组织系统的基础上，再增加一种横向的领导系统，它由职能部门系列交叉组成，这一组织形式多是为完成某一临时任务而组建，经常以项目小组方式呈现，兼有事业部制与职能制组织结构特征的优点。这种组织结构加强了横向联系，使专业设备和人员得到了充分利用，实现了人力资源的弹性共享，有较大的机动性，促进各种专业人员互相帮助，互相激发，相得益彰。通常的大型组织系统经常会采用这种组织形式，可以有较好创新与顾客回应，而使其经营具有差异化特征，IBM、杜邦等公司都曾成功地运用过这种组织结构形式。但是，这种组织成员位置不固定，人员有临时观念，有时责任心不够强；人员受双重领导，有时不易分清责任，从而降低了人员的积极性。

尽管这种组织结构适用于大型组织，其原则也适用于创业型企业和小规模企业以项目小组方式做技术产品开发。通常可以让企业先组建具有临时性的研发项目小组，一旦项目开发成功，获得了成长，便可以成为新的事业部，或者一旦异地创业成功也可以成为新的事业部，临时组织即转变为正式组织。

然而，这一原则要求企业作出项目上马决策，先确定项目和财务预算，再组织人力、物力，这在一定程度上会使决策过度集中，带来研发风险。为了避免这种组织形式的相关弊端，通用电气公司在杰克·韦尔奇（Jack Welch）的领导下进行了公司组织创新，他们称之为"拆除天花板运动"，在理论上称为"群策群力"方法。即公司以奖励创新业绩前三名的奖励机制，给予他们无工作目标、无人事约束、无事前财务预算约束，在公司内现有实验条件无限制作为奖励，让渴望在公司内部成就事业的员工，有动力自愿组织企业内部资源，发挥参与者的脑力资源，动员公司的项目支持条件，挖掘公司现有潜力，提出并自组织式推进项目实施。当然，一旦项目开发成功，新的事业部便可能宣告成立或者有相关事业部成为其组织运行的保证。

韦尔奇的这种组织创新打破了部门界限，激发了员工的创业热情，促进了部门间人员的有效流动，减少了公司高层组织项目的工作压力，增强了公司探索新事物的动力。通用电气公司也因此成为世界最伟大企业之一并保持至今。

（三）学习型组织

严格地说，学习型组织不是一种组织形式，而是关于组织的概念和雇员作用的一种态度或理念，是用一种新的思维方式对组织创新的思考，是一种工作风格。在学习型组织中，每个人都要参与识别和解决问题，使组织能够进行不断的尝试，以改善和提高自身能力。

学习型组织的基本价值在于解决问题，与之相对的传统组织设计的着眼点是效率。在学习型组织内，雇员参与问题的识别，这意味着要懂得顾客的需要。雇员还要解决问题，这意味着要以一种独特的方式将一切综合起来考虑以满足顾客的需要。组织因此通过确定新的需要并满足这些需要来提高其价值。学习型组织往往是通过新的观念和信息，而不是通过物质产品来实现价值的提高。

建立学习型组织是许多企业保持持续创新能力的法宝。学习型组织的含义为，面对剧烈变化的外在环境，组织应力求精简、扁平化、弹性因应、终身学习、不断自我组织再造，以维持创造力。另外，知识管理是建设学习型组织最重要的手段之一。

学习型组织应包括5项要素。

（1）建立共同愿景（building shared vision）。愿景可以凝聚公司上下的意志力，通过组织共识，大家努力的方向达成一致，个人也乐于奉献，并为组织目标奋斗。

（2）团队学习（team learning）。团队智慧应大于个人智慧的平均值，以作出正确的组织决策。通过集体思考和分析，找出个人弱点，强化团队向心力。

（3）改变心智模式（improve mental models）：组织的障碍多来自个人的旧思维，如固执己见、本位主义，唯有通过团队学习以及标杆学习来改变心智模式。

（4）自我超越（personal mastery）。个人有意愿投入工作，钻研工作技巧，在个人与愿景之间有种创造性的张力，这正是自我超越的来源。

（5）系统思考（system thinking）。应通过信息的搜集，掌握事件的全貌，以避免只见树木不见森林。培养综观全局的思考能力，看清楚问题的本质，有助于清楚了解因果关系。

学习不是接受，而是研究问题并解决问题，并在解决问题的过程中创造新知识、形成新能力。处于前沿地位和采取领先战略的企业如果没有可以学习的对象，只能向自己学习。因此学习的含义就必须从传统的向别人学习、向书本学习，转变为向自己学习。这样的组织需要有自我进步的内动力，学习型组织就是为形成这样的动力而形成的组织创新理论。

第三节　企业研发的管理

在芭比很小的时候，芭比的妈妈路过商场的橱窗，看到橱窗里面的玩具娃娃实在太难看，突发奇想，自己设计了一款全新的玩具娃娃。芭比妈妈找到美泰公司（Mattel），公司副总竟然接待了她，她提出了这个构想，公司研究以后便找她合作。3年以后，美泰公司推出了令世界玩具界吃惊的产品——芭比娃娃，此后销售经久不衰，长达近70年。芭比娃娃如图8-1所示。

图8-1　漂亮的芭比娃娃

思考题

1. 是什么促使美泰公司接受了芭比娃娃这个新设计？
2. 根据你所掌握的素材和你的分析，美泰公司为了生产芭比娃娃进行了哪些创新？
3. 这一创新经过了什么样的研发过程？
4. 如何评价这一创新？

一、研发的含义

研发是指研究与开发（research and development，R&D），是指各种研究机构、企业或个人为获得科学技术（不包括人文、社会科学）新知识，创造性运用科学技术新知识，进行实质性技术改进、产品创制的活动。研发有下列含义。

第一，研发是一种组织活动。它既是一种活动，又是一种多人相互配合的过程，内部需要不同类型的角色。在现代社会，个人发明家越来越少，越来越多的人依靠组织完成研发，如上面例子所讲的芭比妈妈要与企业联合一样。

第二，研发是一种创新活动，需要进行创造性的工作。研发活动可以分解为研

创意与创新

究与开发两个环节。研究是寻找规律，为后续开发提供理论支持；开发则是将原理运用于有意义的方向，使科学原理变成有用的技术原理。在这里，科学原理是变量间的确定关系，是对自然规律的认识，是发现过程，而技术原理则是对自然规律的运用，将其引导到有用的方向，是发明过程。

第三，研发以探索为前提，以找到技术原理并形成解决问题的方案为目标，它还不是真正意义上的创新。探索是寻找科学原理，确认技术原理，最终要能够通过技术解决问题。然而，创新所要求形成的技术方案要产品化并为顾客所接受，这还需要大量的商业实践，并需要考虑经济因素。如果经济上无法为市场所接受，那么能够解决问题的技术便是不经济的，仍然无法真正实现创新。

第四，研发需要财力支持，需要大量试错，每次错误所需要的支出相同或相近，它是大量失败投入所形成的沉没成本找到正确方向的活动。这是创新中最费钱的环节，企业需要准备好足够的资金，避免出现投入的中断。

第五，研发活动有着高度不确定性并由此带来很高风险。研发活动是一个不清楚结果、也无法确知未来的活动，所以企业经常会犹豫是否继续下去，甚至怀疑自己的决策是否正确，凡是半途而废的投入都会变成沉没成本，这种风险是探索性活动的基本特征。即使研发获得了技术上的成功，也可能会因为成本过高，或遇到竞争对手而导致新产品无法顺利上市，企业产品销售将面临困境，并很快会转变为财务风险。如果前期研发投入巨大，亟需资金回流，企业的财务风险会迅速增大。

同时，研发包含4个基本要素，即创造性、新颖性、科学方法的运用以及新知识的产生。研发活动的产出是新的知识（无论是否具有实际应用背景），或者是具有明显改进的材料、产品、装置、工艺或服务等，它的直接结果是新产品、新工艺，但同时它也形成了新的技术原理。新的技术原理是知识形态的产出，具有无限复制性，为人类共同拥有，值得永远保留下去。

二、企业技术的创新模式

技术创新分为独立创新、合作创新、引进创新3种模式。

（一）独立创新模式

独立创新也可称为率先创新，是指在无其他企业技术引导的条件下，企业在获取技术和市场创新机会后，依靠自身力量独立研究开发，攻克技术难关，获得新的技术成果，并完成技术成果商业化的过程。

独立创新在市场上主要表现为产品创新，它可以使企业获得超额利润。但独立创新存在很大风险，需要企业具有很强的研发实力、敏锐的市场洞察力和较强的风险承受能力等。

（二）合作创新模式

合作创新是指企业通过与其他企业、科研机构、高等院校等建立技术合作关系，在保持各自相对独立的利益及社会身份的同时，在一段时间内开展协作，从事技术或产品的研究开发，在共同确定研究开发目标的基础上实现各自目标的技术创新活动。合作创新起源于 20 世纪 70 年代中后期，之后在发达国家迅速发展，目前美国仅在信息技术、生物技术、新材料等有关高新技术领域建立的合作创新组织就多达 4 500 多个，合作创新已成为发达国家新的技术创新组织形式。合作创新既包括具有战略意图的长期合作，如战略技术联盟、网络组织，也包括针对特定项目的短期合作，如研发契约和许可证协议。近年来，合作创新已经成为国际上一种重要的技术创新方式。由于企业合作创新的动机不同，合作的组织模式也多种多样。

狭义的合作创新是企业、大学、研究机构为了共同的研发目标而投入各自的优势资源所形成的合作。一般特指以合作研究开发为主的、基于创新的技术合作，即技术创新。

广义的合作创新是指企业、研究机构、大学之间的联合创新行为，包括新构思形成、新产品开发以及商业化等任何一个阶段的合作都可以视为企业合作创新。企业合作创新的模式主要包括合同创新模式、项目合伙创新模式和基地合作创新模式。

合作创新需要注意的问题包括以下几点。

（1）合作各方需要有明确的目标，并充分了解彼此的期望和目标。

（2）合作参与方必须各有专长，才能做到优势互补。

（3）合作参与方之间必须能有效沟通，出现问题及时调整，否则很可能由于价值观、文化、目标的不一致而造成冲突，影响合作进程。

（4）合作方需要建立畅通的信息沟通渠道，有利于整合各成员的创新思维，激发各自的创新潜能。

（三）引进创新模式

引进创新是指企业通过逆向工程等手段，对引进的技术和产品进行消化、吸收、再创新的过程。它包含渐进的创新和对原设计的不断改进两种模式。从经济学的角度看，这是一种更有效的创新。

三、开发流程的管理

有关开发流程有不同的归纳总结，针对不同类型的开发也有较大的差别。例如，工业产品与软件开发流程就存在较大的差别。技术研发流程按其逻辑性可以划分为5个基本阶段：概念、计划、开发、测试、发布，不同类型研发可以有不同研发阶段划分。在各类企业都在积极开展研发实践的环境下，研发流程也在不断改进。这里按一般工业产品研发最复杂的情况，把研发流程分为8个步骤。

第一步，新产品构思（进行设想或创意的过程）。

第二步，创意筛选（对各种创意进行分析比较）。

第三步，新产品概念的发展和测试（将新产品构思具体化）。

第四步，制订营销战略计划（描述预期的长期销售量）。

第五步，商业分析（财务方面的分析）。

第六步，产品实体开发（对新产品实体的设计、试制）。

第七步，新产品试销（对小范围目标市场进行测试）。

第八步，商品化（推出新产品）。

首先创造一套广泛、可替代的产品概念，然后缩小产品的可替代范围以提高产品的特殊性，直到该产品可以被可靠地生产出来为止。尽管某些有形产品的生产流程和营销计划也包括在开发流程中，但应当注意，大多数开发阶段都是以产品功能实现来定义的。

在上述流程中，第三步和第六步是研发的关键环节。传统的团队研发模式多基于瀑布开发模式，而现代系统开发模式涉及需求评审、测试用例评审、技术架构评审、开发与测试、验收与上线等。下面，本节从科技情报、需求研究与管理及技术架构评审等几个关键环节来重点讨论研发管理。

（一）科技情报

科技情报是一项专门的管理工作，上至国家下至企业，都十分重视这项工作。许多企业没有这项管理职能，导致企业如盲人摸象一般。也有一些企业只是老板带秘书去参加各种博览会、高交会、发布会以及论坛，而真正参与研发的团队却没有机会参与。企业应该重视这些渠道，并把这种重视变成企业职能部门的重视。此外，还有其他期刊、杂志以及讲座等渠道，特别是杂志和讲座，它们的内容更加接近前沿。同时团队内要经常交换情报，并深入交流关于前沿进展的心得。

（二）需求研究与管理

产品因需求而生，在产品的整个生命周期中，产品经理会收到来自各个方面的需求信息，但对于每一个需求的必要性、重要性及实现成本都需要深思熟虑地分析和规划，避免盲目地定位需求或者变更需求，导致工作混乱。需求管理的第一步是要梳理不同来源的需求，主要包括外部用户反馈、竞争对手情况、市场变化，以及内部运营人员、客服人员、开发人员的反馈。每款产品要有明确的核心价值。第二步，对发散性需求进行分析。人的思维是发散、多变、随机的，在产品构思的过程中研究人员会发现各种新鲜好玩的想法，这些想法可能来自领导或产品经理，往往都和产品核心方向无关。但是由于这些想法能够在当时带来诱惑，因此这些不相关的需求会严重干扰研发团队的精力，打乱或者延误产品原本的计划。第三步，做一些可靠的调研。自己不喜欢或者自己都没有感觉的产品就不能拿到市场上打动顾客。以此为基础，向周边人群进行调查，并逐步扩大范围。第四步，评估或重新审视产品，筛选需求的优先级，识别每一个需求的必要性、重要性和实现成本。第五步，通过深思熟虑，给团队以明确方向，为其提供能够聚焦目标的资源调配权限，确保团队的精力都聚焦在产品的核心需求上。

（三）技术架构评审

技术架构评审或技术方案评审的价值在于集聚众人的智慧，让大家一起分析，看方案里是否可能隐藏陷阱。方案一旦实施是否会遇到不可逾越的重大技术问题，这是研发人员必须认真考虑的因素。尽量把各种可能事先考虑到，发现问题，以"宁可信其有，不可信其无"的态度对待技术方案。基于技术架构评审的目标要满足以下几点。

（1）设计把关，确保方案合格。各方面都要考虑到，避免缺陷和遗漏，不求方案达到最优，至少不犯错。

（2）保证技术架构设计合理，符合整体原则。

（3）维持对系统架构的全局认知。

（4）通过评审，发掘创新亮点。

（5）技术架构设计要保持平衡。架构设计既要保证合理性和可扩展性，又要避免过度设计。架构设计不仅要考虑功能的实现，还要满足很多非功能性的需求，如成本、原料可获得性以及持续运作所需要的工作等，需要根据工程实践经验进行平衡和取舍。

（6）把控架构评审关键点[①]。

第一，技术选型。为什么选用 A 组件而不选用 B、C 组件？如果 A 组件是开源的，开源协议是什么？基于什么语言开发的？出了问题，企业能否维护？性能方面有没有做破坏性测试？在所有问题确定后，才能作出最终决定。

第二，性能保障。随着规模或数据量的增大，系统性能会不会出现明显问题？系统性能如何进一步提高？系统哪个环节会是最大的瓶颈？是否有抗突发变化的能力？怎么做才能实现高性能？

第三，高可用（高可靠性）。是否有单点的组件？非单点的组件如何做故障转移？是否考虑过多活（多数据中心）的方案？是否有数据丢失的可能性？数据丢失应如何恢复？若出现系统宕机情况，对业务会造成哪些影响？有无其他补救方案？

第四，可扩展性。如果 A 组件和 B 组件的业务策略相差无几，后面会不会继续衍生出 C 组件的业务策略？随着业务的发展哪些环节可以扩展？如何扩展？

第五，可伸缩性。每个环节的服务是否都可以快速横向扩展？扩容是手动还是自动？扩容后是否可以提高响应速度？

第六，弹性处理。是否考虑了服务降级？哪些业务支持降级？是支持自动降级还是支持手动降级？是否考虑了服务的超时熔断、异常熔断、限流熔断？触发熔断后对客户有何影响？服务是否做了隔离？单一服务故障是否影响全局？

第七，兼容性。上下游依赖是否梳理过，影响范围有多大？怎么进行新老系统替换？新老系统能否来回切换？数据存储是否兼容老的数据？如果对上下游系统有影响，是否通知到上下游业务方？如何让上下游依赖方进行升级的成本最小化？

第八，安全性。是否有数据泄露的可能性？是否制订了风控策略？接口服务是否有防刷保护机制？数据、功能权限是否做了控制？后台系统是否做了日志审计？数据传输是否加密验签？

第九，可测性。测试环境和线上的差异有多大？是否可以在线上做压力测试？如何做？新的方案是否非常方便测试？

第十，可运维性。系统是否有初始化或预热环节？数据是否呈指数级递增？业务数据是否需要定期归档处理？随着时间的推移如果压力保持不变，系统需要怎样的巡检和维护？

第十一，监控与报警。对外部依赖的接口是否添加了监控与报警？应用层面系统内部是否有暴露监控和报警？系统层面使用的中间件和存储是否有监控报警？只

[①] 云狄．如何成为优秀的技术主管 [EB/OL]．[2023-12-14]．https://blog.csdn.net/kevin860/article/details/88084299．

有充分考虑到各个环节的监控、报警，第一时间通知到研发，才可以阻止故障进一步扩散。

（四）重视各类评审[①]

（1）需求评审

需求评审，回答的关键问题是"我们要解决的问题是什么"。如果不知道问题是什么，就试图去解决，只能白白浪费时间，最终结果也很可能毫无意义。

这个阶段，必须提出关于问题性质、来源、目标和规模的系统性解释，澄清含糊不清的地方，改正理解不正确的地方，确保用户（客户）与研发团队理解的一致性。

（2）交互评审

交互评审，回答的关键问题是："概括地说，应该如何解决这个问题？"之所以用"交互"这个词来表述，是因为只有交互才更让人可觉察、感受针对问题的具体解决方案。

这个阶段，通常会用到流程图、原型图、状态图等工具来描述整个产品的各种可能性，估算每一种方案的成本、效益以及体验，充分权衡各种方案的利弊。事实上，隐藏在交互背后的是接口、数据层的复杂逻辑，这也是最容易被轻视的问题，因为它不可见。

（3）视觉评审

视觉评审，则是考虑如何建立规范性和一致性的设计语言。"美丑"是一种个体的主观感受，我们往往容易陷入"太丑"的泥潭中而无法自拔。在软件开发过程中，视觉设计需要建立一套专业的规范和机制，不能单纯依赖直觉。

（4）用例评审

用例评审是针对产出成果设定其度量的标准，检验交付物与用户需求的满足程度。这个阶段的关键任务是写出正确、容易理解、容易维护的场景检测逻辑，包括各种正常和异常的数据状态、逻辑状态、正向和逆向的场景状态等。研发团队应该在产品开发过程中完成对用例的覆盖度和颗粒度（尺寸大小）的评审，且实施整个过程越早越好。

（5）验收发布

产品验收是为了最终交付而进行的成果验证和归档，包括收集项目完整的记录，以确保产品满足用户需求和商业需求，并将相关文档进行归档，还包括项目的审计结果。

[①] zhangqinhua. 技术开发流程 [EB/OL].[2023-12-14]. https://www.jianshu.com/p/9a70c1324ed3.

创意与创新

这是最终的环节，它是一个集中审核的过程，包括合同的收尾和管理的收尾，事实上也是非常复杂的一个过程。如果管理不好，经常会出现以为已经干完了"该干的事情"，结果不是新增了需求，就是没有达成合同目标，导致达不到验收标准，不能结算。

产品开发过程的每一个阶段都存在着重大风险，产品经理一定要有清醒的认识，也要努力在项目管理的专业领域有所建树。不管是内部项目还是外包项目，不管你的组织采用何种开发模式，都必须牢牢监控产品开发过程的关键节点和关键交付成果。

（6）代码评审

在软件设计中，有一种特殊的评审，就是代码评审。代码质量包括功能性代码质量和非功能性代码质量，功能性代码质量大多通过测试来发现问题，而非功能性代码质量用户不能直接体验到好坏。如果代码质量不好，最直接的"受害者"是开发者或组织自身，因为代码质量的好坏直接决定了软件的可维护性成本的高低。代码质量应该更多地从可测性、可读性、可理解性、容变性等代码可维护性维度去衡量。

四、研发团队的管理

（一）选拔好的团队领导

任何项目都需要好的团队领导。简单地说，一个好的团队领导应该有本事，会挣钱；有心胸，会分钱。对科技开发团队而言，应该具有科技前瞻力和预见力、思考力和判断力，还应该有团队创意的组织管理能力，能够有意识地积累研发资源。

（二）研发团队建设

1. 团队成员的目标一致性建设

团队一定要有共同目标，领导者在团队组建之初要大张旗鼓地向团队成员讲目标。无论是新建团队还是半路接手团队，都要在第一次与团队成员接触时把目标拿出来，或者通过讨论达成一致目标，并且书面呈现出来。之后，在团队建设过程中多次宣讲并强调团队目标。目标要简单且可执行，可以让团队成员感到有内容、可执行，以形成激励作用。比较抽象的中长期目标也要讲，但一定要与短期目标联系在一起。

2. 了解团队成员

团队领导者要充分了解团队成员的基本情况，如个人能力、特长、性格、兴趣以及优缺点等。如果刚刚接手一个团队，可以做一个简单的问卷调查，让团队成员写出自己的个人资料情况，并对团队建设中存在的问题、下一步发展方向发表意见。不同国家处理的方式有所不同，亚洲许多国家比较含蓄，可以基本情况使用实名，而情况分析使用匿名，用书面方式投放在指定信箱。为了避嫌，也可以聘请专业公司配合本公司的人力资源部做更专业的调研。

3. 建设有研发能力的"特种部队"

不论与外部如何合作，企业都必须有自己的研发团队。一个研发团队的角色主要包括以下几类：①产品经理；②设计师；③服务工程师；④前端工程师；⑤测试工程师；⑥其他。

世界发展最快的一些公司都会建立由产品经理、开发人员、设计人员、测试人员组成的短小精悍的"特种部队"，在研发团队中以小组形态出现，有清晰的输入和输出，有清晰的目标和边界，这种"特种部队"方式的小组，从执行到目标实现都是超级强悍的，同时也能方便研发组织绩效考核的落地与激励。

建立"特种部队"的另一个好处是，每个小组的职能和目标是固定的，在产品研发大架构下执行每一个精确目标或单元的研发任务。但小组成员可以转岗或者调配到其他小组，从而避免了研发人员枯燥和无挑战的问题。它也是创新型组织的一种，只是它隐藏在创新部门的内部。

4. 团队领导应做思路提醒人或创意专家

可以定期与团队成员面对面交流，总结工作，了解情况，及时调整团队成员的情绪状态。研发团队领导要熟悉创意方法，如果不十分熟悉，可以交由下属成员去熟悉，自己则要掌握方向。创意专家的责任是提供创意方法的指导，使成员能够逐渐熟练使用创意方法。

（三）用户体验委员会

在正式组织架构之外还可以设置一些虚拟组织，以此来解决跨部门沟通与信息同步的问题。用户体验委员会是其中的重要组织，它是将公司里研发、设计、产品、销售、客户等同事组成一个虚拟委员会，委员会主席本质上就是这个组织的秘书，通过定期的会议或讨论，将解决用户体验上的问题作为核心目标。委员会会议以茶话会方式组织，以高效搜集用户信息为目标。

这样的虚拟组织的好处在于，产品和研发从不同视角听取意见，及时评价这些意见和建议；增进跨部门彼此理解，快速驱动产品研发和落实方案改进。用户体验委员会不是只讨论问题，更重要的是推动行动方案，快速解决用户关心的体验问题，其决议具有公司级效力。

（四）技术委员会

组建技术委员会的目的是实现跨研发团队的技术沟通、分享和技术选型。技术委员会保证了公司始终以科技驱动商业的基础不被动摇，汇聚团队中技术能力最强成员更主动地投入技术贡献，主要的工作目标包括：第一，公司级的技术方案；第二，前沿技术研发小组组建；第三，研发岗的职级评审，技术委员会承担对技术能力的职级评估。

第四节　企业创新文化与生态

梁同学有自己的企业，她的老师作为农业大学的教授，希望通过她的企业转化自己的许多研究成果，但梁同学对此并没有勇气进行尝试。读EMBA以后，梁同学有机会聆听了"创意与创新"课程，任课老师希望她多表达一些企业家的想法，以促进在校生创新创业，或在年轻学生中组建创业团队。她却说："我不太敢说。"

思考题

猜猜看，是什么原因让她不敢做和不敢说？

一、以创新文化为导向的组织特征

保罗·特罗特（Paul Trott）把创新组织的特征概括成了10个方面，如表8-1所示。

表8-1　创新组织的特征

组织要求	特征
1. 成长导向	致力于长期增长而不是短期利益
2. 企业传统和创新经验	对创新价值容易达成共识
3. 信息收集和外部联系	能够及时认识到威胁和发现机会
4. 致力于技术和研发	愿意投资技术的长期开发
5. 承担风险	总体考虑并尝试带有风险的机会
6. 跨职能合作及协调	个人之间相互尊重，且愿意跨职能工作
7. 接受能力强	认识、发现并有效利用外部开发技术的能力强
8. 创造力空间	为创造力提供空间的能力较强
9. 创新战略	对创新具有长期的战略规划
10. 多样化技能	对于新产品的开发可以结合多样化的专业知识

资料来源：特罗特.创新管理与新产品开发[M].吴东，严琳，译.北京：清华大学出版社，2012.

长期保持上述10个组织特征，就可以营造出组织内部的创新文化。换言之，有什么样的组织就会有什么样的文化，保守的组织一般不可能产生导向创新的文化。

二、打造内部竞合的组织架构和文化

一个组织能拥有焕发活力、自我驱动、使命必达、开放透明的文化,激发团队创造力是其根本。在中国,多数企业的研发经常有较高的成功率,原因是企业的研发兼顾了创新和效率。企业的创新并不单纯是研发,而且是不能失败的研发,研发的多是应用性技术,哪怕只是产品设计,也具有比较明确的目标指向。

在这样的组织目标下,既要促进内部形成创造力,又要形成执行力,要用内部竞争为研发团队提供动力。然而,创新需要企业不同部门的交叉合作,由此形成了既要保持竞争,又要促进内部合作的竞合组织架构和文化,形成不同类型的组织架构与文化的组合。

从全球看,越来越趋向于创新竞争,为此,企业要保持开放,与外部形成信息沟通机制,让外部的竞争压力传递到企业内部,企业将外部的科技、产业、资金等资源引进研发团队并进行组合。

研发管理的核心是构建一个开放、自学习、自驱动的组织文化,这是打造高效研发团队最内核的基础,甚至超过了其他管理的作用。在组织文化建设中,专门的仪式感是营造文化氛围的主要工具,它是团队管理的调味品,是以竞争为导向的组织架构的重要补充,是创新企业的"必需品"。研发团队管理者通过有意识地设计有价值的仪式,来促进团队内部磨合,也强化了研发团队间的默契。好的仪式能不断强化不同团队目标,提高团队的工作自觉性,提升团队集体荣誉感与使命感,营造共同的价值观,在竞合的文化中获得发展。

(一)让团队成员具有主人翁精神

让团队成员每月定期提交合理化建议,在会议上让他们逐一把建议讲出来,然后大家商量解决办法,能在部门内部解决的当场拍板解决,不能在部门内部解决的上交公司。让团队成员主动发现问题并感受公平,让人人都有存在感,以感受到被重视和被关注,激发他们思考的主动性。

(二)让团队成员有成就感

对团队成员实行差异化管理。如果发现下属是积极学习、掌握新技术欲望很强的人,应该着重引导他们参与各种前沿科技学习与研讨,吸收他们参与产品创意阶段的工作;如果一些团队成员愿意主动与营销人员沟通,具有从需求洞察中形成概念的能力,就可以让他们参与需求评估;如果一些人有工程师素质,能很快形成技术方案，则可以培养他们成为技术方案的提出者，并重视他们提出的技术方案；如果一个人工作细心、有观察力，就可以让他参加实验，从事实验分析。把人放在其最有用的岗位上，让人的能力发挥作用，是对人的最大激励，在研发团队中差异化管理可以成为创新文化的推进器。

团队领导还要关注下属的个人兴趣、发展意愿、技术上的追求和取得的成就，创造员工全心全意提高自己技术水平的文化氛围。科技人员一旦在创造性活动中获得肯定，多会主动克服困难，以提升自己的创造水平。

（三）宽容失败与鼓励合理竞争的文化

宽容和鼓励是研发团队建设的基本原则，它比其他物质奖励更有激励作用。在研发中，失败是经常发生的事情，如果把失败当作评价一个团队的重要指标，研发团队的创造力会受到打击。

在研发团队建设中，鼓励竞争要适度。为了消除过度竞争，一种方法是进行定期的知识分享，不论是在团队内部，还是在团队之间，这种进步与知识的分享都可以带来知识共享与暗中激励的作用，不需要领导评论和总结，也能激励研发团队主动创造；另一种方法是不刻意地组织团队间的竞争，把不同团队集中在不同领域。鼓励团队成员积极向上、主动学习，团队间相互交流、主动支持，以放大公司能量，这是企业成长的根本。王安公司在创始人王安去世以后，他儿子接班后一改以前的传统，让三支精干的研发团队完成同样的研发任务，引起了内部激烈竞争，最后所有研发团队均离开了王安公司，王安公司也很快倒闭了。

（四）以鼓励为主的文化

对研发团队而言，要多鼓励和赞扬，其原因是他们进行的是创造性工作，他们有更强烈的精神追求。鼓励团队挖掘可能有前景的方向与要点，要比单纯催促进度重要得多。要针对创造性，而不是针对工作时间进行管理，不倡导加班工作，而要鼓励创造性地工作，鼓励保持轻松、自由的创造状态。

定期举办具有仪式感的活动，培养以鼓励为主的内部文化。比如，每月定期举办报告会，定期让团队成员分享他们学到的知识，让大家都有一个展示自己的舞台。虽然讲的不一定是什么大的项目，但也足够让团队成员获得满足感，也能交流和共享新的知识。又如，设计具有创造标识的团队服装、团队旗帜和口号，甚至可以有自己的誓词和歌曲，新成果或新产品发布、重大版本的发布、专门的文化节、成果说明会等都可以产生仪式感。为鼓励团队成员专注研发、默契配合、宽容失败，可以规定团队内部禁语。

三、外部创新生态的建设与利用

人们越来越意识到企业开放的重要性，因为开放除了引进竞争，还起着形成企业技术进步驱动力的作用。企业通过学习外部，可获得外部进步信息，掌握发展动态，获得可利用的知识，也把自己植根于外部的科技创新生态之中，向外部输出技术，释放科技需求信息，寻找各种能够配合的产业环境。

（一）技术分享和走出去

企业科技创新的重要责任在于推动社会进步，走出去向社会分享技术进展既是企业实现社会责任的重要方面，也是企业的重要经营策略。

企业发布新产品信息，组织科技创新研讨会，推送关于企业进展的软文，出席各种科技展览以及到大学开展讲座等，都是在向外部释放企业的技术趋势判断，公布企业研发进展，教育公众以及上下游，开展相关的合作调整，刺激同行，让大家向主导技术靠拢，以形成竞合的文化氛围。

（二）寻找可以支持创新的生态环境

研发活动经常需要外部配合，不论是加工配件，还是测试成果都需要外部的协作与支持。企业不可能具备完整的为研发服务的实验条件，特别是工业设计阶段的各种条件，在任务实现、交货期、质量以及成本等方面也需要外部支持。那些提供灵活、有效率、有质量的研发服务体系，可以成为促进研发成功的重要环境条件。美国企业研发多借助大学实验室，而中国以深圳为中心的企业研发设计，则借助深圳多年培养起来的信息产业大环境。

（三）研发"下乡"，走向民间

研发"下乡"就是让研发走向客户，贴近客户需求，了解客户状况，完善产品以满足客户需求。憋在办公室里是无法做出好产品的。驱动研发、产品设计走向客户，而不是待在象牙塔里，可以让企业生态建设避免走有科技水平却没有市场的道路。让科技走向客户，既是教育市场，可以先声夺人，也是直接从客户那里获取研发反馈信息，显示企业为顾客服务的真诚。走向底层，也是中华文化倡导的创新方向——上善若水。

案例阅读：谷歌的创新文化[①]

谷歌（Google）是一家从创办开始，血液里就流淌着创新基因的公司。自

[①] 佚名.向谷歌学习持续创新[J].化工管理，2008（1）：93-94.

创意与创新

1998年成立以来，在短短十几年时间里，在变化迅速、需要不断创新的互联网产业，它从斯坦福大学两位没有毕业的博士生创办的小公司，发展成了市值超过1 000亿美元、拥有上万名员工的企业。谷歌是凭借什么优势，一直保持着持续创新的动力呢？

* 轻松愉快的创新环境

风景如画的硅谷山景城，是谷歌的总部所在地。在这个像游乐园一样的办公大楼里，谷歌给员工提供了种类丰富的免费餐饮，在公司里随处可见的是各种体育器材和休闲设施，还有专门的洗衣房和按摩室。公司还提供免费的班车和渡轮服务接载雇员上班，这些交通工具都有无线互联网服务，方便员工在上下班时也可以工作。在谷歌，工作就是生活，轻松愉快的工作环境成为创新意识的孵化器，造就了无穷的创造力。

* 灵活高效的工作方式

创新的意识还源自灵活的小团队工作方式。"将有智慧、有激情的员工针对关键问题，分成3~5人的小团队，扁平化的组织，以海量的计算资源和数据作为支持，同时允许工程师抽出20%的时间，根据兴趣自己确定研究方向。"在这个小团队中，每个人必须全力以赴才能被大家认可。激发全体成员创造力的同时，进行小范围的绩效考核，所得的结论就会更加客观。正是通过这种小团队的工作方式，实现了谷歌著名的"自下而上"的创新。这种创新方式给谷歌带来了很多新奇的点子，带来了新鲜的创意和活力。

* 新颖实用的创新工具

谷歌有个内部交流的网络平台，这个平台不仅能实现信息交流的功能，还鼓励工程师将自己的创新点子放在这里，由其他人对这些点子作出评价和建议，使这些在20%的时间内自由发挥的结晶有可能落实为具体的产品。当由这些好点子发展而来的产品足够完善的时候，就会被放在Google Lab里，通过这个向用户展示谷歌创意和产品的工具，征集用户体验和反馈，以便对尚未正式推出的产品进行修正和补充。

正是靠着以上这些措施，谷歌团队不断创新，产品已经从当初单纯的搜索服务扩展到新闻、地图、图书等多个领域，并且开始全球化运营。诞生了一系列如Gmail邮箱、orkut等对谷歌未来发展有重大意义的产品和项目。

案例思考

如果我们知道创新所需要的组织特征是什么，为什么不是所有的企业都具有创新性？

本章小结

1. 企业是否选择创新发展是一种战略安排，企业可以根据自己的情况作出选择。

2. 组织创新是重要的创新，它可以起到四两拨千斤的作用。新的组织方法往往可以产生组织的创新力。

3. 研发是科技创新不可缺少的内容，企业应该基于减少风险和能力培养选择不同的技术生产方式，有效地组织研发。

4. 创新生态具有更强的文化作用，创新在很大程度上受组织文化的影响。

本章自我训练

1. 经常观察周围的企业或案例，看企业是否都用创新方式生存和发展？它们都有自己的战略吗？

2. 你观察周围的企业，它们是否用文化推动创新，它们的创新生态如何？你有办法优化吗？

本章思考题

1. 用什么指标来评价企业创新战略与国家创新战略？
2. 组织创新都需要考虑哪些因素？只是有利于创新吗？
3. 企业研发过程中最需要考虑的是什么问题？
4. 以创新为导向的企业文化的特征有哪些？

第九章　产品设计与服务策划创意

章首语：对于所有的创意与创新，如果不能与最终出现在市场中的产品与服务相结合，就只能是空中楼阁，无法实现其真正的商业价值。

关键词：创意，产品设计创意，服务策划创意

产品并不局限于实物产品，也包括服务，特别是那些只靠软件的功能来体现的服务。

引导案例

微信项目启动于 2010 年 11 月，其间经历了各种功能的不断开发和迭代。直到 2013 年 8 月，微信 5.0 版本发布，才正式开启了微信支付的时代。在此之前，支付宝几乎一手缔造了第三方支付市场。在 2017 年 1 月的腾讯年会上，马化腾宣布微信线下支付笔数已经超越支付宝，仅仅 3 年时间，微信支付从零起步，完成了快速逆袭。

思考题

从项目启动到开启微信支付，微信经历了哪些产品形态？

第一节　产品设计创意

引导案例

在红外技术、蓄电技术、LED 技术让零部件变得十分便宜时，一些从老年人生活需求出发的产品设计者做了一款圆形的无线小灯，它背后有磁片，可以直接吸在有铁的地方，也可以先把一块铁片粘在墙上，再把小灯吸在有铁片的地方。虽然它并不太亮，但在夜晚完全没有其他灯光时，可以作为照明让人们能够看清楚环境，不至于撞到障碍物或者找不到鞋子，它的亮度刚好不会把旁边的人弄醒。

思考题

你觉得这款产品外观应该如何设计？给它起个名字，并思考如何用这个名字指导设计。

一、产品创新源于设计创意

（一）何谓产品设计

在产品开发过程中，产品设计是一个集艺术、文化、历史、工程、材料、经济等各学科知识于一体的综合产物，是把现有的技术集成在一起，然后用产品来解决人们生活中的问题，以改善人们的生活。产品设计主要用来协调产品与人之间的关系，实现产品的人机功能和人文美学品质的要求，包括人机工程、外观造型设计等，并负责选择技术种类，协调产品内部各技术单元、产品与自然环境、产品技术与生产工艺间的关系。

（二）产品设计创意

产品创意是新产品开发项目的动力源。产品设计是从制订出新产品设计任务书到设计出产品样品为止的一系列技术工作。其工作内容是制订产品设计任务书及实施产品设计任务书中的项目要求（包括产品的性能、结构、规格、型式、材质、内在和外观质量、寿命、可靠性、使用条件、应达到的技术经济指标、名称等）。

产品设计创意需要满足用户的应用要求。制订技术处理方案时，要用理性的逻辑思维来引导理性的形象思维和感性的知觉判断，并提供一个规范的问题处理方案。产品设计创意本身具有鲜明的时代特征，反映了不同时期、不同地区、不同民族的物质文化水平，反映了人们的认知形式和消费方式。它以独特的方式体现功能，传达技术的物化之美，表达商品社会的文化价值取向，倡导产品设计不断致力于创造新的生活方式和新的生活环境，提高人们的生活质量。

如果一个产品设计创意缺乏生产理念，那么生产过程中就会耗费大量费用来调整和更换设备、物料及劳动力。相反，好的产品设计创意，不仅能够体现功能上的优越性，而且便于制造，生产成本低，从而使产品的综合竞争力得以增强。许多在市场竞争中占优势的企业都十分注意产品设计创意的各项细节，以便设计出造价低而又具有独特功能的产品。许多工业企业都把设计看作热门的战略工具，认为好的产品设计创意才是赢得顾客的关键。

（三）产品设计的产业形态

从产业形态来看，产品设计服务业形态可体现为内部设计服务部门、工业设计咨询公司、工业设计师个人工作室三类。前两者是设计行业发展到一定程度的成熟产物，而我国的大部分中小型设计公司仍主要停留在工作室的阶段。也成为设计行业未来重要的创业方向。

（四）产品设计流程

典型的产品设计流程包含四个阶段：概念开发和产品规划阶段、详细设计阶段、小规模生产阶段、增量生产阶段。

1. 概念开发和产品规划阶段

在概念开发与产品规划阶段，企业会将有关市场机会、竞争力、技术可行性、生产需求等信息综合起来，以确定新产品的框架。这包括新产品的概念设计、目标市场、期望性能的水平、投资需求与财务影响。在决定某一新产品是否开发之前，企业还可以用小规模实验对概念、观点进行验证。实验可包括样品制作和征求潜在顾客意见。

2. 详细设计阶段

一旦方案通过，新产品便转入详细设计阶段。该阶段的基本活动是产品原型的设计与建构，以及商业生产所使用的工具与设备的开发。

这一阶段的工作环节是"设计—建立—测试"。所需的产品与过程都要在概念上进行定义，而且体现于产品原型中（利用超媒体技术可在计算机中或以物质实体形式存在），接着进行产品的模拟使用测试。如果原型不能体现期望性能特征，工程师则应寻求设计改进以弥补这一差异，重复进行"设计—建立—测试"环节。详细设计阶段是否结束要以产品的最终设计能否达到规定的技术要求并获得签字认可作为判断标准。

3. 小规模生产阶段

在小规模生产阶段，生产设备上加工与测试的单个零件已装配在一起，并作为一个系统在工厂内接受测试。正是在产品开发过程中的这一阶段，整个系统（设计、详细设计、工具与设备、零部件、装配顺序、生产监理、操作工、技术员）组合在一起。

4. 增量生产阶段

在增量生产阶段，开始是在一个相对低的数量水平上进行生产；当企业组织对自己（和供应商）连续生产能力及市场销售能力的信心增强时，产量开始增加。

（五）产品设计创意目标

产品设计创意目标应体现：①设计的先进性；②设计的高质量；③设计的高效益；④设计的现实性；⑤设计的通用性。

一般来看，实现产品设计创意有如下路径：新产品自行设计；外来样品实物测绘仿制；外来图纸设计；旧产品的改进设计等。

产品设计反映一个时代的经济、技术和文化水平。其中，产品设计创意是实现产品设计落地和商业化发展的重要一环。由于产品设计阶段要全面确定整个产品策略、外观、结构、功能,从而确定整个生产系统的布局,因此,产品设计创意的意义重大,具有"牵一发而动全身"的重要作用。

二、产品设计创意的原则

企业应从实际出发,通过创新思维,充分发挥本企业优势,并结合社会需求,找到自身的重要目标市场。"中国工业设计之父"柳冠中在设计中始终强调从事物情理的角度出发理解设计,强调从人们生活的情理出发,通过注重用户的需求进行适用的设计。正如他所言:"设计创造生活方式。"通过设计创造更好、更适宜的生活方式,使设计能够更好地服务用户,为其带来更多便利。

在提出产品设计创意之前,市场细分对于企业创新、寻找到好的创意具有重要意义。如何进行市场细分呢?应建立在科学依据的基础上,主要应参考地理变量、人口变量、心理因素以及行为变量等,如表9-1所示。

表9-1 主要市场细分变量

市场细分变量	典 型 划 分		
地理变量	区域	城市或本区域大小	人口密度
	地形地貌	气候	交通条件
	农村	城市	其他
人口变量	年龄	家庭规模	家庭生命周期
	性别	收入	职业
	受教育程度	宗教	种族
	代系	国籍	社会阶层
心理因素	生活方式	个性	购买动机
	社会阶层	其他	
行为变量	时机	利益	使用者情况
	使用频率	品牌忠诚情况	准备程度
	对产品的态度		

在充分考量了上述市场细分变量的影响,确定本企业的主要细分市场之后,企业就可以有针对性地开展产品设计创意工作。

创意属于一种构想和方案,是吸收了外界刺激信息后,经过组织、解释、判断而形成的整合结果,与心理学中的知觉原理有关系,具体应把握如下原则。

(一)相近原则

所谓相近性,就是在开展产品设计创意前,尽量把所有或多个具有相关性的事

创意与创新

物放在一起，充分考虑其功能与利弊，便可以得到更加全面实用的一件产品，甚至产生意想不到的惊喜效果。

（二）对齐原则

产品设计创意中的所有元素都不应该是随意放置的，它们的存在都应该是有理由的、有原因的。每个元素都应该与整体或其他单个元素具有某种联系，这样就能形成一种和谐、美观的视觉感受。尽管东西方有各自不同的审美观，在审美设计活动中有各自不同的摆放原则，例如，中国古典建筑设计中的"中轴对称"原则，西方审美中的黄金分割法则，都有各自的秩序，体现了不同的文化观念，但在追求整体美观与和谐的效果目标上是一致的。

（三）背景原则

在设计工作中，一个创意方案以何为背景、以何为主体，要通过对比来形成主次关系。什么是要优先传递的信息，什么是次要辅助的信息，明确哪一部分居于主位，其余部分则退为背景。

（四）重复原则

这项原则常常在产品设计创意中被忽略。在前面提到的实现产品设计创意路径中，除了新产品自行设计，其他几种路径都会充分借鉴外来样品实物测绘仿制、外来图纸设计、旧产品的改进设计等，应该尽量保留其中经典、成熟的部分。这不是一种简单的重复，而是在不断发展改进下的重复。重复是产品设计创意中一个非常重要的方法，也是对前人文化与成果的继承，它们能让整个设计看起来更具有一致性，从而形成统一的设计表现形式。

三、产品设计创意的要求

一项成功的设计应满足多方面的要求。这些要求有关于社会发展方面的，有产品功能、质量、效益方面的，也有使用要求或制造工艺要求方面的。产品要实用，因此，设计产品首先要设计功能，其次才是外观。生活水平越是优越，越会对外观产生高的需求，外观设计应是丰富多彩的、异想天开的和使人感到有趣的。

从中国当前经济发展与社会对产品设计的要求角度分析，产品设计应该满足下列要求。

（一）社会发展要求

设计和试制新产品必须以满足社会需要为前提。这里的社会需要不仅是现实、短期的即时性社会需要，而且是长远性发展需要。为了满足社会发展的需要，开发适当先进的产品，用加速技术进步来推动中国经济弯道超车。为此，企业必须加强对国内外技术发展的调查研究，尽可能吸收世界先进技术，有计划、有选择、有重点地引进世界先进技术和产品，这有利于企业赢得时间，尽快填补技术空白，培养人才并取得经济效益。

（二）经济效益要求

设计和试制新产品的主要目的之一，是满足市场不断变化的需求，以获得更好的经济效益。好的设计可以节约能源和原材料、提高劳动生产率、降低成本等。所以，在设计产品时，一方面要考虑产品功能与质量是否合理，另一方面要顾及原材料和制造成本的经济性，还要考虑产品是否具有投入批量生产的经济性。

（三）功能使用要求

新产品要为社会所承认，必须从市场和顾客需求出发，充分满足使用要求。这是对产品设计的起码要求。好的设计可以解决顾客所关心的各种问题，如产品功能如何、手感如何、是否容易装配、能否重复利用、产品质量如何等，这些功能要求来自需求，是一切设计最基本的出发点。

对工业产品而言，功能的经济性要求更高，因为它们的成本决定着使用它们的生产企业成本，如元件生产，好用、耐用、低耗能、少占空间，这些都是功能指标，却能折合成经济效果。

功能使用要求主要包括以下四方面的内容。

第一，安全性。设计产品时，必须对使用过程中的种种不安全因素，采取有力措施加以防止和防护。同时，设计还要考虑产品的人机工程性能，易于改善使用条件；要实现高效、优质、经济的设计，必须对每一项设计步骤的信息随时进行审核，确保每一步做到安全无误，竭力提高产品设计质量。

第二，可靠性。可靠性是指产品在规定的时间内和预定的使用条件下正常工作的概率。设计过程中的信息主要有市场信息、科学技术信息、技术测试信息和加工工艺信息等。设计人员应全面、充分、正确和可靠地掌握与设计有关的各种信息，并用这些信息正确引导产品规划、方案设计与详细设计，以使设计不断改进提高。可靠性差的产品会给顾客带来不便，甚至造成使用危险，使企业信誉受到损失。对于产品而言，设计出能够帮助顾客稳定高效地实现其需求的主要功能是非常重要的。

第三，易用性。对于民用类型的产品，易于使用十分重要。易用性评价要基于顾客主观感受，易学易记、容错率高、顾客满意度高是包容性设计的重要考量原则。

创意与创新

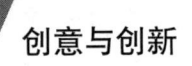

为了高效、优质、经济地完成设计任务，我们可以采取广义优化的方式，包括方案择优、设计参数优化、总体方案优化，将前人的成果有批判地吸收，推陈出新，加以发扬，为我所用。这样，设计人员可以事半功倍地进行创新设计，可以集中主要精力去解决设计中的主要问题。

第四，美观性。产品设计还要考虑和产品有关的美学问题，以及产品外形和使用环境、顾客特点等的关系。在可能的条件下，应设计出顾客喜爱的产品，美观的外形和良好的包装可提高产品的欣赏价值。感性工具设计要充分利用现代人机工程学和美学的成果，科学地增加产品设计中的感性因素。

可以通过恰当的人与工具之间的关系设计来体现产品的感性。例如，良好的工具把柄设计使对受压不敏感的手掌和拇指与食指间的"虎口"处来承受力的冲击，有研究表明："这样可以避免因长时间使用工具而引起的手指麻木与刺痛感，并减小了局部压力强度；有些工具的握柄上做了指槽，这种固定了手指位置的指槽反而会影响操作的灵活性。"而"恰当"的人机工程学设计不仅令人视觉舒适，而且"手感好"。

可通过选择合适的造型材料来增大产品的感性成分。在选择材料制作产品与人直接接触的部件时，不能仅以材料的强度、耐磨性等物理量来做评定，还应以所选材料与人情感关系的远近作为尺度来评价。有研究表明，与人类情感最密切的材料首先是生物材料（如棉、木等），其次是自然材料（如石、土、金属、玻璃等），最后才是人工材料（如塑料等）。一般来说，与人类越接近的东西越会令人感到亲切，更多一份感性因素。

可通过研究现代人的审美方式来表现产品的感性。物体的美感往往体现于该物体的形态是否富有生命力，物体形态的生命力实际上是物体本质的外泄形式。产品之美可以体现在产品的使用过程中由合理的人机关系而产生的内在美和由外观形态产生的外在美。人的审美观是在不断发展变化的，产品的外在美更是如此。"造型优美"的内涵也包括了变化中的审美因素，比例与尺度、对比与均衡、韵律与节奏等美的规律都是人们在劳动中通过与产品形象的结合，和谐化为审美因素的。了解现代人不断变化的审美观有利于把握产品中的感性因素。

大家可以阅读 8.3 节芭比娃娃的故事，用了 3 年时间才研发成功的皮肤和造型是这家企业胜出的根本原因。

（四）制造工艺要求

生产工艺对产品设计的最基本要求就是产品结构应符合工艺原则。也就是在规定的产量规模条件下，能采用经济的生产加工工艺，制造出合乎质量要求的产品。这就要求所设计的产品结构能够最大限度地降低产品制造的工作量，即减轻产品的重量，减少材料消耗和能源消耗，缩短生产周期，压缩管理成本。

四、如何培养创新型的设计思维

把握目的可以帮助设计师更直接地思考设计方案。而在实际的设计环境中，设计不只是侧重人的目的性，还会被不同的支配逻辑所引导。

（一）借用逆向思维

人类由于受教育方式、外部环境及传统文化等各方面的影响，对于某一样事物，很容易形成自己固有的思维认识。逆向思维强调反其道而行，旨在突破思维定式。逆向思维的重点并不在于能做什么，能激发出什么样的创意，而是在同样的大创意环境下反向思考，思考现有的创意不能表现什么。如果能实现别人不能实现的创意，那将可能成为最大的设计优势，所提出的创意也往往会起到意想不到的效果。

以电脑键盘设计为例，最早出现时是按照 26 个字母的顺序来进行排列的。在使用过程中遇到了一些困难和挑战，由于当时打字机是通过按键激活对应的金属臂，从而打出所需字母。要是打字员手速过快，金属臂没回位就按了下个按键，两个字母就会贴在一起，于是就有人提出了一个反常规的设计，将英语中经常用的拼写组合、常用字母都给分隔开，用来降低快速连击的可能性，以此避免机械结构被卡住。就这样，ABCDEF 键盘变成了 QWERTY 键盘。而当消费者形成了打字习惯以后，其他后续出现的可能更为合理、科学的键盘设计反而很难让消费者再去接受。

（二）借鉴产品创意

借鉴产品创意可以从我们已知的一切事物入手，比如：街边的路牌、途中的风景、斑驳的漆墙、月夜下的街灯、建筑物等，又或者是受同类案例的启发，这些都可以成为借鉴、吸取的来源。所以，积累各方知识及了解时下流行视觉趋势，丰富创意阅历，能够为借鉴产品创意种下良好的因子。在工作中，当我们绞尽脑汁，为找不出一个好的创意解决方案而挠头时，可以积累日常工作、生活中的所见所闻，从其中的一个点或者一个表现出发，借鉴其成功之处，拓宽创意思路，结合项目现状，给出优质的创意设计。

以剪刀为例，创造剪刀的目的是又快又好地完成裁剪，裁剪是创造剪刀的目的和前提，我们为剪刀设计更漂亮的装饰依然无法提升剪刀的实用性。而当我们着眼

创意与创新

于裁剪这个动作时，我们就可以思考裁剪的方式，比方说，我们为孩子制作一把剪刀，我们脑中的模型应该是"安全地裁剪"，为满足"安全地裁剪"目的，我们就可以设计一把不开刃的塑料剪纸刀，也可以设计一把圆润无尖角的陶瓷材质的剪纸刀，还可以设计一把柔软的硅胶材质的剪纸刀，等等。在使用这一类剪纸刀时，可以在满足孩子使用需求的同时，避免其受到伤害。

（三）思维导图工具

思维导图是一种放射性的创意模式，是最自然的一种创意工具。思维导图法以需要解决的问题为起点，把我们所认识的、与问题有关的元素进行联想细分，向外延展再延展，充分发挥联想的创造力。当项目对创意表达有较高的要求时，它是一个既简单有效又具有美感的创意工具。通过这一方法，有助于找到产品创意可行的多个方向，并找到最接近的可能性，以此创作下去，更容易打动客户。

（四）组合设计

组合设计（又称模块化设计）是将产品统一功能的单元，设计成具有不同用途或不同性能的、可以互换选用的模块式组件，以便更好地满足顾客需要的一种设计方法。当今，在竞争日益加剧、市场分割争夺异常激烈的情况下，仅仅生产一种产品的企业是很难生存的。因此，大多数制造厂家会生产很多品种。这不仅对企业生产系统的适应能力提出新的要求，而且会影响产品设计的能力。生产管理的任务之一就是寻求新的途径，使企业的系列产品能以最低的成本设计并生产出来。而组合设计则是解决这个问题的有效方法之一。

以世界著名的乐高玩具为例，其成功的秘诀就在于模块化设计，使其产品使用寿命、功能与用途均被开发出巨大的潜力，成为全世界最受欢迎的玩具产品之一，且长盛不衰。随着科技发展，乐高玩具被不断注入新的元素，甚至成为大学中学习自动控制、机器人设计时可以使用的重要素材和载体。

当然，任何活动都需要管理，产品设计也需要建立工作流程。在产品初步设计阶段，也需完成技术任务书，按照各项条件和要求编写文件目录和图样目录，确定产品最佳总体设计方案、主要技术性能参数、工作原理、系统和主体结构等。同时，产品设计的反馈可以通过直接面对顾客的销售部门和售后部门来获取，也可以通过小范围的市场调查来获取，具体使用什么样的方法则取决于项目的重要性，以及当时的具体情况。

设计是一门科学和艺术交叉的学科，在科学和艺术之间更像一位演奏大师。设计从科学那里获得知识来探求人类合理的生活方式，选择技术手段来实现自身从艺术那里获得的美学价值和情感表达。柳冠中说："设计是人类的第三智慧。"第一智慧是科学，科学发展到极端可能毁灭人类；而第二智慧是艺术，它只专注于自我情感的表达；只有人类的第三智慧——设计，才是人类可以用来改变自身未来的终极智慧。

第二节　服务策划创意

2016年4月，肇庆三水区职业病防治所（以下简称"职防所"）组织了长达半年的提出建议活动，名字叫"请你有话说"。这是以"好顾客管理"为指导的好顾客回馈节活动，先是在地方电视台发出征集意见和建议的邀请，用3个月时间征求改进意见，再用3个月时间对意见进行改正。到了10月下旬，职防所与地方电视台一同组织了"好顾客回馈节"，向那些被评为好顾客的人赠送体检券，请他们在电视里介绍提出建议和意见的经过，职防所就这些建议和意见如何改进也进行了说明。活动效果良好，此后，不断有顾客向职防所询问是否还有提建议和意见的奖励，后来职防所把这项活动变成了长期管理措施，业绩也因此得到了大幅度提升。

思考题

活动创意是否需要理论指导？

如果说产品设计是以产品为载体的顾客服务，服务创新则是以活动为载体的顾客服务，二者都是使潜在顾客感受到不同于以前的崭新体验，让顾客获得新的感受，体会到新的价值，它与技术创新、商业模式创新等一起影响顾客，为顾客创造价值。服务创新与活动策划相同，其性质是直接为顾客服务，只不过活动策划是一次性的，而服务创新是活动的重复和流程化。

服务策划重要的切入点是"人"——洞察人的需求，理解人的情感。作为设计战略，服务策划处于整个设计价值链高层，让价值提供端协同顾客一起营造整体的服务体验。其所创造的创新体验，是指通过发明、创造或开发、应用新的服务方法、服务途径、服务对象、服务市场的各种服务活动，使潜在和现实顾客产生崭新感受，为顾客提供以前未能实现的新颖服务。

一、理解服务策划创意

服务策划创意活动是利用非物质手段"生产"的有形或无形"产品"，即为顾

创意与创新

客提供有价值的活动，是使用物质或非物质手段组织由人参与，并满足参与各方需求的活动。服务业需要以人与人接触为主，让顾客在服务过程中获得享受。在信息产业快速发展的今天，人与人的接触正被复杂化，不同企业采取了不同做法，有的是用机器人代替人去服务，有的是跟踪顾客，为顾客提供更贴近需求的服务，也有的把人与人的接触分解为信息传递，使人与人的接触可以跨越时间、空间。特别是数字化技术的快速进步，使得产品也能够实现服务的功能，服务创新层出不穷。

一般而言，服务创新有两种形式。

（一）基于管理变革的服务策划创意

管理变革就是企业制度的改变，这时会要求服务型企业以及生产型企业改变服务内容。2002年知识产权制度出现了变化，个人可以持有商标，市场上出现了提供商标开发服务的创业企业，它们设计商标、申请商标、出售商标，也买卖商标。后来国家发现这一制度容易让商标个人化，过于分散，造成商标资源浪费，因此在这一制度基础上加强了个人商标管理，不再受理以个人名义申请的商标，于是这些企业开始代理个人商标申请业务。有的企业会出现内部的管理变革，一些酒店将物料准备的业务外包，根据这一需求便出现了专业的洗涤业务公司，即从事清洗床单、房间用具、厨房餐具等的专业公司。航运企业是当今世界上最繁忙的企业类型之一，一个重要原因是它们从事第三方物流。在生产全球化背景下，由产地自销的产品比例很低，很大比例的外销产品需要大量的物流服务，不仅需要低费用的运输方式，也需要快速的物流；不仅需要国内物流，也需要国际物流。

服务创新是指开发一切有利于创造附加价值的新方法、新途径的活动，形成全新的社会生产运转体系，对管理变革而言，它们是相辅相成的。各种第三方服务从传统企业自我服务中独立出来，形成了全新的行业，也促进了生产企业以及服务企业的自身变革。在互联网时代，多种可靠的通信方式让企业内部不同部门之间、企业与外部之间的沟通变得方便，这促进了管理变革，而企业内部管理变革也对通信服务业形成了新的要求，对应用软件的开发也提出大量的新要求。企业在推广自己的活动方面需要借助信息产业提供的环境条件，需要外部的服务平台参与策划、制作、运营。在这些外部服务企业中，百度是一个典型，它利用人们对方便查询的需求形成了新广告资源，以介绍产品的方式形成了广告效应，将企业广告与介绍两个业务合并，改变了企业管理架构，也改变了广告产业结构。

曾经一度出现过企业再造浪潮，其中形象再造成为企业追逐的方向。形象再造是指服务企业通过改变服务环境、伸缩服务系列、命名新品牌来重新塑造服务形象，通过市场再定位，创造出在质量、档次、价格方面有别于原有服务的新的服务项目。这是在服务核心技术和形式不发生根本变化的情况下，借助外部服务与企业内部管理变革实现的价值创造活动，可以通过购买服务设备、聘用专业人员或特许经营等方式将现成的标准化服务引入本企业，也可以借助第三方服务达到形象重塑。

企业的服务创新包括以下四个方面。

第一，基于降低成本的服务创新。

第二，应对技术浪潮的服务创新。

第三，利用制度与政策的服务创新。

第四，基于内部变革的服务创新。

（二）基于生活方式变革的服务策划创意

社会在发展，不论是经济发展带来的人们收入的持续增加，还是社会发展带来的观念改变，都会从中产生对服务业的新需求。服务创新通过创造和开发人类自身价值、提高和完善生存质量、改善社会生态环境的活动，满足人们日益增长的物质文化需求。服务创新可以通过如下途径实现。

第一，更便利的物质需求对服务创新的需求。

物流不仅满足生产，也极大地满足了人们的生活需要，除了物流这种现代服务业，还有许多与"物"相关的服务业，不论是医疗、养老，还是商业、住宿、旅行，都要借助"物"来实现对人的服务。即使是自助服务，各种专门的自助售卖机也成为新式服务的载体。

识别技术的出现让服务更加人性化，对人的识别技术从红外、指纹到人脸识别，使服务产品化，带有很强的自助功能，可以解决各种不同情境下的自我服务问题，也成为安全管理、诚信管理等公共服务的工具。随着未来智能化程度的提高，服务产品化的趋势还将继续发展，并借助物联网实现服务智能化。

第二，满足人们精神生活需求的服务创新。

在基本生活获得满足以后，人们的精神需求会逐渐增长并成为主流需求，包括情感需求、审美需求、猎奇需求、知识需求、尊重需求、成就感需求等。许多需求是人们普遍存在的，如休闲需求和旅游需求，当某些服务形态与这些需求形成对接，形成相同或相近需求的规模时，就具备了经济性，新的服务业就会出现。疫情期间，人们不便远距离旅行，只能在近郊旅游，于是出现了大量的民宿和露营旅游。出于多种原因不能聚集，日常教学转移到线上，出现了一批免费的会议软件和新式服务。

创意与创新

现代人越来越看重婚姻的仪式感，由此诞生了婚庆服务业，其提供从结婚纪念照拍摄、婚礼策划、婚装定制和租赁到婚礼现场服务与礼仪一站式服务。现代人越来越需要更广泛地交友，于是出现了各种交友平台，并且还演化出抖音这样的发布与猎奇平台，让每个人都能够成为发布者，同时也成为猎奇的满足者。

第三，替代自我满足的服务创新。

专业化造成了许多家庭自我服务不能自理，家庭成员以其更高的效率、更大的社会责任承担，创造更高的价值，参与社会分工，于是把家庭工作留给了家庭服务人员。为了让家庭服务人员能够借助市场找到客户，为其提供担保以及健康等保障服务，出现了家政等服务公司。现代家政以其专业化服务比家庭自我服务更优质。

广东是一个推崇煲汤养生的地方，一些白领处于亚健康状态，但没有时间煲汤，就出现了替代白领煲汤的创业项目。在南京也有一个类似的项目，其内容是为医院患者送汤。它们是替代家属进行专业养护的营养公司。

不是直接替代，而是专业化替代，大型家政公司有多种专业化方法和管理流程，用它们的专业化保证顾客满意。新冠感染疫情期间，人员不能聚集，一些饭店不能提供堂食，于是出现了饭店专门的外卖服务。需求普遍存在且容易规模化，是这类服务创新的特点。

第四，公共环境服务创新。

许多服务是通过公共服务方式实现的，公共卫生、公共安全、公共健康等都是通过这种方式为社会服务，有的使用了公共产品，也有的通过小区物业。但在信息化推动下，这些服务范围越来越大，特别是在新冠感染疫情期间表现出来的信息化服务，更是贴近公众生活。

我们也可以把共同服务看作准公共服务，只要有足够的规模化，还可以把获得公众好感的或者消除容易传播、传染的危害作为服务，尽量地利用公共支出和共同支出形成服务创新。通常是先由社区探索，有了方案以后，政府要求社区或直接由政府支出以新方案替代了旧服务。

二、服务策划创意的要素

服务涵盖了我们衣食住行等生活中的方方面面，我们不仅离不开服务，也需要服务策划的科学介入来提供更好的服务。例如，滴滴的租车服务，整个流程包括网上预约、取车、还车等一系列接触点，通过科学的设计方法使得用车人、工作人员、租车公司等都可以方便、高效、愉悦地完成整个流程，这就是服务策划。其实我们每天经历的方方面面都在服务策划范畴内,大到城市公共交通系统,小到机场办理登机柜台、海底捞就餐等。

具体分析,服务策划并非一个简单的行为,而是针对产品或活动的系统设计,服务策划创意对应的要素包括利益相关者、接触点、服务、流程。

(一)利益相关者

服务策划创意需要综合考虑所有利益相关者,即考虑如何通过设计让各方利益相关者都可以高效、愉悦地完成服务流程。其中利益相关者又可以按照与服务联系的紧密程度分为核心利益相关者、直接利益相关者和间接利益相关者。

以滴滴小桔充电服务为例,该服务的利益相关者包括司机、充电桩运营商、工程检验方、滴滴设计开发团队、滴滴运营团队等。

(二)接触点

接触点,直观理解字面含义,是指事物之间相互接触的地方。在服务策划创意中是利益相关者与服务系统进行交互的载体。接触点可以是有形的,也可以是无形的。接触点的种类繁多,大体可分为物理接触点、数字接触点、情感接触点、隐形接触点和融合接触点等。

比如,打车支付这个服务环节的接触点既可以是线上的支付应用,也可以是线下现金,还可以是无形的接触点,如司机的提醒等。接触点的选择和设计是服务策划创意的重要环节之一。

(三)服务

策划设计服务系统,最本质的要素是服务。

比如,滴滴早期提供的服务是线上叫出租车,在经过业务扩展后现在提供的是出行服务,对应各种场景和需求提供差异化的服务来满足用户的出行需求。

(四)流程

服务策划创意的对象不是单一的触点,而是由多个触点组成的系统的、动态的流程。服务系统的节奏、各接触点、服务阶段的划分与组织都是进行服务策划时要重点考虑的。

比如,共享单车的支付环节,这一服务是设计在到达目的地时,还是在上车前、锁车后,甚至在下次用车之前,其服务流程和节奏的变化对服务体验产生很大影响。

三、服务策划创意的原则

基于服务策划的特性,服务策划创意可以梳理出五个被广泛认可的原则:以用

创意与创新

户为中心、协同创新、有序性、有形化、整体性。

（一）以用户为中心

以用户为中心的设计理念已经被广泛使用在产品设计、交互设计等领域，在服务策划范畴内也被普遍认可。贯彻这一原则，以用户为中心、洞察用户需求，让用户的参与使服务系统形成闭环。优化以用户为中心的整体服务体验是服务策划创意的重要原则之一。

（二）协同创新

在服务系统中不仅有（可见的）消费者（服务使用者），还有服务提供者、管理者等多方利益相关者。如果充分调动各利益相关者在服务策划过程中的参与度，可以得到更多角度、更全面的设计概念。显然，服务策划人员还需要有组织能力，去激发各利益相关者的创造力，以调动各利益相关者在服务策划创意过程中的参与积极性。

（三）有序性

完整的服务系统是由多个服务阶段、多个接触点共同组成的，要遵循一定的服务流程。所以，服务流程表现为在一段时间内的动态过程，对用户而言，时间线很重要，服务的节奏很大程度上会影响用户的情绪。所以，服务策划创意要考虑每个环节给用户带来的节奏，做好精准的节奏控制，把用户与服务互动的每个点连接起来。

（四）有形化

在服务系统中，很多服务都是在后台无形地进行，在进行服务策划创意时，需要在一定程度上将无形服务做有形化的体现，进而增加用户对服务的感知。

（五）整体性

服务策划是设计一个系统，不只是某个接触点的交互；服务策划创意的对象不只是用户（消费者），还有服务提供者、系统管理者等多方利益相关者。所以，在进行服务策划创意时需要思考全局，从整体性考虑问题。

四、服务策划创意的价值

服务价值链理论指出了构建企业服务价值的关键是由建立员工价值到顾客价值再到企业价值的闭环通路；服务利润链理论认为，内部高质量的服务可以产生满意、忠诚的员工，员工通过对外提供高质量的服务为顾客提供了较大的服务价值，接受服务的顾客由于满意而保持忠诚，忠诚的顾客带来了健康的服务利润。满意的服务需要通过新的、更加着眼于细节、有创意的服务策划来提供。

（一）服务策划创意的价值创造

服务策划创意的价值创造主要体现在两个方面：对外价值创造和对内价值创造。

对外价值创造是指从顾客需求出发，通过服务价值创造的过程实现顾客满意和更高的顾客忠诚。服务价值的实现主要体现在产品研发、配套措施、市场营销、服务和信息反馈这一闭环的服务链条上，在这一闭环的服务链条上，服务起着承前启后的作用，它在产品价值实现中起着补充、完善、延伸价值的作用，特别是通过服务对顾客形成有效的价值主张，从而提升顾客价值。这一闭环对企业而言，可以将顾客对企业的改进期望反馈给企业，提升企业改进动力，明确改进方向。

对内价值创造是指企业以顾客价值创造为核心，通过服务创造价值的过程实现员工和企业效益的产出，通俗地说，就是更加高效地完成服务，借助成本节约获得企业价值的提升。麦当劳不仅为市场提供了"快"的餐食服务，也为自己形成了高效的生产流程，不再依赖厨师，转而依赖工业化的厨房工作，用专业化方法提高工作效率。一些服务型企业因为员工工作积极性不高，导致顾客成为员工情绪宣泄的出口，由此形成的内部营销理论认为员工也是顾客，他们的情绪控制决定着自身工作效率以及服务的质量和安全性。

服务策划创意就是利用企业内部价值创造体系实现外部顾客价值创造的闭环通路，借助不断自我诊断、自我缩短服务质量差距，寻找新的服务方法，策划新的活动，产生新的服务价值。

松下公司只要开发出新的产品，就会举办一场活动，与其他公司所采取的新品发布会不同，他们的活动是把新产品放在卡车上，用十分隆重的形式沿街敲锣打鼓将产品送到专卖店，公司内部则放一天假，庆祝新产品上市。这是一种结合了外部营销与内部营销的方法，可以大幅度提升员工归属感，提高公司价值。

（二）服务策划创意的价值类型

一般而言，服务策划创意有显性价值、隐性价值和潜在价值之分，其显性价值容易被看到，而难以观察、量化统计和评价的隐性价值，以及尚未被发现的潜在价值在工作中都很容易被忽视。

1. 服务策划创意的显性价值

所谓显性价值是指那些比较容易被看到，能够进行量化、统计和衡量的价值。具体地说，显性价值就是在投资的初期对企业从市场规模、技术、资金、管理团队

创意与创新

和盈利模式等方面进行初步的分析和判断所呈现的，也有一种通俗的解读，认为显性价值就是可以被衡量的货币化价值。

对于服务策划创意活动而言，显性价值也称货币价值，是有形价值，最直观的是以企业的财务收入体现出来，持续提升顾客忠诚度，可以带来顾客的重复消费，给企业带来直接的财务收益，可以说，凡是能够提升顾客忠诚度的活动策划都有助于企业显性价值的提高。

许多国家的企业都有民族品牌的概念，这是在产品功能接近时，强化爱国情感从而提升顾客忠诚度的一种商业策略。国内外一些优秀企业也会在企业口号中加入这样的元素。此外，如追求"绿色环保、关爱儿童"等社会公益价值也经常是企业服务策划的重要方向。

根据服务价值链理论，顾客价值的实现是通过员工价值的实现来完成的。因此，以实现员工价值为目标的企业文化管理和人力资源管理，也是运营商在通过内部服务实现自身价值过程中不容忽视的部分，在服务产业，这一原理更有实际意义，因为总体上来说，服务业是人对人的服务，如果员工不能在服务过程中获得成就感，就会造成其对工作岗位的不满。对此，服务策划创意的另一个重点就是用员工的满意度来保证顾客的满意度。

2. 服务策划创意的隐性价值

企业的服务策划创意活动，其隐性价值可能是看不见、摸不着的，难以用统计数据进行量化和衡量的，属于无形价值。这部分价值还需要进一步发现和挖掘，如果能够被顾客和市场接受和认可，那就可以转变为显性价值。

隐性价值一般分为以下两个方面：一是外部价值，即服务策划创意活动需具备可持续性价值。关注企业的可持续性是创新的重要目标。企业随着时间的推移而产生变化，而企业的可持续性需要体现其稀缺性和柔性，企业在市场中是否有其他获取资源的途径是其稀缺性所在。企业需要具备适应环境变化的能力，柔性地持续开展服务策划创意活动。换言之，随需而变，用小的创意满足随时出现的服务需求。二是内部价值，即服务策划创意活动需具备内部管理协同能力，以这样的能力创造价值。企业如果管理过于严格，会丧失内部管理弹性。企业内部管理与资金协同，以保证企业创新性、持续性、柔性管理建立内部协调机制，保证企业给予这些活动必要的资源支持，在风险可控范围内形成部门间互动、共生、发展的关系，挖掘服务过程中内部价值潜力。

隐性的外部价值是服务策划创意活动在企业的长期发展过程中所带来的持续影

响。人们经常看到一些不打广告的企业复购率很高，原因是这样的企业已经在人们心目中积累起口碑。例如，王永庆在年龄很小时做生意，给客人家里送粮食时要带上一个空的口袋，先把米缸里的陈米倒在袋子里，把新米倒入缸中后再把陈米倒进去。这是一个很小的创意，却体现了居家过日子的体贴，大家如果不认真研讨，并不知道为什么他能够受顾客喜欢，愿意买他家的粮食，这就是隐性价值的体现。隐性价值不是轰轰烈烈，而是表现在服务过程之中，似乎就是那样，员工自己也说不清楚为什么那样做，却可以打动顾客，让顾客感受到企业的真诚。

隐性的外部价值在于不断以优质的服务形成企业的品牌知名度，以顾客口碑传颂体现品牌价值，这种积累还会呈现几何级数放大。经常有人讨论路易·威登（Louis Vuitton，LV）包为何会卖那么贵，其实，它的隐性价值在于长期的品牌积累，并且利用这个积累将产品出售给那些能够买得起的人，这是用产品给顾客进行定位的结果。这里需要强调，企业认识到隐性价值，还要会利用隐性价值，这需要挖掘。现代服务业出现了一个重要的隐性价值，就是数据资源，把分散的顾客行为转化成数字，为企业服务做决策。有一些商业服务企业建立了金融服务功能，把客户的资金暂留用于资金池贷款给那些急需资金的企业，都是对隐性价值深刻认识和利用的结果。

隐性的内部价值在于企业树立长期为客户服务的意识，营造共同事业，挖掘员工价值，因此，需要有耐心，领导要多花时间去跟内部员工交流，促进员工之间的交流，推动员工主动服务顾客，从员工的细致服务中获得价值。企业内部相互服务，做到不同岗位相互了解，从价值挖掘的角度认识企业其他岗位的工作，提出有创造性的建议，主动承担企业核心价值建设的责任，营造与传播企业文化，输出企业用内部活动影响外部的文化，传播企业的价值观。

3. 服务策划创意的潜在价值

服务策划创意的潜在价值主要是指服务策划创意中暂时还未被开发或者尚未被发现的服务价值。随着科技的发展、人们观念的改变，许多服务价值从无到有，经历了市场和顾客对其价值的发现、接受与认可。

例如，互联网时代刚刚开始时，一直推行各种免费信息使用服务，所以在刚刚推出网上信息付费服务时，顾客是拒绝接受的，这种服务的价值处于潜在状态。20余年的互联网快速发展，网上信息服务基本得到普及，大量应用软件仍然以免费为主，但一些特殊的需求需要付费才能得到满足，如知识付费、专业功能付费，已经变成惯例。还有一些服务产品，如医疗服务，顾客面对专业人士，对于相关服务的使用价值并不完全清楚，然而，一旦那些专业服务出现，多会创造出新的需求，

创意与创新

人们的需求会被唤醒，甚至出现大范围流行，最典型的就是共享单车。人们看到了共享单车才知道自己有这样的需求，是服务形式的出现将其调动了出来。

服务的潜在价值，如同海洋里的冰山一角，更有价值的部分并没有露出海平面，需要企业认真挖掘，特别是借助商业模型调动服务的潜在价值，仔细剖析需求障碍。例如，共享单车的成功是在服务体系中简化了寻找单车与结算的过程，它有利于车的周转，方便了用车的人，也为企业创造了价值。

五、服务策划创意的工作程序

（一）服务策划创意的基本工作逻辑

在完整的服务策划创意的工作流程中，其核心工作分为三个步骤，构成了服务策划创意的业务逻辑。

步骤一：明确策划目的。

服务策划创意多具有明确的目的，通常是按照下述逻辑进行策划：在某销售渠道举行服务策划创意活动—顾客参与服务策划创意活动—符合服务策划创意目标的结果出现。

一般来说，服务策划创意的目的具体表现在四个方面：拉新（顾客）、促活、成交、传播。根据不同的目的，也可以分别整理出相应的业务逻辑，从而推动企业沿着清晰方向去开展活动。表9-2描述了不同目的下举办活动的逻辑，在明确的目的下，给出活动期望达到的具体结果。

表 9-2　不同目的下举办活动的逻辑

	在某渠道举行活动	用户参与活动	符合活动目标的结果出现
拉新	外部渠道	吸引参与活动	注册、关注、订阅
促活	内部渠道	吸引参与活动	特定的活跃行为
成交	外/内部渠道	吸引参与活动	下单、付费、填写信息
传播	外/内部渠道	吸引参与活动	

步骤二：产出服务策划创意的基本流程。

服务策划创意的基本流程如图9-1所示。

收集 → 套用 → 改编 → 选择 → 产出

图 9-1　服务策划创意的基本流程

收集——收集网上各种服务策划创意。

套用——选择最合适的服务策划创意并将该创意套用到自己的策划中去,可以采用头脑风暴法组织创意活动。

改编——根据服务策划创意目的做出能够提升转化效果的改动。

选择——通过内部测试或外部小范围测试,选择出转化效果最好的服务策划创意。

产出——确定最终方案并产出。

步骤三:输出服务策划创意和完整活动方案。

完整的活动方案一般有 9 个必备内容,分别是活动背景、活动目标、活动主题、活动时间、活动创意、活动流程、推广渠道、资源需求及活动预算。

(二)服务创新活动的基础策划创意

通过对现存的各类服务策划创意的系统梳理,本书整理提供了 12 种最常见也最基础的创意形式。通过学习和应用,不断掌握这些活动的创意点,有助于更高效地产出服务策划活动方案。

1. 打卡、签到

每天打卡、签到可获得奖励,连续打卡、签到会获得更多的奖励,奖励可以是勋章、积分或其他奖品。这种创意比较适用于活跃顾客,可增加顾客黏性,通常在健身、阅读、购物等领域比较常见。

2. 测试

通过简单的几道题,可以"测"出与你相关但你事先不知道的结果。测试适用于传播,越能展示顾客个性的内容就越吸引顾客转发到朋友圈,甚至引起刷屏。

3. 答题

当你答对题目后就可以获得一定的奖励,可以是奖品、优惠券、积分等。答题适用于拉新和促活,也可以用于成交,效果都要看给予的奖励是否足够大。

4. 竞猜

通过竞猜活动吸引顾客参与,猜中了就有奖励。竞猜通常出现在世界杯、NBA 等体育竞技领域。另外,做积分系统也可以加入这种类型的创意,主要是用于消耗顾客积分。

5. 比赛、排名

通过参与比赛,排名靠前的参赛者可以获得相关奖励。这种创意通常用于传播,对品牌宣传效果比较好,同时还可以获取一大批精准粉丝(优秀参赛者)。

6. 红包

通过设置红包方式产生吸引力。这种创意非常适用于拉新,不管是面值多小的

创意与创新

红包，这种意外收获是顾客最喜欢的，特别是在金融理财相关领域，送个大面额的体验金红包给顾客，顾客就更愿意关注你的产品了。

7. 抽奖

通过抽奖活动吸引顾客。这种方法与红包类似，会对奖项进行预先设定，奖品一般是金融类体验金、体验课程、优惠券、消费券等。

8. 意见与建议方案征集

顾客投稿自己的内容，争取被选中以获得奖励。这种创意通常需要奖励特别有吸引力，或者征集内容的主题才能戳中顾客内心，让顾客非常想分享。该创意适用于有充裕的活动费用或者有较高的顾客黏性的情况。

9. 拼团

拼团就是需要顾客自愿转发给好友，让好友和自己一起获得某些福利。这种创意最常用于拉新，特别是在电商领域，像拼多多就是靠这类创意为自己拉到了上亿用户。

10. 换装

通过简单点击或拖拉，把自己幻想的形象塑造出来。将这种创意用于传播的是顾客的刷屏。顾客在现实生活中无法实现的或还未拥有或未曾想过的场景，如果能够帮其实现该幻想，而且只是通过简单的几步操作就能完成，那么顾客会很愿意参与并转发到朋友圈中炫耀，以获取社交谈资。

11. 故事

通过讲故事的方式，让顾客更加深刻地感受到你要表达的观点。以网易为例，讲述鲸鱼的《自白》就是刷屏级别的绝佳创意，其作为互联网中讲故事的典型案例，值得学习借鉴。

12. 投票、评选

通过投票、点赞数量等，进行某些活动的评比，增加话题和吸引力。这种创意一般用于促活，在有一定粉丝量的基础上使用这样的创意才会比较有效，否则活动做不大、新顾客参与热度也不够，活动效果不会太好。

（三）服务策划创意的升级

在现实中，除了上述基础的服务策划创意，我们还会看到很多复杂多变的服务策划创意，但似乎很难掌握其规律。如何使基础的服务策划创意不断升级、更富有变化和吸引力呢？作为创意策划者，我们可以通过下述升级思路与方法，做出更富有创新、更多、更好的服务策划创意。

1. 创意叠加

一般可以选择至少两种基础创意进行叠加使用。可以充分发挥想象力，任何几种创意都能用各种形式叠加在一起，但一定要注意顾客操作流程不能太长，否则会增加操作门槛，让顾客不愿意参与。

比如：打卡、竞猜+抽奖、红包，征集+投票、评选，征集+换装+投票、评选、拼团+打卡+红包，等等。这些都是通过叠加的方式吸引顾客参与。

2. 元素替换

每一种创意都非孤立产生，都包含很多元素，这些丰富的组成元素可以根据服务目的及产品特性进行替换，从而使服务策划创意与产品特性进一步融合。

比如说，同样是打卡/签到获取奖励，与健身相关的连续打卡可获得健身荣耀勋章，与汽车相关的连续签到可以获得一桶油（可去加油站兑换），与教育相关的连续签到可以获得优惠券或体验课，等等。

升级改编服务策划创意的重点，其实就是让企业所推出的服务策划创意更加贴合产品特性，让顾客更加自然、更愿意主动接受这个服务活动。

3. 结合热点

时下的热点都具有自带流量的特性。我们所提出的创意只要与热点相关，有时无须推广都会有流量的自然增长，所以在开展服务策划时，能够自然地结合热点策划服务活动，是非常好的思路和方向。当然，要结合热点就需要找到热点，所以需要时刻关注流行App的热搜和热门榜，如微博热搜、百度热搜风云榜、新榜资讯等，确保热点的及时性和有效性，也需要把握好热点信息的变换。

第三节　服务策划创意案例

一、星巴克服务策划创意[①]

星巴克的服务创意在于创建并充分地利用自己的隐性价值。星巴克案例表明了企业并非一定要把价值显性化，而是可以有意地将价值隐性化，润物细无声地为顾客提供服务。这样做既可以获客，又能在很大程度上阻止竞争对手进入，因为它使得企业竞争手段更加隐蔽。

星巴克的隐性价值包括以下几个方面。

---

① 星巴克如何做服务设计 [EB/OL].[2023-12-14] 知乎: http://zhuanlan.zhihu.com/p/54253035.

创意与创新

第一，提供深入人心的人文关怀，赢得顾客的文化认同。

"激发和孕育人文精神——每人，每杯，每个社区。"这是星巴克早在1990年提出的公司使命和价值观。

它体现在很多细节上，如店员的真挚笑容。星巴克人文上的成功在于它把咖啡卖成了一种文化符号、一种生活方式。从文化的角度来说，一个场景的隐性价值应该是从文化想象开始的。有人认为，好莱坞大片和星巴克咖啡就是浓缩了美国价值观的载体。人们在喝咖啡的时候，消费的可能只有50%是味道，30%是对文化的想象，20%是对某种价值观的追求。

星巴克成为一种美好生活方式的代表，高端、文艺、有当代感、富有情调，它与顾客建立了情感上的联系。在产品属性上增加了文化属性，使黏性更强，这种隐性价值非常关键，因为只有文化才能引起共鸣和同感。因此，要使企业持续地发展，就需要重视隐性价值。

第二，把伙伴放在首位，让顾客自然得到更好的体验。

星巴克把员工称为"伙伴"，并将其看作星巴克独特体验的核心和灵魂。他们凭借对咖啡的热情，精心制作每一杯高品质的手工咖啡饮品，并通过咖啡与顾客建立起深厚的情感联系。这在很大程度上奠定了星巴克成功的基础。

星巴克一直在努力为伙伴营造温暖而有归属感的文化，包括提供更多让伙伴与公司共同成长的机会，以及富有竞争力的福利。除了提供全面的医疗保险，星巴克还为所有中国自营店的伙伴（包括全职及兼职伙伴）提供星巴克"咖啡豆股"，一起分享星巴克发展成果，还创新地推出了两项针对伙伴的投资计划：住房津贴计划和咖啡星享假期。

星巴克非常注重对伙伴的专业技能培训。2012年，星巴克建立了中国"星巴克大学"，从咖啡专业和管理方面对伙伴进行培训。截至目前，星巴克已经提供了超过100万小时的培训，现拥有数千名公司认证的咖啡大师。这些星巴克伙伴大大提升了顾客在门店的体验感，并帮助星巴克在一个茶文化深厚的国度里更好地传播咖啡文化。

第三，围绕核心价值进行创新，让顾客持续获得新的价值体验。

2014年年底，全球第一家咖啡烘焙工坊在西雅图开业，顾客可以在这里看到原装咖啡豆从拆封、烘焙到制作成咖啡的全过程。后来星巴克还建立了浪漫、多感官体验的剧场，让顾客设身处地感受其如何寻找和烘焙出全世界最好的咖啡。

就在同时，星巴克在中国推出了臻选咖啡门店，试图为顾客带来深度的全感官体验。此外，为了满足顾客不断增长的对精品咖啡的需求，星巴克门店推出了新品，包括馥芮白、冷萃冰咖啡，以及虹吸、手冲等咖啡煮制方式。

在数字和互联网时代，星巴克也不愿落后。2015年年底，星巴克天猫官方旗舰店正式开业。

第四，提升品质的同时保证整个产业链可持续发展。

2016年6月，星巴克全球咖啡农艺总监卡洛斯·马里奥·罗德里格兹（Carlos Mario Rodriguez）曾被《快公司》（*Fast Company*）杂志评选为"100位商业年度最具创意人物"的第15名，理由是"他使星巴克和所有地区的咖啡农都收获满满"。

2012年，星巴克在中国云南普洱建立了亚洲首个咖啡种植者支持中心，以帮助实施可持续发展的耕种方式。目前，星巴克已通过这个支持中心培训了近7 000名云南咖啡农，在当地已经拥有1 200多家农场、近18万亩良田，并通过了"咖啡和种植者公平方法"认证。星巴克增加了对云南咖啡的采购量。这项工作是多赢的，既帮助了咖啡农，也为星巴克的业务带来了好处，同时也让消费者喝到了以可持续方式生产的高品质咖啡。

星巴克的独特之处在于构建了从种植的源头到最终消费者的完整的生态链和独特的商业价值链，价值链一旦形成，就能凸显其隐性价值了。其成功之处就在于连接了整个链条中每一个人的心和力量，使他们目标一致，达到了核变的功效。星巴克还在企业社会责任方面持续投入，包括各类公益项目等，以此来强化星巴克的价值观输出。

星巴克正是将企业的人文关怀和创新精神等隐性价值，转化为顾客能感受到的显性价值，并为顾客创造价值，打造与众不同的星巴克体验。

二、新冠感染疫情催生无接触式服务创新

自2019年暴发新型冠状病毒感染疫情（以下简称"新冠感染疫情"）以来，我国服务业、消费业面临着巨大冲击，新冠感染疫情期间我国生活服务消费出现大幅下滑。餐饮、休闲娱乐、旅游等行业在本次新冠感染疫情中受到了最直接、最严重的影响。但从总体看，新冠感染疫情结束后服务消费的长期发展趋势不会改变，但其理念和模式将发生改变，将催生众多生活服务消费新业态、新模式。

（一）一场突发的新冠感染疫情创造了无接触式产品和服务需求

面对新冠感染疫情，中国打响了一场防疫战，多数民众进入了居家隔离状态。为满足宅在家的民众吃喝、办理业务等生活需求，中国许多行业推出了无接触服务，

创意与创新

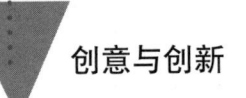

因新冠感染疫情而生的许多创新性设备纷纷亮相。

以手机外卖平台"饿了么"为例,"无接触配送服务"随着新冠感染疫情蔓延而悄然上线。消费者下单后,外卖员将外卖放至指定位置后离去,消费者前往自取外卖,两人全程不碰面、无接触。在外卖包装上还贴有一张"安心卡",写有配送人员的姓名和体温。

特殊时期不方便到处走动,无接触外卖既方便也让人感到安心。在新冠感染疫情防控期间,为降低人传人风险,美团外卖也推出了无接触配送服务。据美团外卖柳州市柳北片区负责人韦毅介绍,该站于2020年1月底便上线了无接触配送服务,每天承接1500多单。

除了满足民众饮食需求,中国各地政府部门也推出了无接触办理业务服务。无接触办证、无接触开庭、无接触办理医保等业务应运而生。"不见面"办公模式得到推广。上海市各区法院设立网上立案平台,采取网上开庭审理方式,并开展远程视频接待替代原有的现场信访接待工作。

特殊时期,消费者尽量选择网上办理、电话咨询、邮寄等无接触途径解决问题,最大程度降低了交叉感染的风险。"宅"在家催生了"宅经济",促使一系列社会运转模式发生改变。随着无接触服务兴起,无人配送、线上下单、线下自提等商业模式创造了发展新契机。

(二)新型服务消费业态涌现

在新冠感染疫情期间,以互联网平台为代表的新经济企业充分发挥科技、数据等方面的优势,积极探索新的服务消费业态,使我国生活服务消费发展模式呈现新的积极变化。

一是线上生活服务消费大幅增加。更多的消费者选择线上生活方式,"宅经济"爆发,如预制菜的盛行、知名餐馆聚会套餐提供整体外送服务等。相关调查问卷数据显示,新冠感染疫情期间选择外卖平台点餐消费占比为71.7%,线上生活必需品购买、生鲜零售配送到家服务、网络资源消费等选择较平时有显著提升。

二是线上消费中老年群体所占比重有所上升。部分生活服务电子商务平台积极采取了更便利、更人性化的操作界面,推动更多中老年消费者开始接受并适应线上服务消费方式。

三是"无接触服务"的新服务消费方式大量诞生与应用。无接触服务的标准化程度更高,从而使企业的科技化与智能化水平也有了明显提升,在餐饮、住宿、物流等多个场景中得到广泛应用,初步形成到家配送、到店消费、企业工作团餐等发

第九章
产品设计与服务策划创意

展模式,成为新冠感染疫情期间保障居民基本生活、稳定消费及促进行业变革的重要力量。

新冠感染疫情期间,奥的斯电梯展示了一系列最新的无接触解决方案,包括连接电梯与服务机器人的智能派梯、无接触呼叫电梯等。其中的智能派梯,支持自主服务机器人与奥的斯电梯进行交互,其机器人运用了5G和AI(人工智能)等技术,可部署于医院、酒店、办公室和住宅楼等多场景中,在各楼层间自由移动,提供自动化、无接触式的派送、收件和访客接待等服务。

以携程平台为例,基于对消费群体的需求变化研究,快速推出了"闪住"服务。闪住就是"到店免押金、离店免查房、离店后再扣款"的服务。按照平台大数据信用分级,符合信用标准的用户可以直接用零押金享受"闪住"服务。未达到信用标准的用户,在预约酒店时可以事先在手机程序上获得信用卡的预先许可,入住时也可以享受"到店免押金、离店免查房、离店后再扣款"的闪住体验。

四是"微度假与露营产品"的盛行。由于人流跨省、跨市受限,城市周边的微度假酒店产品、露营类产品突然爆火,吸引了大量游客,也吸引了资本的关注和热情投入。

在提倡"零接触"的后疫情时代,"悉点HOS数字酒店系统"推出了实现线上预订、线下无感入住的酒店解决方案,这种可以实现酒店全场景无接触服务和消费的产品,在数字化转型时代的商业爆发力未来可期。以"绿云智慧住"为例,面向酒店行业客户和大众消费者推出的酒店智慧前台解决方案,让高星级酒店、有特殊功能要求的酒店也能完美对接绿云系统,客人可通过手机自助办理酒店业务,便捷省心。

五是智慧城市建设加快了步伐。从最早的交通优化,到如今一体化城市管理优化解决方案,5G技术使万物互联成为可能。在防疫政策管理下,人脸识别、行程打卡的数据共享也使疫情防控成为可能。

世界500强的江森自控围绕"筑就智慧城市新未来"这一主题,提出一项名为"泰科illustra Pro 热成像测温"的解决方案,在新冠感染疫情防控中脱颖而出。泰科热成像测温摄像机(illustra Pro 5MP)提供了智能化、无接触、高精度的测温,可部署在建筑设施出入口处,能够快速、无感测量人员体温,避免交叉感染风险。同时,也能实现人员的快速高效通行。其能够主动发现体温异常人员,提高应急事件响应效率,为机场、商业楼宇、医院、学校及其他公共场所筑起疫情防控的第一道防线。江森自控的测温方案通过采用先进的智能人脸检测技术,确保只检测前额温度。为

创意与创新

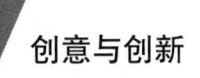

减少误报，还可支持单人和多人检测模式，精确度可达 ±0.2℃。

六是文旅类产品与服务不断创新，注重体验感。以"沉浸式文旅应用Clew"为例，其通过全新的线路定制形式，基于位置服务的核心数据（泛指互联网电子地图中的点类数据，基本包含名称、地址、坐标、类别四个属性），配合定制的内容，让游客可以一边拿着手机沉浸在故事中，一边走过故事发生的地点。整座城市都是剧场，手机成为展示所有内容、连接场景的媒体。例如，知名主题公园锦绣中华民俗村引入了合作企业，推出"锦绣江湖"沉浸式文旅服务产品，不仅吸引了大批年轻人结伴参与，也吸引了许多创业公司开展团建活动。

一场疫情"黑天鹅"事件带来了危机，迫使企业对产品进行重新定义。危机常有而创新难得，眼前的危机可以变成无限的商机，要看企业如何突破眼前的困境寻求生机，让当下被困住的产品和企业重获生机与发展空间。以"锦绣中华"为例，精心打造的"锦绣盛市·梦华录"于2005年荣获文旅融合优秀案例。

三、旅游策划案例

（一）科技赋能红色旅游资源有机整合

江西是中国贫困人口较多的地区，但又是一个红色旅游资源丰富的大省。2017年，中国（江西）红色旅游博览会（简称"红博会"）在江西南昌举办，它标志着江西决心将自身打造为旅游大省。其逻辑是以红色旅游为动力，以挖掘整合江西旅游资源为目标，以发展旅游产业为着力点，在弘扬江西红色革命传统的同时，借助绿水青山的优势发展经济。

博览会系列活动主题"江西风景独好"取自毛泽东词作《清平乐·会昌》中的一句——"风景这边独好"。江西作为中国革命的摇篮、中华人民共和国的摇篮、人民军队的摇篮和中国工人运动的摇篮，努力发展红色旅游，把"江西风景独好"变成江西代言词，唱响海内外。

红博会别出心裁，情景剧式创意推介表演让现场观众眼前一亮。"新四色"以江西丰富的旅游资源为主线，分别融入演讲、音诗画、风情组舞和民歌表演等手法，诠释"杜鹃红""香樟绿""马蹄金"和"青花蓝"4个篇章，生动再现了江西丰富的红色资源、秀美的山水风光、深厚的人文历史和传统的文化意境。江西省现有5处世界遗产地、3处世界地质公园、1处国际重要湿地、15个国家级风景名胜区、13个国家5A级旅游景区，包括天下闻名、生态秀美的庐山、井冈山、龙虎山、三清山等，来到江西不走遍这些景点会有终身遗憾的感觉。此后，红博会每年都举办

1次。

2019年，红博会在江西瑞金举办。展馆总面积约1.8万平方米，包括1个主活动区、4个特装展区、4个主题展区，360多家单位、100多家旅行社和1 000多种文创旅游商品参展。红博会的主题是"我为祖国歌唱"，组委会精心策划了大型苏区民俗活动"千人提灯"展演，推出了2019红博会开幕式及巡馆、全国红色旅游文创产品和红色旅游演艺创新成果征集现场遴选和展示活动，以及红色旅游专列进苏区仪式、红色旅游线路产品供应及采购企业专项，还有"江西好礼"红色旅游文创产品评选、瑞金大型红色文化推广、赣南美食汇、湘赣边红歌邀请赛等若干配套活动。

2019年的江西红博会还特设了红色文化VR互动体验展，让观众沉浸式体验"红色旅游+科技"的独特魅力，联动国内铁路交通、酒店住宿等泛旅游相关产业的企业和团体参会，诠释新时代红色旅游的全域发展观，带动红色旅游产业发展。

江西以博览会的方式进行红色旅游整合十分成功，让人们认识了江西，给江西带来了交通便利，借助红博会让游客来江西更方便。通过对旅游信息的再整合，树立起江西鲜明的红色旅游目的地形象，让人们印象深刻，提升了旅游吸引力。

（二）汉语中华游项目策划

这是一个没有实施的旅游策划构想，是一名暨南大学珠海校区的本科生提出的项目，该项目获得了广东省挑战杯银奖，项目的核心思想是设计专题旅游，邀请外国人来中国旅游，以体悟中华文化。

旅游是一个自由选择的项目，看风光、看街景、看风土人情、品味美食。但随着经济的发展，中国与世界各国文化交流日益频繁，来中国寻找感觉的外国人日益增加，需要有一些专门的旅游项目，来满足这些对中国有好奇心的人走进中国、了解中国的需求。

在欧美，流行"游学活动"。以中国快速发展为契机，采取专项旅游模式，为他们提供来中国了解中华文化的机会，以"长江游""黄河游""古都游"等为主题，在现有景点基础上，通过旅游线路的策划形成专门的概念，借助旅游传播中华文化。

为了促进他们对中华文化的深入了解，尽量用旅游大巴车作为交通工具，使他们在大巴车上交友、互学，特别是组织大家学习汉语，可以使用专门的汉语学习工具。晚上到达景点，可以借住民宿，自己动手学习制作中华美食，也可以学习中华手工艺。如果能够通过学习，达到初步使用汉语的水平，对其进一步了解中国会有更大帮助，而所学的厨艺（如包饺子）、手工艺，也可以成为他们回到母国向人们展示的才艺。

旅游结束，可以分流到汉语学习短训班进行强化汉语训练。全方位、立体化的旅游产品策划，将使外国青年游客对中华文化形成全面深入的认知和体验，而非走马观花式的观光旅游活动。

本章小结

1. 产品创新源于创意。
2. 服务创新就是使潜在顾客感受到不同于从前的崭新内容。
3. 显性价值表示当前利益，而隐性价值表示长远利益。
4. 服务策划创意应具有明确的目的。
5. 发现痛点才是创业的起始点。

本章自我训练

1. 观察日常使用的产品或服务近3个月内有什么创新。
2. 善用逆向思维，挖掘日常使用产品或服务创新中的隐性价值。
3. 随机找一位顾客聊聊，通过提问、讲故事的方式发现他的服务痛点。

本章思考题

1. 根据本章案例，请谈一谈如何建立有创意的工业设计组织。
2. 服务策划最关键的管理要点有哪些？

第十章 文化创意与商业创意

章首语：每种创意都有自己的特殊性，有一些产业本身就是创意决定，案例学习可以训练学生体会创意过程。

关键词：文化创意，商业创意，资源挖掘

引导案例

中国人喜欢把狮子、老虎形象和京剧脸谱点缀在服装配饰上，这彰显了大国文化自信。在国潮风里，销量最好的亲子装多用这种带民族风格的图案做装饰，原因是"民族的"最有传承力、没有年龄界限。在不同的行业，品牌互搭营销也会起到销售的连带、流量的融合提升的作用。比如，故宫银行卡、星巴克和惠普"喝上咖啡，畅游网络"的合作，都是将各自品牌的关注人群和用户融为一体，推动了销量。

思考题

"品牌互动"为何能推动销售的提升和流量的整合？

第一节 文化属性及作用

一、文化属性

文化属性就是指对一个人、一个社会团体、一个民族、一个国家的生产生活的习惯的定性（基本的文化素质表现）。这是一种思想层次和逻辑顺序，不以人们的意志为转移。可以形象地说，每个人的衣、食、住、行、言，处处都在从侧面折射出这个人的文化层次。

对文化属性的了解是对世界的认识，对文化的解读，是对需求的深刻理解。人们为何需要文创产品？简单地说，文化所属群体存在着共同的文化认同，这些认同可以通过产品或服务的外延加以表达，用以满足人们的精神慰藉。同样的产品，在表述和展示上如果能够符合消费者的心理需求，那么获得销售量就是时间的问题。大家可以从《福布斯》商业经典书籍马丁·林斯特龙（Martin Lindstrom）的《痛点》一书中的"挖掘小数据满足用户需求"中，感受到文化与消费心理的联动关系。

创意与创新

时代变迁会给文化带来巨大影响，如图 10-1 所示。需求的变迁往往是对文化需求的深度挖掘，也是把文化与技术相结合，满足人们的生理需求与心理需求。我们可以思考元宇宙开启的新消费，还可能代表着全新的文化，是在对文化更深层次的理解基础上，以技术支撑的新的空间展示，是对我们过往世界记录的展示和未来空间的遐想。

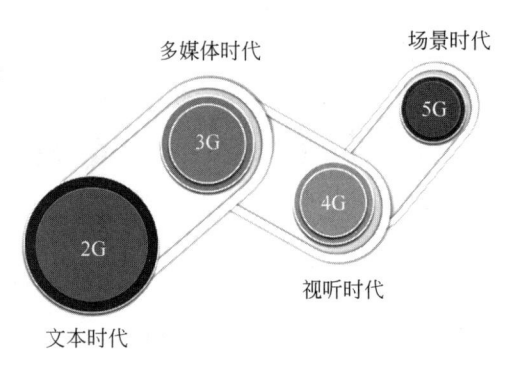

图 10-1　不同信息流量带来的不同时代特征

4G 时代的字节跳动等公司带着主播，带着网络销售和网络文化风靡一时，而 5G 的场景展示，必然使虚拟现实技术（Virtual Reality，VR）、增强现实技术（Augmented Reality，AR）以及元宇宙获得发展。但不可否认这只是形式，形式背后的内容还是无法脱离人们所在地区的生活，包括物质需求、心理需求、文化展现，所以，除了技术带来的表象问题，我们要深入商业层次，满足人们的深层文化需求。

文化是相对于政治、经济而言的人类全部精神活动及其产品。文化是智慧群族的一切群族社会现象与群族内在精神的既有传承、创造、发展的总和。它涵盖智慧群族从过去到未来的历程，是群族基于自然的基础上所有活动内容，是群族所有物质表象与精神内在的整体。人类文化具体内容是指群族的历史、地理、风土人情、传统习俗、工具、附属物、生活方式、宗教信仰、文学艺术、规范、律法、制度、思维方式、价值观念、审美情趣、精神图腾等。

文化对商业的价值在于以下属性。

（一）文化的包容性

文化包容性的本质，源于对文化属性的深刻认知。在文化生态体系中，强势文化往往代表着文化发展的主流方向与价值引领，唯有具备深厚底蕴和强大生命力的强势文化，方能展现出海纳百川的包容特质；而弱势文化由于缺乏足够的话语权与价值承载力，更多呈现出对强势文化的被动适应与服从状态。理解文化包容性的深层逻辑，实则是对商业活动与社会发展中文化张力的系统性把握，这一认知对于推动文化繁荣与社会进步具有重要意义。以中国历史发展脉络为鉴，唐代是中华文明发展的鼎盛时期。彼时，国家政治昌明、经济繁荣，文化领域呈现出开放包容的恢弘气象。在对外交流中，唐朝以自信从容的姿态广泛接纳多元文化，无论是来自西域的艺术风格、宗教信仰，还是中亚的科技成果、生活方式，均能在中国落地生根、融合发展。这种文化接纳背后，是高度的文化自信在发挥支撑作用——当自身文化根基足够深厚、体系足够完善时,对外部优秀文化成果的吸收借鉴不仅不会动摇文化根本,反而能够为自身注入新的活力,这正是强势文化所特有的开放性与创造性。反观近代中国在"全盘西化"思潮盛行阶段,由于国家积贫积弱、文化话语权旁落,本土文化陷入弱势地位,社会层面普遍存在对西方文化的盲目崇拜与不加甄别地模仿。这种文化自卑心理严重制约了创新发展,使得文化创作与社会进步陷入被动跟从的困境。 当前,我国已全面实现脱贫攻坚目标,社会经济发展水平显著提升,科技创新成果层出不穷。在此背景下,国家大力倡导文化自信建设,积极营造创新文化氛围,深度挖掘传统节日文化内涵,其核心要义在于推动中华文化从复兴走向强盛,重塑具有全球影响力的"强势文化"地位。唯有在强势文化思维框架下,才能真正实现对传统文化的批判性继承,做到"取其精华、去其糟粕",进而构建起既传承历史文脉又彰显时代精神的新型文化体系。对于商业领域的从业者而言,培育与时代需求相契合的强势文化心态,准确把握文化发展趋势,不仅是企业实现可持续发展的关键,更是顺应时代变革、把握历史机遇的必然要求。从历史维度看,汉代"丝绸之路"作为连接东西方文明的重要纽带,不仅推动了商品贸易的繁荣,更促进了多元文化的交流互鉴,充分印证了经济活动与文化传播的共生关系;当代"一带一路"倡议在新时代背景下重启文明对话,通过政策沟通、设施联通、贸易畅通、资金融通、民心相通,构建起文化交融与经济合作的新平台。这两大跨越时空的实践共同揭示:国家政治经济格局的演变与文化发展之间存在深层互动关系,任何经济复兴进程都离不开文化价值的支撑与驱动。这一规律为当代文化创意产业发展提供了重要启示——在开展文化创意活动与创业实践时,必须将文化与经济的辩证关系纳入核心考量,立足国家战略与时代需求,以文化软实力赋能产业创新,实现文化价值与经济价值的协同提升。

(二)文化的导向性

在中国文化中,长辈对晚辈的关爱常表现为经济支持和鼓励。在传统文化中,长辈在过年或晚辈成年、外出学习时会给予红包作为鼓励和支持。然而,随着中国人口流动性的增加,这种表达方式变得不太有效,人们只是简单地通过汇款就能进行帮助,失去了文化中的仪式感,长辈的用心和嘱托变得多余。微信抓住了这个机会,利用红包的概念推广自身,形成了一个专门的功能。人们会放松自己在"金融操作上的警惕",顺从地在微信上绑定银行卡,成为它的金融客户。这代表着文化的权威,展示了企业对文化的理解和创意能力。

文化的导向性在于为人们的行动提供方向。通过引导人们增加可选择的方式,共享文化使行动者知道自己的行为在对方看来是合适的,从而引起积极的反应,并

创意与创新

采取有效的行动。微信红包一夜之间增强了微信的金融竞争力。一个习俗或习惯比起回报和安全能够更快地消除人们对金融网络化的恐惧和疑虑。这是文化导向的作用。这种作用类似于苹果的"手指滑动操作功能",同样符合人类的本性。苹果提供了便利性,而微信红包则符合中国文化。

(三)文化的附加值

在网络化的世界,如果极致地将传统内容以技术支撑活化,那么就能在这个基础上收获"附加值"。微信红包算是一个十分重要的文创产品,吃足了文化的附加值。

2022年春节,微信红包封面再次以独有资源巧妙获利,又一次成为成功的"文创案例"。你来我往是中国人的文化习惯,微信抓住作为中国文化传统的内容——"发红包",将独有的资源平台用到了极致,生态经济在文化沃土上收获了满满的财富,还传播了文化和传递了商业信息。抓住文化习惯和传播需求进行创新是文化赋予经济的最大附加值,也是经济给予文化最大的释放。

中国人普遍喜欢饮茶,而PPT袋泡茶创业团队通过茶包的包装设计,巧妙地与茶相关联,同时融入了与茶无关的创意元素,以茶包的提拉线和寄予关怀的纸片为媒介,例如纸片上出现了"让我陶醉在你怀里""起来见到你就元气满满"等受年轻人喜爱的问候语。据产品创始人透露,团队至少收集了上万条"心灵鸡汤",以此引发白领们尝试喝茶的热情。这项商业策略使其在以立顿茶包为主导的市场中占据了80%的高端写字楼片区,且获得了茶包销售量。

(四)文化的整合性

文化的整合性指的是文化在协调群体成员行动中所起到的作用。社会群体中的成员都是独特的行动者,他们根据自身需求,以及对情境的判断和理解采取行动。文化作为中介,促使他们能够有效地沟通,并消除隔阂,以促进合作。

从"车友会"和"妈妈拼"等商业运作模式中我们可以清晰地看出文化所带来的商业机会,因为它们的名称已经体现了整合的特征。商业心理对商业的引导作用、对产品的触动,其实源于人们需要通过文化载体寻找共同的朋友和类别,甚至因此找到更多相同的慰藉品和交流。在困境中,寻找商业切入点更需要从自身出发,研究身边的族群,创造和完善共同爱好的载体及其衍生物,从而能够在一个熟悉且可操作的领域中找到机遇。

(五)文化的扩展性

文化本身是一个重要的政治经济连接体,它的扩展性与整合性可以相互配合,通过包容和推广,推动一个产品甚至一个产业的发展。

第十章
文化创意与商业创意

对于某一文化内容的倾慕者，比如歌迷会，他们形成了一个文化圈子，形成了一个带来巨大商机的群体。他们狂热地参与各种相关活动，甚至包括消费同一品牌的饮品。他们参与的从歌曲到服饰再到饮食等各个环节，都体现了这一文化特性。理论上，文化的扩展性可以使其商业影响持续不断地扩大。

以网络小说的推进过程为例，从网络文化的版权开始，逐步进入电视媒体，并通过网络平台传播，形成了一个产业空间。随后进行了IP营销，引入知名演员和流量，形成了全方位的产品链，小到贴纸，大到整个剧目的发布和展销，几乎渗透到了人们能够想到的所有领域。总之，文化的扩展性和整合性在商业领域具有巨大的威力，能够推动产品和产业的发展、创造。

二、文化是创意的涵养池

如果某个创意或创新有社会需求，通过这个创意可以提升生活的便利性，解决人们工作或生活中的问题，或者提供解决问题的机会，或者能够提升人们对社会生活的心理满意度等，创意便与生活结合起来了，文化创意更是如此。这意味着，我们的生活不经意间就在涵养文化创意，新的生活方式不只是科学技术的应用，也蕴含着新的文化创意。

文创是文化和创意的代名词，我们以部分文创产品案例来解读文化和创意之间的连接与思考。

（一）文化提供了创意的需求——2022年北京冬奥会

2022年北京冬奥会开启了一种新的创意模式，这个盛会从无到有，在较长时间内影响着人们的生活。在冬奥会中，所有使用的物品都融入了全新的思考和创意，但又必然地与"奥运精神""主办地文化""参与者特征"等文化内容相联系。这些文化内容需要通过创意展示，以与其他主办地区区别开来，让人们记住这个地方的独特之处，例如"唯一的双奥之城""古文化之国""疫情下的城市管理的新风尚""'00后'一代的思维逻辑和风采展示"。北京冬奥会和冬残奥会通过吉祥物的发布向世界展示了新时代中国的精神风貌、发展成果和中华文化的独特魅力，表达了中国人民对冰雪运动的热爱和对冬奥会、冬残奥会的期待，同时传达了中国推动世界文明交流互鉴、构建人类命运共同体的美好愿景。文化需要"出口"，因此为这个从无到有的冬奥大舞台提供了许多需求，这些需求是被创造出来的，需要通过创意来实现。

（二）文化提供了创意的吸引度

1. 吉祥物——冰墩墩

冰墩墩作为2022年北京冬奥会的吉祥物，成功融合了文化创意和商业创意的

创意与创新

元素，引起了广泛的关注。它将熊猫形象与富有超能量的冰晶外壳相结合，头部外壳的设计灵感来自冰雪运动头盔，头部还装饰有彩色光环，整体形象类似航天员，给人一种未来科技的感觉。冰墩墩寓意着创造非凡、探索未来，体现了追求卓越、引领时代的精神，并展示了冬季冰雪运动的特点。熊猫作为中国国宝，在全球范围内被广泛认可，它的形象友好可爱、憨态可掬。熊猫头部的彩色光环灵感来自北京冬奥会的国家速滑馆"冰丝带"，流动的色彩线条象征着冰雪运动的赛道和5G高科技。其整体造型像航天员，代表着来自未来的冰雪运动专家，寓意着现代科技与冰雪运动的结合。熊猫的中国文化元素、冰晶外壳的冬奥色彩以及追求卓越的运动精神，这些因素赋予了冰墩墩创意吸引力和独特魅力。

2. 新科技下的冰雪造型

2022年北京冬奥会火炬设计别具匠心：中空开放的形态、纯氢燃烧零碳排放、内外飘带缠绕、"双奥之城"传承……所有元素统一于火炬这个光明而充满生机的意象，如图10-2所示。自下而上预示吉祥的祥云纹样逐渐过渡到剪纸风格的雪花图案，旋转上升，如丝带飘舞，最后呈现为飞扬的火焰，如图10-3所示。祥云传达吉祥的寓意，是2008年北京奥运会的延续；雪花表现冬奥会的特征，是2022年北京冬奥会的创新。

图10-2　2022年北京冬奥会火炬

图10-3　2022年北京冬奥会火炬外壳花纹：祥云叠加雪花，寓意双奥之城

2022年北京成为全球首个举办夏季、冬季奥运会的双奥之城。因此与2008年的火炬相比，"雪花圣火"既是传承，又是创新。

北京冬奥会的火炬为红色与银色，寓意冰火交融。北京冬残奥会的火炬为金色与银色，寓意辉煌与梦想。火炬交接时，两只火炬的顶部可以紧密相扣，如两只手相握，代表不同文明交流互鉴、世界更加相知相融的冬奥会愿景。"握手"的意象，表达人类要共同去面对危机，倡导的是中华文化的"和而不同"。

（三）文化提供了产品的深度

1. 花束

北京冬奥会的运动员"花束"，不仅有材质的变化，也同样体现了"环保意识"，中国人民在艺术品和运动精神上有着相同的"精益求精"的思想。这束手捧花是依靠中国非物质文化遗产"海派绒线编结技艺"钩编而成，既保留了奥运会颁奖仪式中花束的形制，又践行了节俭、可持续的办奥理念，寓意着温暖、祥和，可永久保存，可以说是"永不凋谢的奥运之花"，如图10-4所示。

图10-4　永不凋谢的奥运之花

冬奥会的点点滴滴承载着中国人民的浪漫情怀，展现了中国几千年的灿烂文化，众多的非物质文化遗产承载着绚烂的中华文明，凝聚着万千先辈的智慧结晶。

2. 弘扬道法自然的中华文化

创新的力量源于中华文化中崇尚"道法自然"的传统："飞扬"整体造型源于叶子，自然界的流线力量充满生机；氢取自于水，燃烧后又会变成水，暗合中国传统虚实相生概念；火炬的拆装就像中国传统的孔明锁，需要特定角度方能开合。

新冠感染疫情挑战下，世界比以往任何时候都更需要体育精神。2022年，当冬奥主火炬在"鸟巢"熊熊燃烧，圣火终将"飞扬"，为人类带去更多光明和希望。在北京，奥林匹克精神和环保理念好像携手变魔术一样，不仅把主火炬变小了，还在小小的火炬中嵌入象征团结的大雪花；外壳材料、燃料也都改用高新环保科技，十分硬核地践行了节能减排的承诺。

第二节　商业设计的创意技巧

有一家牙膏公司产品销量不好，经理为此召开头脑风暴会，研讨如何提高销量。最终采纳"把牙膏出口变大"的方案，之后真的神奇般地出现了销量大增。这个创

创意与创新

意的技巧就是把所有创意想一遍、试一遍，也许就得到了一个灵感，找到了可能的方向，受到启发以后，再用逻辑分析选中合适方案。

思考题

这个创意的逻辑是什么？产品为什么会销量大增？

商业设计是指为商品终端消费者服务，在满足人的消费需求的同时又规定并改变人的消费行为和商品的销售模式，并以此为企业、品牌创造商业价值。商业设计的基础建立在：第一，对不同消费需求及习惯的把握；第二，对各种商业业态需求的把握；第三，对各商家需求的把握；第四，对新型商业形态的了解。商业设计创意的重点在于商业价值、心理习惯、文化沉淀和区域应用。相应地，商业创意技巧应该从数据挖掘、用户画像和关联资源等视角找到新的商业创意灵感。

一、常用的商业创意技巧

创意就是在相同的地方创造不同，在不变的地方寻求变化。从根本上说，商业创意就是创造和优化人们的生活，在求新、求变之中获得社会各方的进步与多赢，特别是把好的产品和服务贡献给顾客，也增加自己的销售量。下列方法可供参考。

（一）复合求变

通过多种元素的融合创新，根据顾客的心理需求找到产生更大商业机会的发展空间。被称为可以"续命"的奶茶，赢得了很多年轻人的心，原因很简单：符合年轻人的"甜蜜感"、适合年轻人的"热闹劲"，还能"极冰""温热"，犹如"谈一场恋爱"。但满街的奶茶店，谁能独得这一方人的青睐呢？喜茶是一个很有启发的例子。

喜茶用多变融合的口味征服了年轻人，用特色的"代购""长队"和品牌设计的营销手段获取了一个圈子的人，通过朋友圈的拍照和小资展示又捕获了一批其实未必被口味征服的人。这个消费的过程是人们不同心理追求的结果，它证明了销售其实是一种"复合赛"，需要先有基础的优良品质，再在产品上推陈出新，最关键的是能配合上文化和营销的痛点。

现在开始流行的"应援会"和"奶茶盲盒"，让我们更加明白现代的产品不止是为了解决"温饱"。顾客的需求有很多，怎么在符合需求的情况下，使自己跻身行业头部？答案是心理需求，也就是文化。

（二）重叠提升

我们发现，新产品最初往往具有单一性，这样的产品早期可以很好地获得市场，因为通常新产品的重点是功能。例如，直播用的手机支架，基本上沿用了人们的"懒人手机架"或"自拍杆"的设计。然而，在直播行业，受新冠疫情的影响，加之互联网对于5G传播速度需求的推动，原来的手机架显得功能不足，直播的界面调试、主播人员的操控、查看留言和回应都相当麻烦。一个综合应用需求被提了出来。这个时候能否进行有效快速地叠加更新，提升功能，就是这个产品能否进入一个新的行业、分享行业收益的关键。广州一家公司研发生产了"竖屏系列直播一体机""T系列竖屏直播一体机"，将主播直播需要的电脑、音控台、导播台等多种专业直播功能集于一体，一个人在家里也可以轻松直播。

直播一体机具有的优点表现在以下五个方面。

第一，轻松便捷，便于收纳，能随时随地做直播，告别众多设备携带不便的烦恼。

第二，集导播台、编码器、采集卡、音控台、监视器等设备的功能于一体，操作简单，效果专业，一个人就可以做直播。

第三，内置麦克风阵列无须外接收音设备，主播声音清晰。

第四，专业虚拟背景直播，蓝幕、绿幕抠像，支持图片、PPT、视频背景，一键切换背景，一块绿幕打造百变直播间，节省装修成本。

第五，适用于"服装+教育+舞蹈"等场景，适合主播全身出镜，高清全景，穿搭细节一览无余。支持主播及产品特写同时直播。

这五个方面均从直播行业实际需求出发，对支架功能进行迭代升级与创新改造，多项改进层层叠加，最终催生出全新产品形态。深入研究不难发现，其本质仍是以解决基于基础功能衍生出的多元需求为核心，在此过程中重塑了行业产品形象，实现从传统到创新的蜕变，孵化出具有竞争力的新产品。

（三）领域借用

在新冠疫情肆虐期间，市场格局剧烈震荡，众多产业与产品被迫退出历史舞台。然而，危机之中往往孕育着转机，那些善于洞察市场、积极思变的企业，反而借此契机实现逆势突围与跨越式发展。其中，迈致公司的话筒便是极具代表性的成功案例。在这场席卷全球的疫情冲击下，该产品历经革新蜕变，不仅站稳脚跟，更实现了蓬勃成长，书写出一段令人瞩目的商业传奇。

教室作为典型的密闭且人员密集空间，受设备配置模式制约，教师授课长期依赖共用话筒，而课间有限的休息时间使得频繁消毒难以落实，存在较大卫生隐患。从公共卫生与防疫安全角度考量，实现话筒"私有化"配置无疑是更为理想的解决方案。然而，要达成这一目标，需突破传统音频传输技术的桎梏——传统声波传输

> **创意与创新**

方式下,话筒与音响必须精准匹配频段方可正常扩音,教师跨教室授课时若不重新调试便无法使用,且多教室共用相同频段极易引发串音干扰。迈致公司凭借在电子音频领域的深厚技术积淀,突破性地将红外线音频技术引入课堂教学场景。这一跨界创新彻底改写了传统音频传输规则:通过红外信号传输,每支话筒摆脱了频段对使用场地的限制,只要教室安装了红外接收器,教师携带话筒即可实现"即开即用",不仅高效解决了跨教室授课的适配难题,更从根源上杜绝了串音现象。这一技术革新极大提升了教学音频设备使用的灵活性与安全性,有力推动了课堂话筒从"共用模式"向"专人专麦"的个人化配置转型。凭借此项创新成果,迈致公司于2020年成功获评为国家高新技术企业,成为教育科技领域技术突破的典范。

二、勾勒用户画像

用户画像又称用户角色,作为一种勾画目标用户、联系用户诉求与设计方向的有效工具,在各领域得到了广泛应用。用户画像最初在电商领域得到应用。在大数据时代背景下,用户信息充斥在网络中,将用户的每个具体信息抽象成标签,再利用这些标签将用户形象具体化并整合在一起,从而为用户提供有针对性的服务。

分众广告就是对广告受众进行分类,再使用数字技术设备把信息直接传播给目标受众的一种广告模式。分众化已经成为一种潮流,即对受众的分众化传播。典型的例子是分众传媒。

传统的广告模式最大的缺点在于不能有效地把信息传达给目标受众,造成资金的大量浪费。而分众则是对受众进行分类,例如,分众传媒可以把消费群体锁定在商务楼和高档住宅别墅群中的白领阶层,这一群体具有相当强的消费能力,同时也是社会的主干力量,并且年龄偏下具有很强的消费欲。这样,把一些较高档次的产品广告投放在这些楼宇电梯间内的液晶电视上,形成大规模网络后,就解决了传统广告针对性差的弊端。

分众传媒的广告或公开的数据,可以更加展现其用户画像的清晰和定位的准确。分众传媒官网首页写着:"今天,中国4亿城市人口,3亿看分众;阿里、腾讯、京东等5400多个品牌投分众,230个城市,260万个电梯终端,日均触达5亿人次主流人群,引爆主流,投分众"。260万个电梯终端让你避无可避,在这上下楼的必经之路,你看到了什么?

在广告行业,将广告转化为购买流量是分众广告的核心课题。分众传媒通过案例展示了两阶段用户画像策略:第一阶段收集、整理和分析大数据,描绘精准用户画像;第二阶段挖掘电梯场景人群特点,利用关联资源甚至"无用资源",投放吸引力广告,实现用户刷码购买、直接变现或引流。

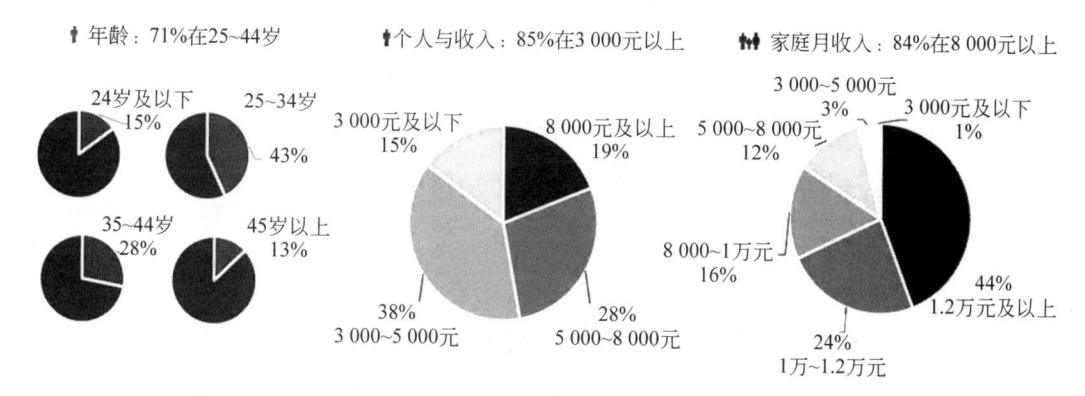

↑年龄:71%在25~44岁　　↑个人与收入:85%在3 000元以上　　👪家庭月收入:84%在8 000元以上

24岁及以下 15%
25~34岁 43%
35~44岁 28%
45岁以上 13%

3 000元及以下 15%
8 000元及以上 19%
3 000~5 000元 38%
5 000~8 000元 28%

3 000~5 000元 3%
3 000元及以下 1%
5 000~8 000元 12%
8 000~1万元 16%
1万~1.2万元 24%
1.2万元及以上 44%

图 10-5　电梯电视 2015 年度基础调研报告——使用电梯的用户画像

(注:该图取自华通明略 2015 年研究报告《电梯电视 2015 年度基础调研报告》)

2018 年,阿里入股分众传媒。在阿里的赋能下,分众传媒的数字化变革成效显现,实现了网络可推送、实时可监测、数据可回流、效果可评估。

目前分众传媒已从最早的插卡播放发展为大部分终端实现云端在线推送。分众传媒还将绝大部分屏幕物联网化,实现了远程在线监控屏幕的播放状态。30 万块分众传媒电梯智能屏,覆盖全国约 60 个核心城市,具有多维标准、精准定向功能,全屏或分屏、视频或画面,根据广告需求随心组合。

用户画像堪称营销与创意领域的核心要素。它不仅是衡量创意有效性、用户满意度及消费意愿的关键标尺,更能精准指引品牌与顾客的触点场景。通过深度剖析用户画像,企业得以科学规划创意呈现场景,定制适配的表现手法与技术手段,甚至可精准锚定营销路径与目标市场,为商业决策筑牢根基。

谷歌作为一家颇具争议的公司,虽被广泛认为是科技公司,但其核心是提供广告服务,其科技领域活动由下属公司参与。1998 年由两名学生创立的谷歌,如今市值超 2000 亿美元,跻身全球最具价值品牌企业之列,超越微软、可口可乐等传统巨头。仅互联网搜索服务就为其带来 600 多亿美元的丰厚收益。谷歌并非传统意义上依赖大量实体资产的公司,其独特的盈利模式基于精准算法的搜索引擎去带动或强化其广告的转化率,获得巨大的传统商业收益(广告收入)。通过深度洞察用户需求,谷歌能迅速提供相关需求链接,当用户点击链接进行查看或购买时,成功实现流量转化与商业变现,这种创新模式使其在互联网领域占据重要地位,引领

创意与创新

行业发展趋势。

三、数据挖掘与创意设计

大数据技术促进了市场分析，实现了从人工向智能分析、从弱人工智能运算向强人工智能的转变。在网络数据最开始出现的时候，谷歌通过搜索引擎，有效地了解客户需求，在适当的条件下向客户传送商品介绍。到大数据时代，计算统计能力快速增长，人们掌控数据的愿望增强，网络传输速度加快，这些都推动了市场需求形成并向现实需求转化。

现在许多老年人都有数据手表，可以用其监测心跳、呼吸、血压等生理指标，以便进行自我健康管理；年轻人中喜欢运动的群体也多在手机上安装了与运动、营养学有关的App，这些必然成为新的商业数据来源。各地的人脸识别系统与手机联网以后的卫星定位都成为新的数据来源，甚至在个人都不知情的情况下，数据已经被数据公司拿走，成为大数据的来源。

大数据技术提供了商业销售和个性化设计的基础技术，它形成了企业的精准市场。在过去若干届全国"互联网+"比赛中，许多团队的分析多会有一页PPT是从大数据去挖掘自己要进入的行业到底是增量市场还是未饱和市场，是一个精准行业还是个大到极点、永不能满足的产业。新生代创业者已经有了数据化思维，他们用数据分析进行决策，很多商业设计不再是盲目的主观估计，也不是简单使用类似问卷调查的方法，而是借助大数据分析进行商业创意构思和借助数据进行商业设计的验证。如果你参与的创业领域本身就是一个传统行业，而非增量市场，你的创意也没有什么突破性，可以尝试使用大数据分析，否则会因为你的思维过于传统而使你的方案价值大打折扣。

大数据分析会引导创意构建一个完整的方案。通常，一个机会来临往往会形成联动效应，解决了一个问题，顺带地会有许多新的问题出现，如同多米诺骨牌一样产生连锁反应。在我们触碰一个领域的时候，务必先做好"思维导图"，清晰了解自己的资源和行业的要求，制定符合行业要求的解决方案。现在大数据分析方法正在快速将分析结果呈现给人们，剩下的就是应对数据分析结果开展创意活动了。

用户画像的核心工作就是为用户打标签，而打标签的重要目的是整合信息点，设计统计指标，以方便计算机处理，然后通过合理的分类统计获得有效的信息。你还可以进行数据挖掘，利用关联规则获得有可能出现的需求预测。

第十章
文化创意与商业创意

这里举个美国沃尔玛"啤酒+尿布"关联营销的例子。故事发生在20世纪90年代的美国沃尔玛连锁超市。管理人员分析其销售数据时,竟然发现了一个十分令人难以理解的商业现象:在日常生活中,"啤酒"与"尿布"这两件商品看上去风马牛不相及,但是经常会一起出现在美国消费者的同一个购物篮中。其后,为了证明"啤酒+尿布"销售的可行性,Rakesh Agrawal 和 Ramakrishnan Srikant 两位博士从数学及计算机算法角度在1994年提出了关联规则算法,主要应用是从大量的订单中发现商品潜在的关联。即通过分析购物篮中的商品集合,找到商品之间的关联关系,根据商品之间的关系,总结顾客的消费习惯。

这个真实的案例提醒我们,了解顾客需求可以有效提升销售量。但顾客不会直接告诉企业自己的需求,不是他不愿意,而是他也不知道自己会有这样的需求,不会花很多的心力去表述这样的需求,更不知道如何表述和向谁表述,这时数据挖掘技术就为企业打开了一扇大门。

真实数据源于人们的行为,且难以作假。大数据依托海量样本数据,能有效排除偶然消费冲动带来的干扰。倘若借助高清摄像等新兴数据获取技术,还可得到更为精细且可能更真实的数据。归根结底,行为才是人们真实意向的直观呈现,相比之下,其他形式的表述都或多或少带有主观色彩。

在商业领域中,当通过数据统计发现某人持续在店铺或所属行业范围内活动,且确认其顾客身份时,从其行为可合理推断出此人存在真实需求,只是尚处于犹豫和选择阶段。通过进一步观察这类人群的数量、出现较多的季节以及他们所具备的特征等信息,数据分析能够为相关产品或行业的商业设计提供极具价值的思考方向,使潜在需求得以显现。大数据分析的独特价值体现在其理性特质以及对数据进行梳理和筛选的强大能力上。它摒弃了对事件情感因素的考量,重点关注的并非消费者的个人身份或具体情境(例如为谁过生日),而是聚焦于消费者的实际需求(比如购买一个蛋糕)。商家在获取这一关键需求信息后,再深入分析该信息所附带的其他细节信息,就能够精准地指导店铺生产出符合消费者需求的蛋糕产品,进而推动消费者完成购买行为,实现商业盈利。

再如,熊猫蛋糕与幸福西饼之所以能赢得市场青睐,关键在于精准击中了消费者的痛点与痒点。以熊猫蛋糕为例,憨态可掬的网红熊猫送货员,不仅送来预先切分、品类丰富的"分享型"蛋糕,更带来舞蹈表演、歌曲互动、趣味游戏等多元文化娱乐体验。这一系列标准化服务,本质上是企业对现有项目的灵活组合与重复应用,落地难度较低;但对个体消费者而言,却极具吸引力——中国人自古偏爱热闹氛围,

创意与创新

无论是孩子庆生、老人寿宴，还是朋友欢聚，都追求其乐融融的场景。而熊猫蛋糕无需消费者额外增加预算，便能以"一站式解决方案"满足热闹需求，让消费者轻松实现"不费力解决问题"，自然成为极具竞争力的选择。此外，熊猫蛋糕还拓展出创意烘焙与烘焙培训业务，进一步挖掘并满足顾客潜在需求。这一案例深刻揭示：商业创意的核心源于精准的用户画像。唯有清晰定位目标消费人群，精准锚定核心需求，才能确保商业方案具备持久生命力。在此基础上，企业更能顺势挖掘关联需求，不断制造新的消费"痒点"。而精准细分市场，无疑是打开商业成功之门的重要钥匙。

再看幸福西饼，则是凭借直击行业痛点的创新模式声名远扬，实现了跨区域的广泛覆盖。在传统蛋糕消费场景中，消费者往往需要提前半天甚至一天预定，亲自前往门店挑选款式、下单，待蛋糕制作完成后还得再次到店取货，且品质与口感参差不齐。这对忙碌的现代人而言堪称"甜蜜的负担"——当人们临时想起家人或朋友的生日，根本无暇往返奔波，许多温馨时刻也因此被迫留白。而幸福西饼敏锐捕捉到这一痛点，推出3小时极速定制配送服务，让"即时庆贺"成为可能。从生日惊喜到临时聚会，消费者只需线上一键下单，就能收获专属定制的美味蛋糕直送上门。依托自建的高效运输网络，幸福西饼不仅实现了重点城市的全覆盖，更通过规模化采购与标准化生产，在保障原材料成本优势的同时，严格把控食品安全关，彻底打消消费者后顾之忧。值得一提的是，幸福西饼在产品设计上同样深谙用户需求：丰富多元的口味选择、缤纷吸睛的视觉呈现，搭配便于多人分享的分切设计，让每一份蛋糕都成为凝聚欢乐的载体，如图10-6所示。通过公众号等渠道，品牌还将诸多创新营销玩法与服务细节娓娓道来，在满足味蕾的同时，更与消费者建立起深度情感联结。

图10-6　由不同口味的蛋糕拼接而成的一个大蛋糕

四、关联资源

用商业思维盘活已有资源，比如奥运会的运作，在最开始的时候都是主办方利用已有的资源来完成，特别是利用政府资源。从某种程度上讲，这样的运作使得这个活动的继续进行非常困难。彼得·尤伯罗斯（Peter V. Ueberroth）首创了奥运会商业运作的"私营模式"，不仅改变了以往奥运会"赔本赚吆喝"的历史，而且在没有任何政府资助的情况下，创造了2.25亿美元的盈利，把奥运会变成了人见人爱的"摇钱树"。

中国曾经到处是工厂，而且当时的工厂为求规模，很多建设涉及环境污染问题。当中国的发展到达了相当程度，政府深刻意识到要给我们的后人一个更适合生存的外在环境，这个时候，商业思维改变了环境，立了奇功，主要包括两个方面：第一是建立创意园，把工厂通过修补和翻新，创造了别有风味的旅游餐饮的风格餐厅、个性打卡点、摄影场景等；第二是开展了工业旅游，这可以为年轻一代提供职业体验，也推动了亲子旅游与互动。这其实就是通过满足人们的好奇心和探索欲而带来的商业机会，并通过商业思维，将其变废为宝，减少了大量的建筑拆迁费用，打造了别致的旅游资源。2022年北京冬奥会举办比赛的场馆中有一个就是由钢铁厂改造而来，应该说是对上述两者综合的表现。

资源联动是系统思维下对不同资源的有效运作，比如，大型的墙壁壁画配套商业区文化风格展示，以激发消费者购买欲望。美国华盛顿健身中心与北卡罗来纳州的CVM购物中心等都是企业的追求与艺术文化发展融合发展、资源联动的结果。

第三节 文化创意与商业创意案例

许多创意原理只有通过案例分析才能体会到它们的独创之处，创意案例让人们对创新思维的神奇更加着迷，获得深刻的体会。多年以后，参加这门课程学习的同学们可能不记得课程的内容，但对案例中的故事仍记忆犹新，因此还能够记得一些创意原理。

一、爱彼迎：民宿经济的推动者

爱彼迎（Airbnb）是一个让大众出租住宿民宿的网络平台，是线上短租的鼻祖，提供短期出租房屋或房间的服务，让旅行者可以通过网站或手机App，发掘和预订世界各地的各种独特房源，是近年来发展共享经济的代表之一。Airbnb是Air Bed and Breakfast（"Air-b-n-b"）的缩写，中文名：爱彼迎。爱彼迎是一家联系旅游人士和家有空房出租的房主的服务型网站，它可以为用户提供多样的住宿信息。2011年，爱彼迎服务令人难以置信地增长了800%。

创意与创新

爱彼迎成立于2008年8月，总部设在美国加州旧金山市。爱彼迎是一个旅行房屋租赁社区，用户可通过网络或手机应用程序发布、搜索度假房屋租赁信息并完成在线预定。据官网显示以及媒体报道，其社区平台在191个国家、6.5万个城市为旅行者提供数以百万计的独特入住选择，不管是公寓、别墅、城堡还是树屋。爱彼迎被美国《时代》周刊称为"住房中的eBay"，其房源数量已超过主流品牌酒店房源数量总和，其规模被人称为"世界第五大酒店集团"。2020年之前在中国市场主打境外游的时候，中国人出境游时使用爱彼迎的频次在个性消费者或者说自助旅行者中占了很大比例。

爱彼迎在欧美市场并没有竞争对手，它在欧美已经抢占了大部分的市场份额，西方文化是认同爱彼迎这种C2C模式的，而且据统计在这个平台上外出旅游的房东占到了出借房屋的45%，这种非职业房东的模式几乎是共享经济理念下商业创意的基础，如图10-7所示。

共享经济：将你闲置的资源共享给别人，以提高资源利用率，并从中获得回报。
这其中主要存在三大主体：需求方、供给方和共享经济平台

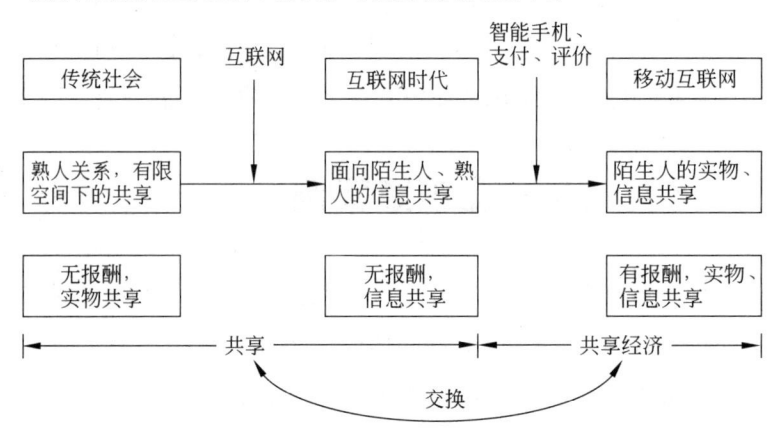

图 10-7　共享民宿商业创意及运维模式

但是，爱彼迎在中国发展仍遇到较大挑战，所以其在中国不能照搬国外的发展模式，要寻求适合中国本土文化的发展模式。爱彼迎在中国的发展仍面临着巨大的挑战。它在中国市场上的竞争对手，如途家、小猪短租和蚂蚁短租等，初期也是借鉴了爱彼迎的发展模式。但随后，它们并不只是像爱彼迎一样作为中介，而是通过对房源的线下挖掘和统一管理，以及与房东分享利润，从而在一定程度上解决了房东和房客之间的信任问题。

爱彼迎有成功的用户画像，并以用户画像进行营销创新。租客主要是这样的人群：①个性旅游群体。出行旅游住民宿，既可以体验当地文化，也可以享受舒适的

第十章

文化创意与商业创意

居住环境，成为外出旅行者的最优选择。②养宠人群。目前带宠出游人群激增，但是酒店不允许宠物入内，因此民宿是不二选择。③商务出行人群。民宿便捷自由、舒适减压，成为商务人群除酒店外的新选择。④家庭出游。家庭成员出游需要宽敞、自由及可交流的共享互动空间，民宿是最佳选择。⑤团体轰趴。民宿轰趴省钱自由，已然成为公司、单位、学生等团体聚会的新选择。

从数据来说，爱彼迎用户画像的女性占到55%，是"她经济"趋势出现的反馈，也是家庭出游的原因；而且用户偏年轻化，多为20~30岁，是能接受新事物、有一定消费能力的消费者。使用爱彼迎模式在线预定的客户绝大部分首先还是以休闲旅游为主要目的，其次才是为了探亲以及商务出行等。民宿价格以及品质是客户最大的诉求。周边饮食、购物和游玩设施齐全，交通便利，是顾客考虑民宿的有力加分项目，便于在国外体验最地道的当地生活。在2019—2020年播放的电视综艺节目中的明星入住地多为当地特色民宿，也为民宿经济作出了相当大的贡献。

爱彼迎通过精细化的数据分析，构建了一套细致入微的用户画像。这个画像包括了用户的社会阶层、消费力、文化鉴赏能力以及对服务的要求等诸多方面的信息。例如，爱彼迎的用户主要集中在年轻人和中产阶级，他们对新事物的接受程度较高，有一定的消费能力，并且有着对文化体验和服务质量的高要求。

爱彼迎将这些信息公布在网站上，引导用户进行消费。比如，数据显示，用户在某些热门的旅游区域，如巴黎、纽约的租住时长一般在3~5天左右。这种信息的公布，可以帮助用户更好地规划自己的旅行，同时也可以引导他们在此期间内更深入地体验当地的文化，当然也从某种程度上推销了这些区域的房源，延长了居住时间。而社会阶层、消费力等信息其实类似于"品牌"，会让用户的信赖度、虚荣心等心理需求得到一定的满足。

此外，爱彼迎会根据用户画像，为每一位用户推荐符合其需求和喜好的房源，让他们能够找到最适合自己的民宿。比如，对于喜欢文化体验的用户，爱彼迎会推荐一些充满当地特色的房源，甚至包括"城堡"；对于对服务要求较高的用户，爱彼迎则会推荐一些服务星级较高的房源。爱彼迎在"文化共享"方面也是把相关内容做到了极致，比如"我在呼吸着'南海岸的风'，感受到拉着你那种平和的心情。"平台字里行间跳动着文化气息，这些文字抓住了用户的心，获得了优质同类用户。这个文化传播的方法国内的"携程文化社区平台"也做得相当好，这是一个抓住流量，并转化为商品价值的助力器。

爱彼迎通过这种方式，将数据和用户消费心理结合在一起，不仅提供了个性化

创意与创新

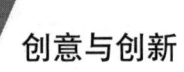

的服务，也引导了用户的消费行为，使其成为一种"跟随文化"的消费模式。这一模式不仅提升了用户的消费体验，也为爱彼迎的发展提供了强大的动力。

在服务和营销本地化方面，爱彼迎也借助大数据提出了优化用户体验、增加房东收益和保证双方安全的措施。这些措施使预定转化率提高了60%。用户画像带来的服务直击心扉，包括流量的应用、网红的宣传等都实现了本地化，成为大数据和消费心理应用的典范。

在爱彼迎的文化宣传片中，通过展示当地风光及民宿特色，以"直白的情感表述"，代替用户作了自我解读。比如，"爱让旅游不可思议"的宣传片就强调了这个世界因爱而相互包容，"我们渴望自由，希望挣脱束缚，追求新与幸福。我们爱这个世界，爱爸爸妈妈，爱男朋友也爱自己；爱美食也爱减肥，爱运动也爱睡懒觉，爱游戏，爱自拍，爱撸猫……但当我们踏上旅行，去真正认识世界，你会发现……"这些直白到无须思考的台词却深入人心。显然，旅游和爱彼迎平台已经被人们接受，走入年轻一代简单的情感生活中了。爱彼迎的广告聚焦平台消费主力的特点，从他们喜好的宣传路径入手，和他们保持一样的"脉动"节奏。这是爱彼迎从众多平台中走出来的数据之路，它了解它的客户，爱它的客户，让客户代入感很强地体验，并屏蔽了对陌生环境的担心和疑虑，如图10-8所示。

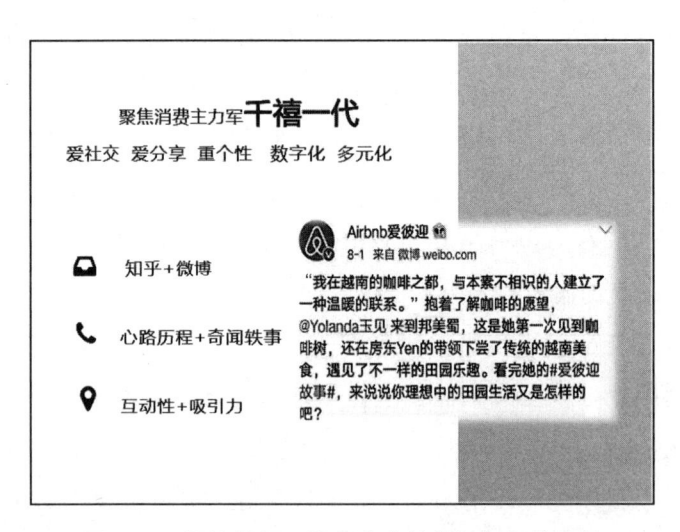

图10-8 解读数据，聚集客户的特征和宣传途径

然而，文化是有国界的，受文化所在国家所处文化阶段的影响，并影响经济。在中国，民宿的发展更多是在自家居住之外新建房屋，途家就是其中的一个例子。因此，在进行商业创新和营销策划时，了解当地的经济和文化非常重要，生搬硬套可能会带来不必要的损失。

此外，爱彼迎的模式还可以应用到其他行业。抽象来看，它的逻辑应该是：有空闲的资源就可以出租，以提高闲置资源的利用率，从而获得收益。这个逻辑可以应用到其他领域，许多创业公司就是根据这样的逻辑打造出自己的产品，并获得了投资。在中国发展得比较好的"私厨文化"就是这类商业创新的一个例子。

二、《上新了·故宫》——持续的故宫热

人们往往会崇拜自己先人的生活，对其感到好奇，中国人和北京故宫有着不解之缘。北京故宫并不是国人能够看到的唯一的中国宫殿，但它应该是保存最完整、最恢宏的中国宫殿，而且是开放的，甚至是可以进入、游览的地方。在国人解决温饱之后，旅游和探秘成为可能。"故宫""故宫文创"成为商业创意的"沃土"。

2016年，一部《我在故宫修文物》的纪录片带火了故宫。其实，比北京故宫更火的大概是这几年持续升温的文创产品。北京故宫博物院文创产品开发起步比较晚，但是后来者居上，从2013年开始，到2015年就已经拥有超过8 000种的文创产品，2016年更是超过9 100种。

文创产品（文化创意产品）是艺术衍生品的一种，明显有别于一般传统商品。它不仅具有传统商品的使用功能，还包含了丰富的文化内涵，可以让人们在使用产品的同时得到文化的熏陶和感染，提高人们的生活品位和幸福感。故宫博物院的创意，从市场的角度看，它成功地起到了扩大消费者群体的作用。

首先，它做了数字化故宫（游戏）项目。游戏行业现在是一个高盈利的行业，游戏对于故事的叙述、用户沉浸式体验等都有很好的优势，再加上近年来流行的"中国风"，游戏可以极大地吸引青年消费者。

其次，它推出了一系列的文创产品：伞、包、化妆品、书签等，这一系列产品更应该归为文化产品。这些产品有别于传统文化产品，其最大特质便是拥有极大的实用性，且经过官方渠道售卖，质量得到了保障。不难看出，这类产品实用又能分享文化情绪，大多为年轻人所喜欢。

最后，故宫以开放的态度开展行业背书和形象代言。先是与中国中医科学院签署战略合作协议，共同开展清代宫廷中医药文物的科学研究，这就是我们开头提到的市场非利润效益的问题。故宫博物院作为中国最具有代表性的博物馆之一，应当肩负起更大的文化传播和弘扬中华文化的责任，而树立一个负责任、有担当的企业形象，对故宫的标签打造有极大帮助。而后，2017年，故宫与民生银行合作，制作了故宫文创系列主题信用卡，并开通了在线申请。此举将中国传统文化与金融产

创意与创新

品巧妙结合，在体现产品文化底蕴的基础上，让文创产品与大众的生活更加息息相关。在为持卡人提供金融服务的同时，以年轻人喜欢的方式寻找传统文化与大众生活的对接点，支持传统文化的传承与发展。故宫通过和民生银行这一完全不同领域的机构进行合作，更让人眼前一亮，让大众感受到自己和文物之间的微妙联系，让故宫文化和藏品通过金融服务切实走进万千持卡人的生活，帮助持卡人感受中华民族的人文精神和文化内涵，实现真正的文化自信。同时高品质、蕴藏文化内涵的产品，也能为银行用户提供更好的服务体验。

2020年，新冠疫情的阴霾骤然笼罩，人们的生活空间被疫情无形割裂，困守一隅的日常让对探索未知的渴望愈发强烈。就在这样特殊的时期，7月，曾打造出爆款节目《上新了·故宫》的制作团队，毅然选择再次出击，将目光投向了颐和园，精心推出一档园林文化类户外综艺节目——《我在颐和园等你》。此次，制作团队倾注心血，直言这是为颐和园量身定制的"综艺首秀"，怀揣着对传统文化的敬畏与热爱，致力于让这座承载着厚重历史、蕴含着无尽魅力的古典园林，在当代社会中继续绽放出耀眼光芒，焕发出全新生机。在节目中，老戏骨张国立担当重任，作为主要嘉宾，他宛如一位亲切的"文化引路人"，带领着数位青春活力的年轻艺人，踏入颐和园这座神秘而瑰丽的艺术殿堂。他们穿梭于亭台楼阁之间，漫步在蜿蜒曲径之上，深入探寻园林的每一处角落，解码皇家园林背后的历史故事与美学密码。以轻松诙谐、妙趣横生的综艺形式，开启一场别开生面的文化探秘之旅。节目不仅打破了传统文化与大众之间的壁垒，更在特殊时期成为了人们精神世界的"探索窗口"，满足了大众被现实局限的探索欲，让观众足不出户，便能跟随嘉宾的脚步，沉浸式领略颐和园的独特韵味与深厚底蕴，激发起全社会对传统文化探秘的热情与向往。

三、"木屋烧烤"：年轻人的文化消费

"木屋烧烤"创办于2003年，2014年9月28日获得深圳天图资本1亿元的投资。"木屋烧烤"为什么能获得资本的青睐？

在深圳最大的城中村，"木屋烧烤"依旧保持着其独有的魅力。这家独特的烧烤店铺，以其清新、自然的店面设计，丰富、多样的菜单选择，以及舒适、干净的用餐环境，成功吸引了无数年轻消费者。

他们的独特之处在于，将火锅的经营模式成功地迁移到了烧烤业，从而使其经营模式具备了很强的选择性和复制性。

火锅店经营模式的一个显著特点就是其餐品选择性和店面经营的复制性极强。

首先，火锅店的配送、加工流程简单，无需专业厨师的参与，这使得火锅店在开设和经营上具有很强的灵活性和便捷性。同时，火锅提供的是一种自选、自烹的就餐方式，消费者可以根据自己的口味和需求选择食材和调料，这使得火锅店能够满足不同消费者的需求。

"木屋烧烤"恰恰将这种模式成功地运用到了烧烤业。他们提供的烧烤类别丰富多样，消费者可以根据自己的口味进行选择。而且，所有的烧烤都是在店内进行的，既保证了食品的卫生，也提供了一个舒适的用餐环境。这种模式为"木屋烧烤"赢得了广大消费者的好评，同时也使其在市场竞争中占据了优势。

"木屋烧烤"的店面设计注重营造清新、自然的氛围，与繁杂的城市环境形成对比，创造出了一种舒适的用餐环境，以满足年轻消费者对于优质生活的追求。其菜单上的烧烤种类多样，满足了年轻消费者对于选择多样性的需求。同时，以室内烧烤为特色，符合了他们对于干净、卫生的餐饮环境的期待。

另外，"木屋烧烤"也在文化层面精准地对接了城中村年轻消费者的特殊需求。他们打造的不仅是一家餐厅，更是一个可以满足年轻人社交、娱乐和身心放松的需求的空间。店面的设计、装饰和音乐选择，都充满了年轻、时尚的气息，与年轻消费者的生活态度和价值观相吻合。此外，他们还将传统的烧烤文化和现代的城市生活方式相结合，创造出了一种全新的烧烤文化，这也符合年轻消费者对于新鲜事物和创新体验的追求。

因此，可以说，"木屋烧烤"成功地融合了符合年轻消费者需求的商业创意和文化元素，这也是其能够在竞争激烈的餐饮市场中脱颖而出的关键因素。

四、"Pay Per Lux"的创新服务[①]

在 2011 年，飞利浦推出了一项名为"Pay Per Lux"的创新服务，这项服务的基本理念是"只为你使用的光付费"。史基浦机场是这个创新服务的首个成功案例。

飞利浦与史基浦机场签署了一份为期 15 年的"照明服务解决方案"合约。根据合约，飞利浦为机场设计了 370 000 个 LED 灯具和照明设备，同时保留了照明设备的所有权，并在合约期间负责所有设备的管理、维护和修理。史基浦机场只需每月支付飞利浦一定的服务费。

[①] "不卖灯泡卖灯光"的飞利浦照明商业模式 [EB/OL]. 中国之光网：www.cali-light.com/index/index/newsart/id/19688.html

创意与创新

这种模式为飞利浦带来的经济效益显而易见。首先，每月收取的固定服务费可使飞利浦有动力去改进产品设计，使产品更耐用、更易于拆解和维修，从而减少在合约期间的维修或更换次数，以降低成本，提高利润。飞利浦通过物联网设备，随时监控照明设备的运作与用电状况，一有故障就马上派人维修，以保持设备在最佳能源效率的状态。

此外，飞利浦还积极负责设备的回收再利用，并将此作为降低成本的手段之一。他们重新设计了 LED 灯泡，将容易出现故障的驱动器从灯泡内移到外侧，如果坏了，只需要更换驱动器，而不用把整个灯泡丢掉，这不仅延长了灯泡的使用寿命，也减少了废灯泡的产生。

对史基浦机场来说，这个方案也带来了显著的经济效益。机场可以用最少的钱享受到最好的产品和服务，电力消耗比过去降低了一半，节省了电费，也减少了碳排放。同时，由于飞利浦负责照明设备的管理和维护，机场资产负债表上的资金支出减少，对其整体财务和运营也有所帮助。

这个案例展示了通过创新思维和商业模式转化，如何实现资源的最大化利用，为企业和客户创造更多的价值。飞利浦的"Pay Per Lux"服务成功地实现了这一目标，为公司和客户带来了显著的经济效益。

五、单项投资的最高纪录：创新企业联邦快递[①]

弗雷德·史密斯的联邦快递公司的创业故事是 20 世纪下半叶最伟大的创业传奇之一，它是风险投资案例中的一个奇迹。史密斯的创新理念和商业模式改变了全球的企业经营活动，使企业可以远离城市中心，在偏僻的地方进行商业活动，甚至无须在厂区内兴建专门的库房。他的"绝对肯定地隔夜送达"世界任何地方的包裹邮件服务，为广大的企业创造了新的经营机会，并引发了全球范围内的商业变革，最终影响了全球经济力量的平衡。

史密斯的创业旅程并非一帆风顺。在初期，他面临着政府对空运航线的管制和老牌航空公司的竞争，以及提供这种服务所需的巨额资金等多重挑战。然而，他通过精密的市场调查和深度的业务分析，证明了这个市场的巨大潜力，并在投入和冒险中征服了无数的风险投资大师。

在获得风险投资后，史密斯购买了 33 架达索尔特鹰式飞机，并聘请了一大批熟悉空运业务的管理人员。1973 年，联邦快递公司正式开始营业。尽管在经营初期

---

① 弗雷德·史密斯和他的联邦快递 [EB/OL]. [2023-12-14] 360 文库：https://wenku so.com/d/d4330e40d63c189c3556c68aue763363.

面临困境，但史密斯以长远的眼光看待问题，认为尽管这个业务的利润不高，但可以用来充当公司的门面。在政府解除航空运输业限制和美国联合包裹运输公司员工长期罢工等意外的好运气下，联邦快递公司找到了重大的市场机会，业务迅速增长。

到了20世纪80年代末，联邦快递公司稳居美国隔夜快递业龙头企业地位。1988年，联邦快递公司已向世界90个国家和地区提供了隔夜快递服务。1989年，他们收购了最大的竞争对手飞虎国际航空货运公司，进一步巩固了市场地位。

史密斯的联邦快递公司是一个典型的以创新为驱动力的企业，其成功充分展示了创新和风险投资在推动企业发展和经济增长中的重要作用。其创业故事激励着无数有梦想的创业者，证明了坚定的信念、勇于冒险和持续不断的创新是实现商业成功的关键要素。

本章小结

1. 文化是历史和地域所赋予的特殊属性。这决定了产品的可接受度。
2. 商业在于解决需求并获利。了解客户需求首先要了解客户，获取用户画像。
3. 特殊时期，要善于创新，善于运用消费心理应对商业变化。
4. 文化创意产品（文创产品）作为艺术衍生品，包含了丰富的文化内涵，它和其他商品比较，改变的是人们在商品使用上的心理需求和情绪体验，满足"我是谁？从哪来？到哪去？"的好奇心和传承感、幸福感。

本章自我训练

1. 查看周围有没有不断迭代的文创项目，记录下来。
2. 体会学校各种服务，不论是用心服务的，还是做得不够好的，思考它们文化的显性特征和隐性特征。
3. 你能把直饮水机作为一个平台吗？你还能把什么作为平台？

本章思考题

1. "史基浦机场方案"改变了什么？为何概念的置换会带来整个思考角度、内容的变化？
2. 平台创业模式与实体创业模式有什么区别？

附录 A 创意大赛及其组织

一、课程创意大赛

（一）大赛宗旨

课程创意大赛旨在训练学生以小组方式组织创意，提升其集体思考和灵活运用创意方法的能力，展现创新思维以及通过课程学习取得思维上的进步。

（二）大赛要求

（1）小组全体参加（小组是课程小组，由不同专业、不同年级、不同性别的 8~12 名选课学生组成，1 名组长）。

（2）大赛按课程要求进行，按提交 PPT 顺序参与答辩，2 学分课程在第 9 周末提交，在第 11 周上课时间进行大赛，除 1 名主讲外，其余同学全部上台，全体准备回答问题。

（3）PPT 要求：主要报告内容包括：是什么？为什么（有什么效果，达到什么目的）？如何实现？小组人员及其分工和贡献。核心内容大约占据 4 页 PPT。避免使用创业计划书、科研报告。

（4）大赛报告时间 3~5 分钟（根据报名情况），提问时间为 1~2 分钟。

（三）比赛成绩

比赛成绩作为课程的小组成绩，既可以作为平时成绩，也可以作为单独成绩，与考试成绩共同构成期末成绩，所占比例由教师或课程小组决定。

优秀项目（90 分以上项目）可以进一步参赛，授课教师可以参与指导，或者将项目推荐给孵化器（大学创新创业产业园）。

（四）注意事项

（1）大赛需要在第一节课进行公告，以便通识课学生决定是否选课。

（2）创意范围不限，可以是产品设计，亦可以是活动创意。

（3）强调小组成绩，小组内成员成绩相同，避免学生之间的搭便车行为。

（4）强调小组工作，可以在答辩时，由评委老师指定同学回答问题，以判断小组合作情况，包括同学间认同或对某问题的看法。

（5）强调创意大赛以新颖为主，以有用为辅，培养小组合作习惯。

成绩评分标准如下。

90~100分：新颖且有用，小组合作有效，表达生动感人。

80~89分：新颖且有用，小组合作低效，过于突出个人；或新颖，小组合作良好，表达生动。

70~79分：新颖但没有讲清是否有用，小组同学在答辩期间能够给予弥补。

60~69分：不新颖但有用，比较接近模仿创业的创业计划书，小组合作良好。

60分以下：没有按时提交PPT，存在严重抄袭，因为个别成员的原因影响小组报告，缺少基本文件或没有按规定格式提交报告，拒绝参加大赛或演讲，小组内出现严重分歧导致无法工作。

（6）可以聘请参与教研的老师或业界人士参加大赛并担任评委，评委数量以3名为宜。

（7）大赛录像和PPT等成果归属小组学生，答辩以后，为小组学生与任课教师共同拥有，教师有在教学中使用的权利，但没有保护内容知识产权的责任。

二、标准创意大赛通知——以某高校校区举办的大学生中国传统节日创意设计大赛为例

关于举办大学生中国传统节日创意设计大赛的通知

校区各单位：

为进一步推动中国传统文化的传承和保护，汇聚创意设计资源，在校区营造浓郁的创意创新氛围，特举办"大学生中国传统节日创意设计大赛"。本次大赛由大学创业实验室主办，人文学院承办，合作单位有市博物馆、文化传播有限公司、文化遗产创意研究院。

传统节日集中体现了中华民族的伦理道德、价值观念等，承载着中华民族的文化血脉和思想精华。本次大赛旨在鼓励大学生从传统文化中寻找灵感，并在内容和形式上进行创新，共同关注中国传统文化，提升创意设计水平。大赛围绕春节、清明节、端午节、中秋节四个中国传统节日主题进行创意设计，参赛者可选取其中一个或多个节日进行创作，要充分挖掘节日元素，拓展节日文化内涵，创新节日文化表达。

大赛结束后拟策划以传统节日为主题的展览，呈现大赛优秀作品，营造传统节庆氛围。筛选出优质项目，通过整合、培训、辅导等方式，打造重点培育项目，搭

创意与创新

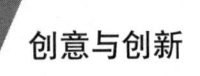

建交流协作平台，积极推动成果转化，推进校内资源和校外机构的合作，积极参与粤港澳大湾区（广东）文化创意设计大赛以及其他相关校内外赛事及项目申报。

大赛具体事宜安排如下。

一、大赛时间：2022年9—11月。

二、参赛对象：校区全体师生。

三、赛事安排：2022年6月发布赛事，通过官网、微信公众号、校内张贴栏等途径开展广泛宣传；2022年9月征集作品及评选，组织评委会进行评审；2022年10月优化方案，展示入围作品；2022年11月公布比赛结果，颁发奖金及证书，赛事结束后根据参赛作品入围情况策划大赛优秀作品展。

四、参赛作品类型

（1）融合节日元素的非遗手工技艺制作呈现。中国传统手工艺是中华文化的瑰宝，值得传承和保护。以坚定文化自信，建设社会主义文化强国为宗旨，鼓励大学生感受传统技艺，进行手工制作，复刻或还原传统工艺，如皮影、剪纸、蜡染、刺绣、点翠、绒花等。

（2）融入节庆文化的创意商品设计与开发。就衣、食、住、礼等方面对生活方式展开创意创新设计，加强以文化产品作为商业内容的市场拓展，可自由发挥，将节庆文化元素应用在礼品、手办、服饰、美食、文创产品等多个方面，如红包、帆布包、文创日历、盲盒、丝巾等。

（3）节日交互式体验设计开发。包括数字内容创意设计、新媒体软件设计、交互设计（VR设计、移动App、小程序、H5、线上小游戏设计、交互Flash作品、网络交互实验作品等）等打造全场景沉浸式节庆文化新体验。

五、参赛作品要求

（1）紧扣春节、清明节、端午节、中秋节四个中国传统节日主题，弘扬中华优秀传统文化，宣传中国传统节日风俗，并注重传统文化与时尚元素相结合。

（2）所有参赛作品须为参赛对象自主开发设计制作，参选作品或用于创作参选作品的素材均不得侵犯第三方的合法权益，也不得借用他人作品。

（3）为保证公开、公平、公正原则，设计稿和作品理念说明书中不应出现任何与参赛者有关的个人信息。

（4）参赛作品形式为实物，交互式体验设计开发应能正常运行使用。同时请参赛者保管和维护好参赛作品，以供后续展览所需。大赛作品以电子稿形式提交，交互式体验设计开发单独组织现场展示与演讲。

六、作品提交

（1）作品效果图

参赛作品一律提交电子稿件，作品图片要求多角度呈现作品原貌，并标注作品尺寸（长×宽×高，单位为cm）。图片规格为JPG格式，分辨率不低于300dpi，文件大小不超过5MB，每个作品图片数量不超过8张。

（2）作品理念说明书

对于参赛作品，参赛者必须提供作品描述，300字为限，简要说明设计理念即可。

（3）作品信息登记表

以上材料请以压缩包形式发送，压缩包文件名为：作品类型＋作品题目＋学号或人事编号＋姓名＋所在单位，于2022年9月15日24：00前，通过电子邮件一次性发送到组委会邮箱×××@×××.edu.cn。

大赛联系人：×××老师，联系电话，联系地址。有意参与大赛的师生可添加微信咨询群，群二维码如下图所示：

（微信群二维码样式如上，鉴于七天内有效，发通知时自行替换。）

七、奖项设置：设金奖、银奖、铜奖、创意奖和优秀作品奖。

八、评选办法：大赛遵循公开、公平、公正的原则，根据作品的创新性、示范性、引领性、完整性、社会价值、推广前景等重要因素进行评分。参赛作品名次由大赛评委会进行评选，大赛评委会在大赛评比前成立。

九、作品著作权说明

（1）参赛者须保证其参赛作品不存在侵犯任何他人享有的包括但不限于知识产权在内的合法权益的情形。参赛作品如存在抄袭或其他侵权行为，主办单位将取消其参展与获奖资格，对于已发放的奖励将原额追回，由此导致的相关法律后果由参赛者自行承担。

（2）本次大赛主办单位对全部参赛作品有公开展示、印刷出版、推广宣传的权利，而不必由参赛者授权，但不用于其他商业目的。任何机构和个人未经作者、知识产权拥有者、大赛主办单位的同意，不得抄袭、公开展示、出版和宣传本次大赛作品。

十、特别说明

（1）所有参赛作品必须根据大赛主题进行创作，不接受与命题无关的创意作品，每位参赛者可报名的参赛作品数量不限。

（2）参赛作品可以是个人完成，也可以团队形式完成，评审仅针对参赛作品进行，组委会将按《作品信息登记表》中"参赛者"一栏排名最靠前的最多5位成员核发相应获奖证书，其余参赛者用"等"的形式予以确认。

（3）所有入围作品在接到大赛组委会通知后均须提供参赛作品实物（或模型）至大赛组委会，用于大赛作品成果展。参赛作品原作或模型要求坚固、不易损坏、便于搬运。

（4）参赛作品除参赛者在提交参赛作品申报时特别注明要求退还的实物作品外概不退还，请参赛者自留备份。需退还的实物大赛组委会将在相关展览结束后退还。

（5）大赛不收取报名费和展览费。

（6）组委会对包括本规则在内的本次征集活动的所有文件保留最终解释权。任何与本次比赛有关的未尽事宜，均由组委会进行解释。

××大学创业实验室

×年×月×日

附录 B 教师手册（课程营销与教学法）

一、课程营销

任何课程都需要营销，但相对而言，专业课不需要营销，因为学生不得不选，不选就无法毕业。但对于选修课，特别是面向全校的通识选修课，教师必须有课程营销的思维。

通识课是双向选择，教师给出开课意向并按要求提交文件在网上公开，学生在规定时间进行选课，通常他们有 1~2 周修改选课的时间，其间，他们所有的听课都可以被看作试听。其中的一些热门课程会出现类似"黄牛党"的情况，一些人霸占位置再向有强烈选课意愿的学生转让并获利。学生并不是完全因为课程对他们有特别大的作用，而是他们必须选修与某种性质相关课程才不会造成毕业的麻烦，凡此类情况，教务部门也不太容易管理。

许多教师没有追求学生人数最大化的动力，只要达到最低选课人数就可以开课，所以他们不需要课程营销。如果开课教师特别希望有更多的学生选修自己的课程，就需要留住试听的学生，至少可以让他们回去传播对自己的好感，弘扬自己的教学理念，让自己成为有独立教育思想的人。

打动学生其实很简单，一是课程有深度，二是课程好通过。学生愿意轻松地学习，能够通过学习有所收获，也能够保证拿到学分，正常毕业。实现后者并不难，只需要考试适当简单，体现学生通过学习获得的成长即可，不要太吝啬分数。但实现前者就不是那么容易了。

最好的教学方法是讲一个较长的案例，把需要思考的问题设置在故事之中，从头到尾出现对各种原理的讨论，让学生如身临其境一般。

课程营销还要兼顾教师个人营销，介绍自己，介绍学校、学院，介绍课程与学校、学院的关系。你要设置许多问题让学生思考，比如，"我是谁？""我做过什么？""我做出了什么？""我为什么要开这门课程？"这样做的重要目的是让学生愿意与你交朋友，拉近与学生的距离，也是让学生在给他的家人和朋友介绍学校的时候有内容可说。母校与校友的关系一定要在课堂上建立。

营销自己是一种生存方法，因为人生在世，主要依靠影响力活着，而影响力主要就是靠讲话，人只要一开口讲话就是在营销自己，所以要利用好这样的机会，传

创意与创新

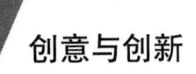

播自己的理念，这需要自己有独到的认识和真正精彩的课程内容。这样做，也是为让学生对教师行业产生适当崇拜感，给学生树立榜样。课程营销既是营销课程，也是营销授课教师。

这不是浪费时间，也不能理解成教师在吹牛、灌水，而是因为后选课的同学听不到试听课程内容，只能先讲其他内容，与课程有关，但又不是正式的课程内容，这样的教师有一种负责的态度。

课堂营销的故事举例。

故事1：某学生创业故事

最好讲贵校同学创意创业的故事，邻近的故事容易形成比较，远方的故事太遥远，经常会被视为环境、时机造就的结果。故事中最好有任课教师的亲自参与，而且最好出了一些点子，参与了创意活动。故事中要包含创意原理，从问题分析开始，用什么样的创意，用什么样的知识产权进行管理，全部商业过程会遇到什么问题，是怎么解决的。

故事2：孙正义的故事

孙正义是韩裔日本人，他在上大学的时候每天用5分钟写一个创意（借此引导学生培养创意习惯），其中有一个创意卖了500万美元，成为他的第一桶金，其研发与技术出让过程都与人们理解的不大相同。这个故事可以让学生思考："为什么他会聘请教授为他的想法做出翻译机的样机？为什么他要独立拥有知识产权？为什么不是他自己去生产翻译机？"等问题。

故事3：老干妈陶华碧的故事

老干妈陶华碧在没有生活来源的情况下，用自己居家过日子积累起来的本领，创造了一个商业奇迹。以这个故事引导学生尊重父母的生活经验，它是一种技术的来源，也是技能，需要商业转化，也引导学生明白在把技术转变为商品的过程中需要什么样的创新原理，如何组织市场测试，如何将技术变成被市场接受的产品，如何保护自己的知识产权，如何进行商标设计。

故事4：尤伯罗斯的故事

在历届奥运会严重亏损的背景下，1984年，洛杉矶竟然办成了一届盈利的奥运会，其原因在于全新的创意。尤伯罗斯并不是体育专家，而是一名体育记者，竟然破例被选中成为洛杉矶奥委会主席，其创意在于发现资源、创建产权、运营产权，实现创意，挖掘资源价值。这个故事还引导学生注意，不只是商业需要创意，任何经济社会活动都需要通过创意解决问题，创意的重要方面是更有效地调动资源。

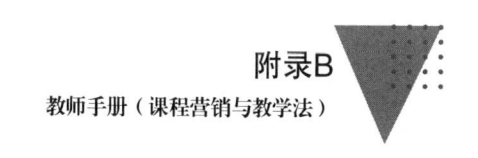

二、教学法

不同的教师有不同的教学方法，"创意与创新"一课的教学方法有其特殊性，作为通识课，它的特殊性更强。

总体上来说，需要使用真实的案例对原理进行介绍。有两种教学方法，一是以故事为主的设问法，二是以问题为主的研讨法。为什么本课程教学一定要使用比较接近实践的教学呢？一是通识课是全校所有不同专业的选修课，学生专业知识基础差别很大，甚至存在着思维方法的差异，这对理论教学造成了困难，需要增加感性知识，结合更加基础的知识（主要是高中以前的知识）进行教学；二是"创意与创新"的内容具有很强的实践性，只有结合案例才能理解原理和方法，才能感受到世界的丰富多彩；三是适当降低难度，却又能够让学生有所收获；四是故事可以被长久记忆并且可能会成为影响学生一生的教育，如果想让学生承担起未来的责任，就要讲好故事，吸引学生前来选课。一定要准备好一个榜样、一套方法、一句重要的话，讲给学生听。

一些课堂训练需要安排一些比较放松的内容，下面有一些搞笑的素材可供参考。

（一）搞笑的素材

素材之一：孩子们的造句

1. 题目：一边……一边……

小朋友写：我一边走路，一边撒尿。

老师批语：你是牛吗？

小朋友写：他一边脱衣服，一边穿裤子。

老师批语：他到底是要脱还是要穿啊？

2. 题目：果然

小朋友写：昨天我吃水果，然后喝凉水。

老师批语：是词！

3. 题目：欣欣向荣

小朋友写：欣欣向荣荣告白。

老师批语：连续剧不要看太多了！

4. 题目：好吃

小朋友写：好吃个屁。

创意与创新

老师批语：有些东西是不能吃的。

5. 题目：天真

小朋友写：今天真热。

老师批语：你真天真。

6. 一篇日记

小朋友写：

2月30日　　　　星期一　　晴

今天一天都没有出太阳，真不好。爸爸买回两条金鱼，养在水缸里淹死了一条，我很伤心。

老师评语：我也很伤心，我活了这么大，2月还从来没有遇上过一个30号呢！也从来没有见过不出太阳的晴天，更没见过会淹死的金鱼。

7. 题目：先……再……

小朋友写：先生，再见！

老师批语：想象力超过了地球人的智慧。

8. 题目：况且

小朋友写：一列火车经过，况且况且况且况且况且。

老师批：我死了算了。

9. 题目：其中

小朋友写：我的其中一只左脚受伤了。

老师批语：你是蜈蚣吗？

10. 题目：陆陆续续

小朋友写：下班了，爸爸陆陆续续地回家了。

老师批语：你到底有几个爸爸呀？

11. 题目：难过

小朋友写：我家门前有条水沟很难过。

老师批语：老师更难过。

12. 题目：又……又……

小朋友写：我的妈妈又矮又高又胖又瘦。

老师批语：你的妈妈是变形金刚吗？

13. 题目：你看

小朋友写：你看什么看！没看过啊？

老师批语：没看过！

素材之二：那些年我们一起上的学

1. 语文考完了，我哭了。数学考完了，我发现我哭早了。

2. 医生，我最近睡不着，心情坏，吃不下饭，我怎么了？医生问：你今年多大了？我说：15岁。医生说：你作业没做完吧？

3. 从小到大，升旗时注意力不是在国旗上，而是看国歌奏完时，国旗是不是正好停在杆顶。

4. 经常指着课本上丑的图片对同桌说，看，这是你。同桌就翻遍整本书寻找比这张更丑的图片说，看，这是你！

5. 这次考试考得很不错啊，只挂了两科——文科和理科。

6. 老师说："快要中考了，早恋的就不要吵架了，以免影响心情；没早恋的就不要表白了，以免被拒绝后影响心情。"

7. 到开学还未写假期作业的同学，一定能成就大事，因为他们比一般人沉着冷静、临危不乱、心静如水！

8. 假期作业其实就是你写一个月的作业，老师写一个"阅"。

9. 小学上课费嘴，初中上课费笔，高中上课费脑，大学上课费流量。

10. 上学的时候总想玩电脑，放假了只能对着电脑发呆。

11. 在十几年前的一个9月1日，我手舞足蹈、眉开眼笑地背上小书包，屁颠屁颠地走进学校，从此踏上了一条不归路。

12. 我有一个梦想：一张试卷只有5个填空题，学校_____科目_____班级_____姓名_____学号_____，每空20分。

13. 小时候，我认为8点是最晚的时间；到了初中，我发觉9:30该睡觉了；现在，每天晚上看下时间，切，才12点。

14. 每一次下课的"老师再见"都比上课时的"老师好"的声音要大得多。

15. 不要和父母吵架，因为你吵不赢的时候只有挨骂，当你吵得赢的时候只有挨打了。听话吧！

16. 一考试就像得了病一样，考前是忧郁症，考时是健忘症，考后病情开始好转，拿回卷子时，心脏病就发作了。

17. 我突然想到一个很严肃的学术性问题：是谁把60分定为及格线的？

18. 今天下雨了，我看见王丽娜没带伞，我想今天是学雷锋日，于是我把李小小的伞拿给了她，然后和她一起开心地回家了。老师评语：李小小是怎么回家的？

创意与创新

19. 我今天看到一个老大娘口袋里掉出了4张500元,我马上捡起来还给老大娘,老大娘问我叫什么名字?我转身对老大娘说,我叫红领巾,雷锋叔叔是我的偶像。老师评语:4张500元,下次带给老师开开眼界。

20. 今天是学雷锋日,我拾金不昧,在公园捡到1亿元钱,全部都是10元一张的,有一本语文书那么厚,我把钱交给警察叔叔并受到了表扬。老师评语:你的语文书真够厚的。

(二)课堂游戏

游戏1:组合创意游戏

第一轮游戏,在3分钟内完成

(1)任意写一个英文字母,将手中的字母与其他同学的组合成一个6个字母的有意义的英语单词,如forget,完成组合者按次序报名。

(2)讨论一下,有什么经验和教训。

第二轮游戏,在15分钟内完成

(1)不重复地使用组内的字母,组成有意义的单词,达到5个时报一次,看谁做得快。尽量多地组合出英语单词,直到宣布结束。

(2)同时,以此单词联想尽量多的新产品或服务。

(3)再形成一个商业构思(故事)。

(4)每队讨论后,推荐1名同学发言,另1名同学配合在黑板上说明本队的方法(或单词)、新产品和商业构思。

(5)每队经过讨论后派1名同学发言概括今天的体会,包括创意经验、同学合作经验及教训。

游戏2:搞笑式竞猜

1. 在考生绝对不能作弊的考场中,居然出现了两张完全一样的答卷,如果这不是一种偶然现象,那么你认为在什么情况下会出现这种现象?

2. 阿凡提给一个巴依老爷(地主)干活,好不容易干完了,可是狡猾的巴依老爷却不想给工钱,他说:"我有一个谜语给你猜,猜不中工钱就不给你了,猜中了,不但马上付工钱,还把那样东西给你。"阿凡提想了想,说:"好啊,没有什么问题能难得住我阿凡提。"巴依老爷说:"有一样东西,只有它吃不下,没有它又不好吃。"阿凡提想都没想就猜了出来,巴依老爷只好履行自己的诺言。谜语答案是什么?

3. 一所小学在办理新生入学手续时,有两个孩子来报名。他俩长得非常相像,经老师询问,他俩的出生日期一样,父亲母亲的名字也一样。老师问:"你们俩是双胞胎吗？"两个孩子异口同声回答说不是，老师感觉非常奇怪，那么他们两个到底是什么关系呢？

4. 一个正方形有 4 个角，一刀下去会出现几个角？

5. 一个人在散步时由桥上走到小道上去了，不料在返回时刚走了两三步，桥就发出嘎吱嘎吱的响声，好像要断了似的，他只好又返回沙岛。这个人不会游泳，四处呼叫也无人理会，他只好待在这个岛上，搜肠刮肚地想尽办法，竟然在岛上困了10 天，到第 11 天，他才经过此桥回到对岸。这是怎么回事？

游戏 3：挖掘资源创意游戏

利用手上的一副扑克牌，各组用各种方式将它叠到最高，在最高的情况下保持 10 秒不会倒塌，视为游戏完成。全班中叠得层数最多或高度最高的一组为本游戏的胜利者（主要是考核如何去找数据、挖材料、找方法）。

游戏 4：发现与观察能力训练游戏

同学们围成圈，并将自己的左手食指竖起放在自己左边同学的手掌下，左边同学的右手掌必须摊平，手心向下。指导老师会进行故事的讲述，里面会涉及一些关键的信息或语句，当然，有些语句有混淆作用。当引导人念到关键词的时候，就做手掌抓手指的动作。能正确判断关键词，并且捉到对方的次数最多者视为胜利。同时会考核同学们一些灵动的问题，比如，相似的关键词发生了多少次？比如，通过这种小组内分胜负的方式做淘汰，那应该淘汰谁？这个主要是推动大家发现，关注点往往是出乎意料的，很多的考核或者市场的改变，是不在正常的视野内的。

（三）课堂创意练习

1. 提出最具轰动效应的广告方案
2. 提出新的小食品
3. 提出新的住宅概念
4. 提出新的融资方式
5. 提出新的胶水
6. 提出创新训练工具
7. 提出新的医疗概念
8. 提出新的卫生用品
9. 设计一款背包
10. 设计一首歌曲（能流行的）
11. 设计一处旅游景点

创意与创新

12. 设计一种饮料

三、学生分组

如果选课人数在 50 人左右，可以按 8~10 人为一组，每组由不同性别、不同年级、不同专业同学组成；如果选课人数超过 100 人，可以按 10~12 人分组。

分组的目的在于训练学生合作能力、团队组织能力、集体创意管理能力以及表达能力。不要采取强制分组，而是采取让学生自由组织的结合方式，给学生以寻找合作伙伴的训练机会。对大学生而言，跨越专业和年级进行分组经常面临很大的困难，用成绩强制要求他们克服困难，遏制自己的惰性和恐惧心理，同时，训练他们的社交能力，扩大他们的人际交往范围，有助于增强校友间的凝聚力，以不同专业角度促进形成创意。

分组作业以创意大赛为主，可以布置课程作业，组长收作业，避免作业管理混乱，也可以用于课堂讨论以及游戏或角色模拟。

四、通识教育 MOOC "创意与创新" 使用指南（教师版）

根据《广东省教育厅关于开展 2021 年广东省高校就业创业金课推选工作的通知》，经高校推荐、专家评审等程序，暨南大学的《创意与创新》课程成功入选 2021 年广东省高校就业创业金课名单。该课程由张耀辉担任负责人，课程性质为线上课程和线下课程。2022 年课程又获省级奖励，被评为广东省高校就业创业特色示范课程。

本课程为同学们提供深入分析的慕课体系，并加盟粤港澳大湾区高校在线开放课程联盟，大家可以进入查看为同学们提供的优质学习资源支持。帮助您学习教材内容，拓展学习资源。您也可扫描课程专属二维码，即可直接访问课程页面，通过获奖课程资源深化知识理解。

五、创新创业信息资源

在慕课课程之外，如果还需要一些创新创业信息资源来辅助理解本书内容，大家可以通过关注微信公众号"创新创业育人名辅导员工作室"获取。

1. 公众号定位与特色

定位：以"侨校+双创"为核心，打造"政策解读-项目孵化-技能培训-校企协同-文化传播"五位一体的创新创业育人平台，聚焦港澳台侨学生创新创业支持与国际化资源整合。

特色："五维双驱"培养模式，包括内驱力提升和外驱力赋能，侨校国际化标签，"技能+思政"融合。

以"侨校特色+数据赋能+品牌IP化"为核心，从信息平台升级为"教育服务+资源转化"双引擎载体，力争成为粤港澳大湾区创新创业教育的标杆平台。

2. 内容架构与成果展示

核心栏目包括政策解读、学术创新、技能培训、赛事动态、榜样故事等。

数据化成果：累计国家级项目18项、省级125项，孵化的"AI制药"等项目获央视报道。

3. 运营现状评估

公众号内容丰富，覆盖政策解读、技能培训、赛事动态、榜样故事等，形成完整育人闭环；成果可视化，通过项目实拍图、获奖证书、国际化特色。

暨南大学创新创业育人名师工作室公众号已形成"政策-实践-文化"三位一体的育人生态，依托"五维双驱"模式与侨校资源，在项目孵化、赛事成绩、社会影响力等方面表现突出，尤其在港澳台侨学生创新创业支持上具有独特优势。深化粤港澳合作，推动三地双创资源互通，打造"跨境孵化器"；扩展国际影响力，通过海外校友网络吸引国际学生，输出"中国创新方案"；构建数据中台，整合学生项目、校企合作、赛事成果数据，形成可复用的双创知识库。

参 考 文 献

[1] 丁栋虹. 企业家精神 [M]. 北京：清华大学出版社，2010.

[2] 德鲁克. 创新与企业家精神 [M]. 蔡文燕，译. 北京：机械工业出版社，2007.

[3] 苏敬勤，等. 创新与变革管理 [M]. 北京：清华大学出版社，2010.

[4] 陈龙安. 创造性思维与教学 [M]. 北京：中国轻工业出版社，1999.

[5] 张耀辉，朱锋. 创业基础 [M]. 广州：暨南大学出版社，2013.

[6] 张玉彩. 头脑创意新风暴：旋转思维训练 [M]. 北京：中央编译出版社，2006.

[7] 王亚苹. 创意创新创造课程设计与实施 [M]. 北京：北京邮电大学出版社，2015.

[8] 比尔顿. 创意与管理：从创意产业到创业管理 [M]. 向勇，译. 北京：新世界出版社，2010.

[9] 宋一然. 大学生创意创新创业教程 [M]. 上海：上海交通大学出版社，2017.

[10] 谭贞，薛凡. 创新创意基础教程 [M]. 北京：机械工业出版社，2013.

[11] 苏易. 启发创意教学 [M]. 沈阳：北方联合出版传媒（集团）股份有限公司，2014.

[12] 杨培明. 创思八讲：创意、创新与创造性思维 [M]. 北京：北京师范大学出版社，2014.

[13] 李玉萍. 创意创新创业基础 [M]. 北京：中国林业出版社，2019.

[14] 李焦明. 大学生创意创新实用教程 [M]. 北京：电子工业出版社，2020.

[15] 张耀辉. 暨创原理一二三：基于商业原理的创业规律 [M]. 北京：清华大学出版社，2021.

[16] 柳卸林. 技术创新经济学 [M]. 北京：中国经济出版社，1993.

[17] 张耀辉，王勇. 创业原理、案例与实训：以中华文化为背景 [M]. 北京：清华大学出版社，2022.

[18] 洪莹，耿兵，黄晓华. 退役军人就业创业指导与服务 [M]. 广州：广东人民出版社，2024.

[19] 圣吉. 第五项修炼：学习型组织的艺术与实践 [M]. 张成林，译. 北京：中信出版社，2009.

[20] 芮明杰. 管理创新 [M]. 上海：上海译文出版社，1997.

[21] 杉本贵司. 孙正义传：打造300年企业帝国的野心 [M]. 王建波，译. 北京：中信出版集团，2020.

[22] 三木雄信. SQM 思考法则：跟孙正义学商业创新 [M]. 张叶秋，译. 北京：中国科学技术出版社，2020.

[23] 井上笃夫. 愿景：孙正义一生的精进哲学 [M]. 陈述斌，马社林，译. 北京：中信出版集团，2021.

[24] 张立娜．老干妈创始人陶华碧[M]．北京：华文出版社，2016．

[25] 张冀元，唐步生．第23届奥运会组委会主席尤伯罗斯自述[M]．北京：人民体育出版社，1988．

[26] 特罗特．创新管理与新产品开发[M]．4版．吴东，严琳，译．北京：中国市场出版社，2012．

[27] 张耀辉．知识产权的优化配置[J]．中国社会科学，2011（5）：53-60，219．

[28] 李新春，何轩，陈文婷．战略创业与家族企业创业精神的传承：基于百年老字号李锦记的案例研究[J]．管理世界，2008（10）：127-140．

[29] 李兴宽．创新型企业文化研究[J]．技术经济与管理研究，2011（9）：29-32．

[30] 邢小兰，李亚，倪鑫，等．功臣？罪人？：企业家精神对企业文化的影响[J]．中外企业文化，2008（3）：73-76．

后　　记

多年来，我的同事大多偏好小班授课，而我独爱大班教学，通常授课规模在200人以上。在我的影响下，教授同一门通识课的同事也逐渐转向大班教学模式。随着MOOC技术的发展，大班授课的组织与实施变得更加便捷高效。每次完成教学任务时，我都渴望能编写一本教材，系统呈现二十余年的教学心得。此前，课程多采用替代教材，内容与课程体系适配度欠佳，学生课后需反复回顾才能完成课堂任务。加之通识课学习要求相对宽松，学生往往缺乏主动复习的动力，导致知识难以真正内化。我们深知，课堂训练至关重要，且更应侧重引导学生自主训练，将课程内容转化为思维本能。考核也围绕学生在创意能力上的提升展开。为此，我们将多年教学经验凝练为每章末尾的自我训练模块，并在全书附录中汇总丰富的训练资料，助力学生实现知识向能力的转化。

全书共十章及一系列附录，内容编写分工如下：张耀辉负责序言、第一章、第二章、第三章、第四章、第六章、第七章、第八章、附录及后记；洪莹承担第五章、第十章，并撰写部分游戏设计，同时在全书修订审核工作中投入大量精力；李舟负责第九章撰写。张耀辉、洪莹共同完成全书统稿工作。硕士研究生阮于庭（中国台湾）、朱景江（中国香港）、何倩美参与全书校对；博士研究生段海霞、王兆琛协助统稿。已毕业博士王勇承担了组织协调工作；已创业的硕士李童负责拍摄制作MOOC，并与洪莹共同完成本课程MOOC的制作与管理。毕业硕士胡宗发、钟旺、饶泽鸿、曹寒烨、黄涛，在读硕士程显惠、黄淑媛也为本书提供素材支持。此外，清华大学出版社编辑王如月给予大力帮助，秋光杂志社编辑陈小茜为文字质量保障提供支持。在此，向所有参与人员致以诚挚谢意！

书中诸多案例源自真实生活，是我与夫人曹玲惠女士共同探索的生活写照。在我每日更新2000字的博客中，"爱玩的我"栏目便记录了许多相关点滴。她常笑言"我们是公开的，没有秘密"，只因生活中的趣事皆已分享于众。她兴趣广泛，且随着年岁增长，爱好虽不断转变，却始终遵循着生活的智慧。我始终坚信，生活需要创意。这一理念既来自我对生活的深刻理解，也得益于观察夫人持家过程中的感悟与启发。此书得以顺利出版，离不开她的支持与付出，在此深表感谢。愿创意如泉涌，为生活注入更多乐趣与活力。也期待这本凝结心血的著作，能为获评广东省高校就业创业金课（2021年）、广东省高校就业创业特色示范课程（2022年）的《创意与创新》带来更多精彩的训练与思考，激发更多灵感火花。

张耀辉

2025年6月9日